阳光少年心理成长家长辅导

做孩子的心理医生

李百珍　郝志红　李　佳◎著

科学普及出版社
·北京·

图书在版编目(CIP)数据

做孩子的心理医生/李百珍，郝志红，李佳著. —北京：科学普及出版社，2009.7

（阳光少年心理成长家长辅导）

ISBN 978-7-110-07112-0

Ⅰ．做…　Ⅱ．①李…②郝…③李…　Ⅲ．家庭教育—教育心理学　Ⅳ.G78

中国版本图书馆CIP数据核字（2009）第099389号

科学普及出版社出版

北京市海淀区中关村南大街16号　　邮政编码：100081

电话：010—62103210　　传真：010—62183872

http://www.kjpbooks.com.cn

科学普及出版社发行部发行

北京正道印刷厂印刷

＊

开本：720毫米×960毫米　1/16　印张：19.75　字数：260千字

2009年9月第1版　　2009年9月第1次印刷

ISBN 978-7-110-07112-0/G·3121

印数：1—5000册　　定价：36.00元

中国科学技术协会科普专项资助

编写委员会名单

主　编：李百珍

副主编：李焕稳

编　委：（以姓氏笔画为序）

王　凯	王　莉	王继锐	王雪萌	王维悦
方　霏	冯淑芝	刘　萍	刘迎晖	刘爱瑾
李百珍	李焕稳	李　佳	李　静	李小莉
杨　萍	杨丽萍	吴宝莹	何喜莲	张晶晶
张　静	赵一蓉	郝志红	郦　波	郭振勇
阎　筠	董　耘	訾英丽		

策划编辑：徐扬科

责任编辑：谭建新

封面设计：青鸟意讯艺术设计

正文设计：青鸟意讯艺术设计

责任校对：刘红岩

责任印制：李春利

关爱子女心理健康

呵护子女茁壮成长

沈德立题字

二〇〇九年三月一日

前　言

　　向广大青少年进行全面的素质教育是我国教育的国策，心理健康教育是素质教育的基础和重要组成部分。重视心理卫生，开展心理健康教育，有利于青少年身体和心理健康，培养健全人格，已经成为全社会的共识。

　　多项心理学的研究和实践表明，青少年家长的心理健康水平与其子女的心理健康水平相关度很高。不少事例说明，一些孩子的心理健康出了问题，其家庭心理健康教育的缺失是重要原因。研究进一步表明：家长学习心理健康教育知识，有利于改变教育观念，减少干涉、惩罚、拒绝、否认等不良的教养方式；更多地运用平等、民主等积极的教养方式，给孩子更多的尊重和理解，使孩子在一个相对轻松、愉快的环境中成长，极大地增进孩子的身心健康。所以说，家庭是孩子心理健康教育的基地，实施心理健康教育是家长不可或缺的职责。

　　出于以上的思考，在为青少年编著出版了《阳光少年心理成长之路》丛书（八本）后，又编著了此套《阳光少年心理成长家长辅导》丛书（三本）——《呵护孩子的心灵》、《与孩子共同成长》、《做孩子的心理医生》。这是国内首套家庭心理健康教育丛书。书中详尽、通俗地向家长介绍了有关心理健康教育的基础知识，其中不乏备感亲切的事例，使家长在理论与实际的联系中轻松愉快地感悟、学习。

希望家长重视"呵护孩子的心灵"，努力学习、付诸实践，"与孩子共同成长"，"做孩子的心理医生"，促进孩子的身心健康、使他们快乐、幸福地成长。这既是本套丛书的书名，也是作者对家长的期盼。

目 录

☆　解读心理咨询　☆

☆　建立亲子关系　☆

☆　学会亲子交流　☆

☆ 影响子女的招数 ☆

☆　实战实用术1——精神分析术　☆

☆ 实战实用术2—— 行为疗法 ☆

☆ 实战实用术3——当事人中心疗法 ☆

☆ 实战实用术6——家庭治疗 ☆

家长朋友初看到《做孩子的心理医生》这个题目，一定会感到十分的新奇和诧异：做孩子的医生，还是"心理医生"，我们能行吗？

　　平常人们说，"没什么别没钱，有什么别有病。"说明人们普遍有向往健康的心理需求。谁不希望自己和自己的孩子健康地活着呢？健康意味着快乐、甜蜜、美满和幸福。医生，是维护人类健康的天使；心理医生，是维护人类心理健康的命运之神。由于心理健康出现了问题而不能正常生活、学习的青少年大有人在，甚至产生心理障碍人格变得扭曲，发生如大学生马加爵杀害同窗学友那样的悲惨事件。如此人间惨剧，任何人都不希望今后再重演。所以当孩子遭遇挫折，心理产生困惑时，每位家长都希望自己能够正确地帮助孩子，成为维护孩子心理健康的"心理医生"。

　　《做孩子的心理医生》一书中所介绍的知识，对我们做孩子的"心理医生"是有益的。另外，孩子的身体、心理特点是什么？如何建立良好的亲子关系？如何与孩子交流？影响子女的办法以及我们家长如何运用心理咨询的各种理论和具体实施方法等等，在《做孩子的心理医生》一书中，我们将一一向家长朋友加以介绍。我想，这些具有可操作性的知识，无疑对于希望自己孩子心理健康，想做自己孩子"心理医生"的家长朋友是十分有益的。

做／孩／子／的／心／理／医／生

初识孩子的身心发展

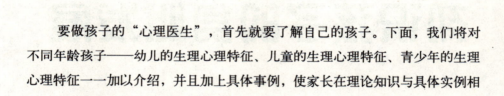

　　要做孩子的"心理医生"，首先就要了解自己的孩子。下面，我们将对不同年龄孩子——幼儿的生理心理特征、儿童的生理心理特征、青少年的生理心理特征一一加以介绍，并且加上具体事例，使家长在理论知识与具体实例相结合中，深入地了解自己的孩子。

◎幼儿生理发展特征

一、机体发育尚不成熟

　　幼儿时期（3～7岁）身体发育速度较3岁前有所减慢，但与后期发展相比还是非常迅速的。身高每年约增加4～7厘米，体重每年约增加4千克。新陈代谢旺盛，但幼儿机体各部分的机能发育还不够成熟，对外界环境的适应能力以及对疾病的抵抗能力都较差。

例如，幼儿骨骼的硬度小，弹性大，可塑性强。如果长期姿势不正确或受外伤会引起骨骼变形或骨折；幼儿肌肉力量差，容易疲劳和损伤，肌肉群的发育不平衡，大肌肉群先发育，小肌肉群还未发育完善，表现为手脚动作比较笨拙，特别是手，还难以完成精细的动作；幼儿心肺体积相对比成人大，心脏收缩力差，脉搏每分钟90～110次左右。

家长应注意不要让幼儿长时间连续地跳跃、跑步，以免心脏负担过重，影响发育；幼儿的肺的弹性较差，气体的交换量较小，所以呼吸频率较快。家长要注意培养幼儿用鼻子呼吸的习惯，以预防感冒及肺炎的发生；幼儿的血液含量相对比成人多，但血液中水分较多，凝血物质少，出血时血液凝固较慢；幼儿新陈代谢快，血色素为13～14克，低于13克即为贫血，应及时治疗。幼儿嗜中性白细胞较少，淋巴细胞较多，所以容易感染各种传染病，家长应注意增强孩子体质，提高其抵抗力；幼儿的听觉和嗅觉敏锐，但外耳道比较狭窄，3岁时外耳道壁还未完全骨化和愈合，幼儿的咽鼓管即鼻咽腔与鼓室之间的通道较成人粗短，呈水平位，易患中耳炎，故家长应注意孩子的耳鼻卫生，严防水进入耳内；幼儿膀胱肌肉层较薄，弹性较差，储尿机能相对差，加之幼儿神经系统对排尿过程的调节作用差，所以，幼儿排尿次数较多，自控能力较弱。家长应注意从小培养孩子良好的排尿习惯，以防在精神极度兴奋或疲劳时发生遗尿现象。女孩的尿道口，经尿道入膀胱的距离短且直，容易感染。家长要注意其外阴部的清洁；幼儿皮肤柔嫩，容易损伤或感染，调节功能不如成人，不能适应外界温度的骤然变化，容易着凉或受热，家长要注意提醒和帮助孩子随气候变化及时增减衣服。

二、大脑皮层细胞新陈代谢最旺盛

人体是由许多器官、系统组成的，每个器官、系统都有其独特的功能，它们都是直接或间接地在神经系统的调节控制下体现自己的功能的，神经系统

对于机体的一切活动，起着主导作用。

人的神经系统由周围神经系统和中枢神经系统两大部分组成。中枢神经系统包括脑和脊髓，大脑是中枢神经的最高部位。人类的大脑，无论在结构和机能上，都与动物有着本质的区别。人脑不仅是人的机体活动的主导，而且是思维活动的器官。人发育是从出生到少年期先快后慢地进行的。反映脑发育进程之一的大脑重量，新生儿约有390克，1周岁时约有900克，3周岁时约有1000克，7周岁时约有1280克，已基本接近成人脑的重量（成人脑组织平均为1400克）。大脑皮层的机能是有区域分工的，如：有运动中枢区、躯体感觉中枢区、视觉中枢区、听觉中枢区等。从大脑各区成熟的程度看，到幼儿末期，大脑皮质各区都已接近成人水平。这些部位如受损伤，人就要丧失相应的心理机能。但是大脑皮层的分区机能又是相对的，即某一部分如果损坏造成机能缺失，在一定条件下，别的部位会发展出这些本来不具有的机能去代偿。脑的这种代偿机能，年龄越小机能就越大。

幼儿心理发展，智力的形成是从神经系统开始的，特别是以大脑的发展为物质基础的。幼儿期是人脑迅速生长且基本成熟的时期，它保证了幼儿心理智力活动迅速发展的可能性，是对儿童进行早期教育的重要时期。

苏联杰出的教育家马卡连柯曾指出："教育的基础主要是在5岁以前奠定的……在这之后，教育还要继续进行，人进一步成长，开花、结果，而您精心培植的花朵在5岁以前就已绽蕾。"

◎幼儿心理发展特征

心理现象是人人都有，人人都熟悉的。比如：我们在家庭教育活动中，每天"看到"孩子举止行为的种种表现，"听着"他的欢声笑语，"思考"着家庭教育中所碰到的种种问题，也"想象"着孩子长大后的状况，常常为孩子的良好品德行为而"愉快",为孩子不好的行为举止而"气愤",经常"考虑"甚至下决心制定教育行动的计划,并克服困难,持之以恒等等,所有这些都是人的心理现象。它包括感觉、知觉、记忆、思维、情感、意志、气质、性格、能力等,前面所说的"看到"、"听到"、"思考"是人的认识过程;"愉快"、"气愤"是人的情感过程;"决心"是人的意志过程的表现。人在处理事物的过程中,不但有各种心理活动过程,而且每个人都有不同的心理反映特点,这就构成了个性心理特征。它主要表现为每个人的气质、性格、能力以及兴趣、爱好等的不同。

人的心理发展是有其客观规律的,先天遗传和生理发展是人的心理发展的物质前提,而后天的环境和教育则是人心理发展的关键。没有好嗓子成不了歌唱家,而有了好嗓子没有适合其发展的环境、教育,也成不了歌唱家。先天素质并不突出但却得到了好的环境、教育,反而成才的大有人在。所以说,先天遗传只为孩子身心发展提供了生物基础,而后天环境的优劣,对个体成长起着决定性的影响,其中教育则起主导作用。环境、教育对孩子施加影响的过程,也就是孩子社会化的过程。

一、认识活动无意性占优势

在正常的生活环境和教育条件下,幼儿期孩子心理发展的主要特点是:幼儿认识活动是无意性占优势,所谓无意性是指没有预定目的,不需要意志努力,自然而然进行的注意、记忆、想象等心理活动。在心理学中称为无意注意、无意记忆、无意想象等。幼儿认识活动发展的趋势是从无意性向有意性过渡的。所谓有意性,是指有目的的,需要经过意志努力的心理活动。

幼儿的注意力是不稳定、不持久的。幼儿对新颖的、鲜艳的、强烈的、活动的、多变的、具体形象的以及能够引起他们兴趣和需要的对象,才集中注意力,但又很容易受更加强烈的、新异刺激物的影响而转移。心理学实验告诉我们，在较好的教育环境下，3岁幼儿的注意力可连续集中3～5分钟，4岁幼儿可集中10分钟左右，5～6岁幼儿可以集中15分钟左右。如果活动方式适宜，教育得法，6岁幼儿可以保持20分钟的稳定注意力。当然，注意力集中的时间不是一成不变的，常受个性、兴趣、智力水平的影响。兴趣浓厚，情感深沉，善于思考的幼儿，注意力易于集中且稳定。

俄国教育家乌申斯基曾说过："注意力是学习的门户，注意力就是那扇门，一切由外部世界进入人的灵魂的东西都通过这扇门……"注意力是幼儿认识的开始，幼儿在游戏、学习和劳动中，不论感知物体、回忆往事、思考问题，注意力都起着引导和组织的作用。"视而不见，听而不闻"，认识就不能很好地进行，更不可能深刻。就像照相，不把镜头对准物体调好光圈、焦距再拍照，就得不到清晰的影像。所以，只有注意力集中，才能在大脑皮质留下深刻的痕迹，记忆才会牢固。

对幼儿进行的观察和实验都发现，幼儿智力与他们注意力的发展有很大关系，注意力集中、稳定的孩子，掌握知识的速度快，而且记得牢，智力发展比较好；注意力不集中、不稳定的孩子则相反。超常儿童共同的特点之一，就是注意力集中，不受干扰。

注意力是幼儿认识和掌握客观事物的先决条件，它直接关系到幼儿入学后学习成绩的好坏。为此，家长必须十分重视幼儿注意力的培养和发展。

幼儿以无意记忆为主，形象记忆占主要地位。幼儿初期，凡是鲜明的、生动有趣的、能吸引幼儿注意的，能引起其情绪反映的物体，或者经过多次重复的事物都能使幼儿自然而然地不费力地牢记住。例如，幼儿对有意思的游戏和玩具，生动的故事等，都可以记得很清楚，对去幼儿园的道路由于多次重复，也能自然地记住。这些都是无意记忆、形象记忆的表现，也是幼儿记忆的主要形式。

而5～6岁幼儿记忆的有意性则有了明显的发展，这是儿童记忆发展过程的一个重要质变。这时，幼儿不仅能努力去识记和回忆所需要的材料，而且还

能运用一定的方法帮助自己加强记忆。而一切系统的科学知识、技能技巧的掌握都需要有意记忆，否则，只靠无意记忆，所获得的知识只能是零碎的，片断的。因此家长必须重视孩子有意记忆的培养。

幼儿记忆的另一特点是以形象记忆为主，词语记忆不断发展。他们对直观、形象材料的记忆要比对抽象的原理和词的材料的记忆容易；而在词的材料中，生动、形象化的描述又比抽象的概念容易记忆。但总的来说，5~6岁幼儿词语记忆的发展大于形象记忆。

记忆是人生存和发展的必要条件，如果没有记忆，人的思维将永远处于新生儿状态。有了记忆，人们才能积累经验，扩大经验，储存知识，进行各种实践活动。记忆是世界上最有效的电子计算机，家长应重视培养和发展幼儿的记忆能力，为其一生的成长奠定基础。

幼儿无意想象占优势，想象具有复制性和模仿性。幼儿初期想象的产生，往往是由外界刺激物直接引起的，幼儿的想象常常没有主题，没有预定目的。如，3~4岁幼儿玩积木时，究竟要搭什么，事先不会进行想象，只是在摆弄的过程中看它像什么就是什么。一个3岁多的幼儿玩剪纸，七剪八剪，剪成了一个个图样，问他剪的是什么？他先说："不知道。"然后，又看看自己剪的图样说："这是小熊和飞机。"第二天，再请他剪一个和昨天一样的小熊和飞机，他却怎么也剪不出来了。这个事实说明了幼儿的想象事先是没有明确目的，而是受外界刺激直接引起的。所以，他们想象的主题容易变化，且不能按一定的目的坚持下去。幼儿在游戏中把椅子当火车开，但是，一会儿又把椅子当舞台让小动物玩具在上面表演。例如：幼儿正在画一棵小树，刚画了一半，又改画房子了，而且是画了一样又加一样，直到把画面填满为止。听故事时，一边听一边想，感到极大的满足，故事讲完了，还要求再讲，可以不厌其烦地重复听。这表明幼儿的想象往往没有预定的目的，只是以想象过程为满足。

幼儿初期想象具有特殊的夸大性。常常喜欢夸大事物的某些特征或情节，以及印象中特别深刻的部分。例如，幼儿画人常常是头特别大，若是戴眼镜的会给其画上一副大大的眼镜。有的幼儿在争论中为了证明自己比别人强，也会过分地夸大想象，如，毛毛说："我要长得比爸爸还高。"亮亮马上会说："我要长得比长颈鹿还高。"明明则会说："我要长得比天还高。"

幼儿初期想象容易跟现实混淆，还不能把想象的事物与现实中的事物清楚地区别开来，有时把想象当现实，把自己臆想的事物、渴望的事物，当作真实的并且以肯定的进行叙述出来，告诉别人，分不清什么是想象的，什么是真实的。例如，一个3岁多的幼儿听到他爸爸介绍了出差去广州的情况，他也很想去广州玩一玩。星期一去幼儿园，老师问他："星期天去哪儿了，玩得好吗？"他回答说："去广州了，玩得真高兴。"

这正是幼儿想象发展的特点，家长绝不能误认为孩子在说谎，而应帮助孩子从混淆中分清想象与现实。

幼儿想象具有复制性和模仿性。表现在幼儿在游戏中所扮演的角色的言行举止，都酷似他们最熟悉、最贴近的人，演妈妈像他自己的妈妈，演老师像他自己的老师。这就告诫家长，要特别注意树立自己的良好形象。

幼儿中后期，有意想象开始发展，不但想象内容更加丰富，而且想象过程也具有更大的目的性和独立性。例如，编故事时，幼儿已有可能围绕一个主题，运用已学过和掌握的知识、经验与词汇，首尾连贯、合情合理地编出故事来了。

总之，在幼儿期，幼儿认识活动的无意性占优势，而有意性正在形成。因此，家长在教育、培养幼儿时，要充分利用其无意性来发展其有意性，也就是说，家长要有目的的把教育内容设计得生动、形象、新颖、奇特、方法多样，以此来吸引孩子的注意力，引起孩子的直接兴趣和学习的要求；然后，在此基础上逐渐说出明确的目的、要求、任务，以发展其有意注意、有意记忆和有意想象。

二、感知运动思维

　　幼儿的思维活动是感知运动思维。就是说，思维过程离不开直接的感知和动作。幼儿只有在看到、拿到、听到具体物体时，才能进行思维。如，看到水就要玩水，看到别人玩球又要玩球。同时，他们是一边玩一边想，如果不玩了，也就不想了，即一旦动作停止，对该动作的思维也就停止了。到3岁以后，幼儿的思维就能依靠自己头脑中的表象和具体事物的联想来进行了，已经能够摆脱具体行动，运用那些曾经看见过的，听到过的事情和故事来思考问题。例如，谈到"花"，他就想到了自己家的那盆花；谈到"教师"他就想到了自己班的老师；谈到吃东西要谦让，他就想到了"孔融让梨"的故事等。

　　幼儿思维的发展趋势是从具体形象思维向抽象逻辑思维过渡。这主要表现在幼儿对事物理解的进程上。

　　1．从对个别事物的理解进而发展到对事物关系的理解。

　　一位4岁半的孩子谈到在外地进修的妈妈时说："我想妈妈也没用。因为妈妈远在千里之外。"

　　2．从主要依靠具体形象的理解，发展到主要依靠凭语言的理解。

　　4～6岁的幼儿，凭语言描述、说明就可以理解成人的意思了。

　　3．从对事物的比较简单的、表面的评价，发展到对事物比较复杂、深刻的评价。

　　幼儿早期能对事物说出好或坏、是或不是、对或不对等，但说不出理由；到幼儿晚期，就可以用各种理由来阐明自己的看法了。

　　4．从片面的由外部联系进行判断和推理，到比较全面的从内在上进行判断和推理，并且逐步正确加深。

　　在成人引导下，幼儿晚期对比较简单的判断和比较直接的推理已能做出正确的反应了。如：一位3岁的幼儿在谈到人会变老时说："姥姥、姥爷生我

妈和舅舅时还年轻呢，他们长大了，姥姥、姥爷就老了；我妈、我爸生我时还年轻，我长大了，他们也就老了；我将来结婚生小孩，也还年轻，等我娃娃长大了，我也就老了。"这个判断推理是合乎逻辑的，体现了这个幼儿善于观察生活、善于思考的好品质。

三、言语发展的关键期

研究表明：幼儿期是人一生中掌握语言最迅速的时期，也是最关键的时期。这一阶段的主要任务是发展幼儿的口语。在此期间，幼儿听觉和言语器官的发育逐渐完善，正确发出全部语言的条件已经具备。3~4岁幼儿的发音机制已开始定型。家长要注意教会孩子按普通话语调讲话，否则，发音不准或方言太重，以后纠正就困难多了。5~6岁幼儿掌握的词已由3岁的800~1000个左右，发展到3000~4000个左右。他们在正常生活的语言交往中，通过模仿学习发展到掌握并列句、复合句等多种句式，句子长度增加，能够比较系统、比较连贯地表达自己的意思，叙述或描述某些见闻，但总的来说，幼儿的口语水平还是比较低的。

幼儿5岁左右产生内部语言。在幼儿内部语言开始发展过程中，有一种介于外部语言与内部语言之间的语言形式，叫自言自语。幼儿在活动或游戏中常常自言自语，这是语言发展中的正常现象，是语言在发展的表现。家长要理解观察与指导对孩子在自言自语中说出的问题，如"奇怪！是哪儿不对了？""怎么办呢？"或反映出的错误认识如："你不听话就打死你！""我给你小汽车玩，一角钱玩一次"等，要及时耐心地帮助和纠正。

幼儿期语言发展的主要任务是：家长要帮助孩子正确发音，丰富词汇和培养口头表达能力，以及对文学作品的兴趣。

四．情感外露、易冲动

幼儿的情感外露、肤浅、易冲动，不稳定。幼儿初期还不善于控制和调节自己的情感，很容易受周围事物的影响而毫不掩饰地表现出来，常会因为一点小事而哭闹，但一旦有了别的刺激时，他会马上破涕为笑，转怒为喜，很快就忘记了不愉快的事情；家里来了客人，孩子最容易兴奋，甚至把所有的玩具都拿出来给客人看；进幼儿园，只要有一个孩子哭泣着向妈妈告别，马上会波及别的孩子也哭泣起来等。这是因为幼儿期孩子的大脑皮层兴奋容易扩散，抑制能力差，所以，易受情境和他人情绪的感染。幼儿中期的孩子的情感已稍稳定，他们喜欢和小朋友一起游戏，会因为没有朋友玩而苦恼。幼儿晚期的孩子的情感已经显得稳定而深刻，遇到不愉快的事会长时间不高兴，表露的方式也比较含蓄了。

一位不到5岁的女孩送走了出差的妈妈，晚上，她避开家人，独自对着妈妈的照片自言自语地说："我爱你，妈妈，我心中好寂寞。"然后在妈妈的照片上轻轻地吻了一下，又把自己心爱的小被被的一角在妈妈的照片上放了一放，就低头沉思了起来。

所以，家长一定不能忽视孩子感情的变化，要倍加小心地爱护培养他们的爱心、同情心，以及活泼、愉快的情绪。

幼儿情感的发展趋势是：情感的发生从容易变动，发展到逐渐稳定；表情从容易外露，发展到能有意识地控制；情感的内容从与生理需要相联系的体验（亲亲，抱抱等），发展到与社会性需要联系的体验（希望别人注意、称赞、愿意和自己交往等）。幼儿的道德感、理智感、实践感、美感等高级情感已开始发展。道德感表现为规则意识已初步形成，自己和同伴能够按规则办事，干了好事会愉快。兴奋、理智感表现为幼儿强烈的好奇心与求知欲的发展。实践感表现在对参加游戏或劳动的喜爱与快乐。美感表现为对鲜艳的色彩、和谐的声音、明快的节奏、丰富多彩的自然景色和劳动成果中所体验到的美。幼儿高级情感的发展是与孩子的认识水平和活动能力紧密相连的，家长应该有计划地、细致地培养与发展孩子的情感。

五、自制力较差

幼儿意志的发展特点是行动目的性由不明确到逐渐明确，但坚持性的自制力较差。3～4岁的幼儿不善于独立地给自己提出活动目的，往往是由当前活动的直接兴趣和直接需要引起。如，妈妈洗衣服，他也要洗，但极易受外界环境的干扰而改变自己的行动目的。他看到爸爸正在用吸尘器打扫房间，便丢下正在洗的小手绢去找爸爸，还边走边说："我洗完了，我要去都爸爸打扫房间了。"他热心的只是洗、扫的过程，而不负责其结果。这表明，幼儿的意志还很薄弱，缺乏坚持性，还不善于控制自己的行为。此时，孩子行动目的的稳定性一般只能保持5～10分钟。

5～6岁的幼儿活动目的性发展到了一个新水平，已能够提出与个人兴趣没有直接联系的行动目的，在困难的或看似不太感兴趣的活动中表现出一定性的控制自己行为的能力。例如，盛暑时节，有的孩子会说："我不要冰棍了，可以回家喝水，买冰棍还要花钱。""大的鸡蛋给奶奶、爷爷吃，小孩子吃小的。""等我听完了这个故事再玩。""我一定要把小船叠出来。"等等，这都反映了孩子想克制自己的愿望，坚持自己的行动，这是意志力的发展。家长一定要鼓励、支持孩子这种精神。总的来说，幼儿期孩子的自制能力、坚持性和克服困难的能力都较差，需要成人有意识地加以培养和教育。

◎幼儿心理发展与心理卫生

　　幼儿期是个性开始形成的时期。个性是指人的需要、兴趣、理想、信念等个体意识倾向性，以及在气质、性格、能力等方面所经常表现出来的稳定的个性心理特征。

　　3岁前的婴儿已表现出了最初的个性差异。而幼儿期孩子的个性已有了明显的表现。例如，他们在气质、性格上，有的好动、灵敏、反应快，有的沉静、稳重、反应慢；有的好哭、易激动，有的活泼、开朗；有的能和别人友好相处，有的则霸道、逞强；有的爱听故事、爱学习、勤快，有的浮躁、粗心；有的懂道理，有的有创造性。孩子们在画画、手工、唱歌、跳舞、运动、讲故事以及计算等方面的能力，也初步显示出自己的爱好和特长。虽然如此，但是距个性的定型还相差很远。随着环境和教育的影响还会不断地发展、变化。其中的家庭教育尤为重要。家长对幼儿不可娇惯与溺爱，要多创造自己的孩子与其他儿童接触的机会，指导孩子处理好与小朋友之间的关系，帮助他们组织丰富有趣、有益的活动，提供必要的设备，让孩子在和谐、温馨的家庭中，在与小朋友们的游戏与共同活动中，增长知识，开阔眼界，体会到友爱、守纪、勇敢、助人的快乐，促进幼儿良好个性的正常发展。

◎ 儿童生理发展特征

孩子进入了小学阶段，他在悄悄地长大，这个阶段的孩子的生理发育比较平稳，这一时期您的子女生理发育的具体特点是：

一、身高、体重稳步增长

您有没有过这样的经历：出差数月后回到家中，蓦然发现，孩子长高了。这是因为：在青春发育期之前，小学生的身高平均每年增加4.5～5厘米左右，体重平均每年增长2～2.5千克。进入青春发育期以后（女生约从11、12岁，男生约从13、14岁开始进入青春发育期），儿童的身体发育呈快速增长的趋势。

二、骨骼发育，不巩固

小棋的父母都是身姿挺拔的运动员，幼年时的他活泼好动，身体发育良好，可是升入初中之后，明显地出现两肩高低不平的现象。这是由于在小学期间，他的书写姿势不规范而造成的，如果不及时矫正，可能会造成终身的遗憾。

小学生的骨骼正处于生长发育阶段，骨骼富有弹性，可塑性大，但不坚固，儿童不易发生骨折，但骨骼容易弯曲、变形、脱臼和损伤。因此，这个时期一定要注意培养孩子良好的坐立行走的姿势，以及正确的书写习惯，为孩子今后的骨骼成长打下良好的基础。

三、肌肉力量增强，缺乏耐力

与学前儿童的肌肉发育相比，小学生的肌肉力量有所增强，儿童喜欢跑、跳、投掷等活动；但是儿童的肌肉耐力较差，容易疲劳。所以，要注意让孩子劳逸结合，不要让他们进行持久的剧烈活动，以免肌肉受损。

四、新陈代谢加快，易疲劳

小学生的心脏和血管的容积小于成人，但新陈代谢快，需要较大的血液循环量，心脏必须加快跳动，才能使血液循环保持平衡。因此，小学生的心率高于成人，每分钟约85～90次。过强的体力劳动和剧烈的体育运动容易使小学生的心脏负担过重，从而产生疲劳。

五、大脑渐成熟，不宜过分兴奋和抑制

小学生脑的重量已接近成人，大脑神经活动的兴奋和抑制的机能也逐步增强，第二信号系统在两种信号系统协同活动中的主导作用加强。小学生大脑发育为儿童心理的发展提供了有利的条件。您应当看到，小学生大脑兴奋、抑制功能虽有一定的发展，但仍大大低于青少年和成人的水平，因此，过分兴奋和抑制对儿童的身心健康是有害的。

◎儿童心理发展特征

　　小学生生理的发育，尤其是大脑的发育，为小学生心理的发展提供了有利的条件，再加上这一时期儿童进入到正规学校学习，学习成为儿童的主导活动。在学校教育的影响下，儿童的心理获得了迅速的发展。在这一阶段，小学生心理的发展具体表现为：

一、认知能力迅速发展

　　小学生的认知能力在感知、注意、记忆、思维、想象和言语各方面都获得了迅速的发展。以注意和思维能力的发展为例，小学生的无意注意虽然仍起着重要作用，但有意注意已有了很大的发展，并逐渐在学习和从事其他活动中占据主导地位。注意集中的时间不断延长，7～10岁儿童可以连续集中注意的时间为20分钟，10～12岁为25分钟，12岁以上为30分钟。关键是要了解儿童的认知心理规律，注意集中的时间不够长的特点，而不要逼迫您的孩子坐在座位上一动不动地持续学习2、3个小时。否则，儿童的注意涣散，学习效率不高，长此以往，还会使子女产生学习怠倦。在子女学习一段时间后，要允许他们离开书桌适当地活动活动。还应当指出的是，儿童的注意稳定性比较差，注意容易分散，所以，在孩子专心学习或做事情的时候，要为儿童创设比较舒适、安宁的学习环境，父母不要大声喧哗，干扰而分散他们的注意力，要有意识地培养他们专心致志的品质。

二、思维从具体形象向抽象思维过渡

儿童的思维逐步从具体形象思维为主要形式，过渡到以抽象逻辑思维为主要形式，例如：儿童在思维的过渡期，要学会关于自然方面的初步知识，像山脉、河流、沙漠、高原、火山、生物、非生物等。在儿童掌握这些知识经验的时候，虽然也是尽量以直观教具为依据，不过主要还是借助教师的言语，通过描述这些现象的书面材料来实现的，这就需要运用儿童的抽象逻辑思维。儿童的判断、推理和理解能力也在不断地发展，思维的灵活性、判断性、批评性、创造性都有所提高。例如：随着儿童年龄的增长，他们在看动画片时，这样的言语减少了："妈妈他是好人还是坏人？他为什么要这样做？……"他们不再追问，是因为他们不断发展的判断力和理解力已经能够判断剧情中人物的好坏，理解人物的动机了。

这个时期正是培养孩子思维能力的好时候，培养孩子的思维能力不仅仅是老师的事情，父母也有重大责任。您可以在日常生活中，向孩子提一些启发性问题，像"冬天河水会结冰，为什么流动的小溪却不结冰呢？""筷子明明是直的，为什么放在装有水的碗里就变弯了呢？"以这种贴近生活的科学现象作为问题，来启发孩子不断地思考与学习，同时，可以提高他们对生活的观察力。家长还可以问孩子一些答案多样化的问题，像"水有哪些用途？""天上的云像什么？""纸上的圆形能够让你想起哪些事物？"等等。这些答案不唯一的问题容易引起儿童回答问题的兴趣，有利于培养他们积极思考的好习惯，更有助于发散思维能力和思维的创造力的提高。

三、情感的内容日益丰富和深刻，表达内化

小学生的情感内容日益丰富和深刻。小学生的道德感、理智感、美感有了一定的发展，集体主义、爱国主义、责任感、义务感、友谊感等社会情感也

逐步形成。他们对争办文明班集体、加入共青团、竞选班长、成立好朋友名册之类的情感话题极为关注。小学低年级学生情感的表达方式是外露的，他们不善于掩饰自己的情感，例如：小刚受到了小伙伴的伤害，会直接对小伙伴说："我讨厌你，不跟你玩儿了。"到了小学高年级，小学生的情感表达方式逐渐内化，情感的稳定性和控制力也逐渐增强。他们不再不断地变换伙伴，建立起的友谊比较牢固。

四、意志品质不断增强

与学龄前儿童相比，儿童意志的目的性发展了，他们已经能够逐步建立长远的行动目标，而不为直接目的所左右。很多儿童会为自己提出一些目标，并且一些儿童会以目标为方向，不会因为一时的兴趣、次要目标而左右自己的行为。常会听到他们这样说"这一年的我要攒够50元零花钱，年底去买喜欢的那款电动车。""这学期我要争取得到10个文明小红旗"等等。自制力和独立性有所增强，行动的冲动性和暗示性大为减少，行为的自我调节能力有了明显的进步。他们不会再像以前那样无法控制自己，沉迷于动画世界中，无法完成作业；不会再像从前只有在老师、家长的监督下才能够完成学习任务。不过，儿童的果断性、坚持性还比较差，他们往往在"果断"中显示出盲动，在坚持中表现出对教师或家长的帮助的依赖。例如：一个体型肥胖的小男孩——高超，在班里举行的800米长跑比赛中，跑了班里最后一名，于是痛下决心，要求自己每天早上5点起床跑步，目标是在一个星期之后的800米长跑比赛中，进步到班里第一名，并要求妈妈监督他。跑了两天，高超觉得没什么效果，便不动声色地放弃了，之前向父母表的决心也就随之烟消云散了。对于这种盲目地为自己制定一些不切实际的奋斗目标的孩子，家长要循循善诱地帮助孩子修正目标，确立的目标应该是"跳起来摘桃子"，根据他的实际能力、水平，制定一个比自己实际水平稍高的水平为目标，激励子女努力实现目标。一旦有进

步，家长应该及时对子女予以表扬、奖励，再制定下一个目标，循序渐进，使他不断地品尝成功的喜悦，树立自信心。

五、自我意识水平提高

小学阶段，儿童的自我意识有了迅速的发展。首先，表现为自我意识的内容不断丰富。小学生不仅能意识到自己的身体特征和生理状况，而且能意识并体验自己内心的心理活动，并能感受到自己在社会和集体中的地位和作用。其次，儿童自我评价的独立性、批判性获得较大发展。儿童从依赖他人的评价逐渐发展为能独立地、批判地进行自我评价，自我评价的内容和范围不断扩大，稳定性不断加强。

六、个性品质逐渐形成

小学阶段儿童的个性品质也获得了迅速的发展，他们的学习兴趣逐渐分化、稳定，个人志向从直觉的、幻想的、易变的逐渐分化，稳定且富于理性。儿童的智力和特殊能力在课堂教学和课外活动的训练和影响下，得到了多样化的发展。在良好的环境和教育下，儿童的勤奋、勇敢、守纪、忠诚等优良个性品质正逐渐形成。

小学生自我意识是多方面的，其中最为重要的是自尊。美国著名心理学家詹姆斯（W. James）认为，自尊就是指个体的成就感，或者说，自尊取决于个体在实现其所设定的目标的过程中对成功或失败的感受。对小学生自尊的辅导，关键在于帮助小学生获得成功，体验到成功的喜悦，减少失败的感受。许多心理学家认为，自尊是由理想自我与现实自我共同构成的。所谓理想自我，是指一个人希望自己成为什么样的人的一种意象。这种意象并不是一种轻浮的、根本达不到的幻想（如我想成为百万富翁，我想成为著名影星等），而是一种想拥有某种特性的真诚愿望。所谓现实自我，是指一个人对自己是否具有某种技能、特征和品质的主观认识。当理想自我与现实自我相一致时，自尊就是积极的；相反，当理想自我与现实自我不一致时，自尊就是消极的。例如，有这样两个学生，一个叫刘言，另一个叫周红。刘言很看重学业上的成功，他的理想是长大后当一名科学家。他平时努力学习，上课用心听讲，每次考试都能取得好成绩，是班里公认的好学生。与刘言不同，周红很看重同学间的友谊，希望自己的人缘非常好，将来能够成为班里所有同学的好朋友。可是，周红的性格很内向，不大愿意与同学们交往，同学们也很少主动与他来往，实际上，周红在班里的朋友很少。由于刘言同学的理想自我与现实自我是一致的，所以，他的自尊较强；而周红同学的理想自我与现实自我有很大的差距，所以，他的自尊相对较弱。

我们应当注意，现实自我的获得实际上是一个自我知觉的过程。人们在自我知觉的过程中通常会犯以下几种错误：

第一，武断推论，即没有充分的依据，凭想当然下结论。比如，有些学习钢琴的小学生，只看到别人的成功，而没有看到别人付出的代价，以为只要自己学习钢琴，不付出代价也能获得成功。

第二，选择性提取，即只注意消极的信息。比如，一个因为胖而自卑的女孩，可能对别人挑剔的目光极为敏感，却对赞赏的目光非常麻木。

第三，泛化，即依据单一事件下结论。比如，一个人的生活内容包括学业、品德、体貌、人际交往等很多方面，但却只根据学业或体貌某一项来给自己或他人下结论。

第四，扩大，即高估消极事件。比如，为一件小事和同学吵架了，事情并不严重，却总担心给别人留下坏印象。

第五，缩小，即低估积极事件。有些成绩不太好，却很有礼貌、爱劳动的同学，总觉得自己不是教师和同学心目中的好学生，因为他没有看到好品质的价值。

第六，个人化，即对消极事件采取个人负责的归因风格，把不是自己的

责任也揽到自己身上。例如，考试成绩不好，有时是因为题目太难，却责备自己没有学好。

第七，二分思维，即全或无的思维，要么肯定，要么否定，要么正确，要么错误，对自己、对他人总是做"好"与"不好"的简单化评价。

以上这些错误都会导致自尊降低。为此，我们应当引导小学生正确地认识自我，珍视自己所拥有的某种技能、特性和品质，从而有效地保护和提高自己的自尊。

七、社会认知能力发展，集体意识不断加深

小学生的社会认知中的自我中心成分逐渐减少，对他人的认识也逐步趋于客观。随着儿童社会认知能力的发展，小学生的社会交往的广度和深度都有了很大的发展。小学生的社会交往对象主要是父母、教师和同学，其中，同学关系是这一时期儿童社会交往发展的一个重点。小学阶段是儿童同伴团体开始形成的时期，心理学上又称为"帮团时期"。这一时期儿童所形成的同伴团体有两类：一类是有组织集体，如班集体、少先队集体等；另一类是自发团体，如各种自发形成的小组、反社会的流氓盗窃团伙等。班集体是小学生有组织集体的主要形式。在教师的指导和帮助下，小学低年级的学生就能形成团结的班集体，产生强烈的集体意识。小学生的同伴友谊也在各种有组织的、自发的游戏以及学习活动中不断加深。

小学阶段的孩子在人际交往上的表现是不同的，有的孩子活泼开朗，善于沟通，往往人缘比较好，大家都喜欢和他交朋友；而有的孩子缺乏合作意识，喜欢独来独往，往往很孤单。对于有好人缘孩子的父母，要帮助孩子树立正确的交友观，有选择地交朋友，正确地处理好朋友与是非之间的关系；对于子女缺乏合作意识、喜欢独来独往的孩子的父母，应该告诉孩子"独木不能成林，众人拾柴火焰高" 的道理，鼓励孩子主动与人交往，关心周围的人和事，主动打开自己的心扉，和周围的同学交流，取长补短，共同进步。

◎儿童心理发展与心理卫生

心理健康教育与儿童心理发展是密不可分的。小学生心理发展的特点归结起来有以下几点：

一、心理发展很迅速

在小学阶段，小学生的基本认识能力和个性、社会性都有了迅速的发展。这给学校心理健康教育提出了任务，也创造了良好的时机。塑造优良的个性，培养儿童正确的自我意识、良好的品德、行为习惯和社会交往，是小学生心理健康教育的重点。而抓住小学生心理正处于发展、尚未定型的时机进行心理健康教育，引导您的子女心理朝着积极、健康的方向发展，对于子女心理健康的发展能够起到事半功倍的效果。

二、心理是协调的

小学生心理发展虽然迅速，但是与中学生相比，其心理发展是协调的，真正出现严重心理问题的学生比较少。心理健康教育的重点是引导儿童心理朝着积极、健康的方向发展，预防心理问题的出现，而不是对心理问题的治疗。

三、心理是开放的

小学生的经历有限，内心世界不太复杂，他们还不善于掩饰自己的情绪，其心理具有较强的开放性。这为家长了解自己孩子的心理提供了条件。当

处在小学阶段的子女心理出现异常时，家长比较容易发现，并有的放矢地进行心理健康教育。

四、心理是可塑的

与逐渐成熟的中学生相比，小学生的心理发展和变化具有较大的可塑性，小学生个性当中的稳定的个性意识倾向，如人生观、世界观等尚未萌芽，性格也尚在形成时期，不好的品德、行为习惯可以通过一定的教育措施加以改变。因此，小学时期是培养儿童良好的心理品质和行为习惯的好时机。

◎青少年生理发展特征

如果您的子女正在读中学，那么他们的生理正处于青春发育期。这一时期子女的身体和生理机能都发生了急剧的变化，并逐步趋于成熟，其生理发展具体表现为：

一、身体外形剧变

首先，您的子女的身高、体重、胸围、肩宽等有了迅速的增长。进入青春期后，子女的身高会以年平均增长少则6~8厘米，多则10~11厘米；体重的增长一般为5~6千克/年，突出的可达8~10千克/年。在短短几年内，子女的身高、体重等生理指标就达到或接近成人的水平。

其次，您会发现您的孩子的头面部特征发生了改变，身体比例逐渐协调。进入青春期以后，孩子的童年期头面部特征逐渐消失，身体比例也从头大身小逐渐变得匀称协调，这使您的子女从外观上更像一个成年人。

再次，您的子女的第二性征出现，少男少女的外形差异日益明显。第二性征是指性发育的外部特征，如少女乳房突起，声调变高，少男上唇长出胡须，喉结增大，声音变粗等。随着青春期的发育，少年的第二性征突显，少年男女在外形上的差异日益明显。

二、内脏机能健全

随着青春期发育，孩子体内的各器官、系统的机能迅速增强，并逐步趋向成熟。从心肺功能来看，中学生的血压高压一般达90～110毫米汞柱，低压为60～70毫米汞柱，脉搏一般为70～80次／分钟，肺活量要比青春期前增加1倍多，均已接近成人水平。从脑和神经系统的发育来看，青春发育期间大脑容量和体积的增加虽然并不明显，但内部结构却日益复杂化。大脑皮层的沟回组织和神经细胞发育成熟，高级神经活动的兴奋和抑制过程逐步平衡。第二信号系统（语言系统）不仅在两种信号系统中占优势，而且在概括和调节功能上有显著的发展。少年子女大脑和神经系统的发育为他们心理的迅速发展提供了物质前提和可能性。

三、性器官和性机能成熟

性器官是人体内部发育最晚的部分，它的发育成熟，标志着人体全部器官接近成熟。少女生殖器官从11、12岁开始发育，到13、14岁出现月经初潮，这标志女性性发育即将成熟。少男生殖器官的成熟比女生要晚，15岁时，男性睾丸重量才接近成人，16岁左右出现首次遗精，这意味着男性性机能成熟。

◎青少年心理发展特征

随着生理的变化以及环境的影响、教育的作用，中学生在心理上会发生一场革命性的变化：经历一个由不成熟到成熟的过渡期，学会用成人成熟的思维方式解决复杂的问题。中学生心理发展的具体表现：

一、智力长足发展

青少年期的子女由于大脑机能不断增强，生活空间不断扩大，社会实践活动不断增多，认知能力获得了长足的发展：可以有意识地调节和控制自己的注意力，对自己不感兴趣或困难的学习材料也能集中注意。青少年期进入了记忆力发展的黄金时期，记忆力迅速增强，有意识的记忆活动居支配地位。思维能力不断增强，逻辑抽象思维能力逐步占据主导地位。从初中二年级起，抽象逻辑思维从需要具体经验材料支持的"经验型"，向根据理论来进行逻辑推理的"理论型"转化。到了高二年级，这一转化过程基本完成，标志着个体的思维已达到成人的水平。所以，作为家长的您，在子女的青少年期一定要指导他们抓住这一智力发展的大好时光认真学习，不断丰富充实自己。

这一时期少年思维的独立性、批判性、创造性都有显著的提高。您的子女逐步开始用批判的眼光来看待周围事物，喜欢质疑和争论；开始怀疑教科书上的观点，家长和老师的经验更是成了他们攻击的对象；虽然在某些方面有一定独立的见解，但容易片面、走极端，对自己认为正确的观点往往固执、坚持，不愿听取多方面的意见。在妈妈的眼里，过去的小明是个听话的孩子。可是妈妈发现，到了初二，小明忽然变得特别不听话了。常常对学校里的各科老师的工作品头论足，有不同的看法。家长的经验之谈，他也听不进去，常常与父母争论不休。还固执己见，明明自己错了，也不承认，经常把妈妈气得说不出话来。这表明了青少年子女思维的独立性、批判性，有一定独立的见解，但容易片面、走极端的特点。这一时期您的子女还比较容易出现"明星崇拜"现象，这则是个体思维自我中心的表现，过度关注自我，不能明确区分自己关注的焦点与他人关心的焦点的不同。

二、情感热烈丰富

在这一时期，您会发现您的孩子的情绪高亢、强烈，充满着热情和激情。在遇到愉快的事情时，经常欢呼雀跃，而见到不合理的现象时则非常气愤、不满。许多孩子有为真理而献身的热情，能完成一些惊人的业绩，但也有一些由于盲目的狂热或一时的冲动而干了蠢事。

处在青少年期的子女的情感的内容丰富多彩，而且越来越复杂。在生活中，他们珍视亲情，渴望友情，向往美好的爱情。但因缺乏交友的原则和技巧，也容易产生哥们儿义气、拉帮结派、早恋或者两性关系上的不良行为。身材高大的小姜的归属感特别强烈，也特讲"哥们义气"，只要朋友有求于他，他便会为朋友两肋插刀，一马当先去帮忙。一次，他听说自己的朋友受了他人的欺负，要他去和对方"理论理论"，他毫不犹豫，立马找了几个同学随朋友而去。在理论的过程中，言语不和，大家便拳脚相加，双方都有人受伤，被送到派出所。结果，小姜和所有参加的人都受到拘留5天和罚款3000元的处罚，为此，小姜后悔不已。还有一个青年因激情爆发失去自控，失手将对方一人打成重伤不治身亡，被判无期徒刑，遭受终身监禁。

情感的两极化明显。您会发现您的子女的情感经常发生变化，常常从一个极端走向另一个极端。他们常常为一点小事，就会被感动或是振奋、激动，显得非常热情；一会儿又因一点挫折而心灰意冷、冷漠无情、破罐子破摔，从

一个极端走到另一个极端，让人捉摸不透、迷惑不已。

处在此时期的孩子，乐于表达自己的情感，但情感的表达方式也具有文饰、内隐和曲折性的一面。例如，有些青少年对一个人，特别是异性，明明是有好感的，愿意接近，但是由于自尊心或其他原因，他们会有意地表示冷漠或疏远。这与他们控制情感的能力的增强是分不开的。但这种个体情感的外显性与内隐性的矛盾，则会给处在青少年期的子女的情绪适应带来一定的困难。

三、意志品质增强

您会发现您的子女此阶段在各种活动中表现出来的意志品质，如主动性、独立性和坚持性，都比儿童期有了明显提高，自制力较强。许多孩子都特别崇拜意志坚强的人，许多青少年特别崇拜经过常年艰苦拼搏，获得奥运金牌的刘翔、女排姑娘们，并且立志向他们学习，力图培养自己良好的意志品质。但是，这一时期意志力的发展还不成熟，遇到困难和失败的时候往往表现为没有毅力，半途而废。另外，有的孩子对意志品质的理解还不全面，表现为蛮干。有的青少年为了证明自己胆大、勇敢，做出很多很危险的举动，如在汽车行驶中扒车、跳车，站在悬崖上探身采集花草，为了锻炼自身的意志力而在冬天穿很少的衣服等。

四、人生观、世界观逐渐形成

青少年时期的孩子，自我意识发展进入第二飞跃期（第一飞跃期在1～3岁），自我意识高度发展。自我意识是认识的一种特殊形式，是个体对自我的认识，或者说是对自我及周围人的关系的认识。伴随着青春期生理的成熟，您的子女将逐渐意识到"我长大了"，产生了强烈的成人感，希望得到成人的理解与尊重，希望获得独立。然而，这些要求往往不能够得到完全满足，因此，会使青少年对成人产生强烈的反抗心理。

　　少年还会把原来主要朝向外部的认识活动，转向自己的内心世界，探索自己的内心活动。比如，这时的子女会提出一系列的问题要自己回答：我是一个什么样的人？我要成为一个什么样的人？我的长相如何？我的脾气、性格怎样？我有什么样的特长和才能？我能成就什么样的事业？我在别人心目中的形象如何？我怎样走自己的人生之路等等。但在相当长的一段时间内，并不会形成关于自己稳固的形象，也就是说，您的子女在此时期的自我意识还不够稳定。当取得成绩时，会更多地看到自己的优点，甚至夸大自己的能力，对自我作出较高评价，导致沾沾自喜，甚至居高自傲、盛气凌人的心理；但一旦遇到挫折、失败，往往又会走入另一个极端，灰心丧气、怯懦自卑、萎靡不振，甚至自暴自弃。评价别人时也常带有片面性、情绪性和波动性。正像有的孩子说："你瞧我们班长站在前面那副盛气凌人的样子，不就比我多考了两分嘛，就好像我们都要听她指挥似的。"而且，对周围人给予自己的评价非常敏感和关注，哪怕一句随便的评价，都会引起内心很大的情绪波动和应激反应，以致对自我评价发生动摇。如何建立起对自己的正确认识，变得自信而坚强，是处在青少年期的孩子亟待解决的问题。

　　随着对外界认识的不断提高，生活经验的不断积累，青少年期的子女的自我意识开始分化，出现了"理想自我"与"现实自我"的区分。这会使子女希望自己处于理想的状态，各方面都非常优秀。还对自我认识产生浓厚的兴趣：关心自己的形象，希望自己的外貌、言行得到他人尤其是异性的好评；关心自己的能力，希望自己在学习和社会工作中有较出色的表现；关心自己的个性，希望被他人喜欢；关心自己的前途，希望能实现自我理想。由于青少年期的子女不断地进行自我观察、自我分析、自我评价，把"现实自我"与"理想自我"加以比较。而在青年时期，现实的我往往总是落后于理想的我，二者之间的矛盾和距离，会使他们感到很痛苦，并产生强烈的内心体验，从此进入一个内心动荡不安、情绪体验错综复杂的时期。

五、性意识觉醒

青少年期第二性征的出现，意味着孩子的性机能逐渐成熟。这一变化反映在心理上会引起性意识的觉醒。所谓性意识，一般指子女对性的理解、体验和态度。性意识的觉醒，指您的子女开始意识到两性的差别和两性的关系，同时，也带来一些特殊的心理体验，如有的孩子对自己的性特征变化感到害羞和不安，对异性的变化表示好奇和关注等。

青少年性意识有一个持续发展的过程，这个过程大致可分为三个阶段：

疏远异性阶段。青少年在青春发育的初期，由于生理上急剧变化，性别发育差异，往往对性的问题感到害羞、腼腆、不安和反感。于是在心理上和行为上表现出不愿接近异性、彼此疏远、男女界限分明、喜欢与同性伙伴亲密相处等情况。这一时期的性意识是对两性关系由无知到意识状态，是一种朦胧状态。

接近异性阶段。随着年龄的增长，生理、心理的进一步成熟，青少年男女之间会产生一种情感的吸引，相互怀有好感，对异性表示出关心，萌发出彼此接触的要求和愿望，开始喜欢一起学习、参加各种活动和交往，但是在这一时期是将异性作为一般朋友，还不属于恋爱。这个阶段的性意识带有朦胧的、向往的特点。

恋爱阶段。随着年龄的增长，生理上的进一步成熟及社会生活的全面影响，青少年男女之间开始萌生爱情。仅把特定的异性看做自己交往的对象，持续地交往，相互爱慕，进入恋爱。这个阶段的爱情多为内心隐蔽的爱情，多以精神内容为主，重视纯洁的感情。

随着对性的了解、探求与尝试的愿望不断增长，如何适应社会文化的要求处理好性要求，是您的子女在青少年期必须面临的问题。比如，如何与异性适度交往，怎样讲话、行动才像男人（或女人），怎样引起异性注意以及了解性知识等等。这些问题对于青少年期的子女来说是那么神秘和富有吸引力，然而却往往因为难以处理而造成心理障碍。

有的青少年跃跃欲试想寻找机会体验一下恋爱滋味，于是就会出现早恋、多角恋爱等现象。例如有一个高中女生，她希望有三个男同学能帮助自己：一个要学习好，以辅导她的学习；一个要能说会玩，陪她玩乐；另一个则要会体贴人，成为她的忠实奴仆。经过一番尝试之后，她竟能如愿以偿，并同时与他们保持超友谊的关系。别人问她将来与谁结婚，她却轻松地回答："我还没想过结婚呢！"这种不成熟的恋爱心理，对于自己，对于别人，乃至对于社会，都是有害无益的。

有个别青少年置社会规范于不顾，只求满足自身性欲望，滥交异性朋友，在性关系上放荡不羁，荒废了学业，伤害了他人，有的甚至为此犯了罪。初二学生范某看上了初一女生小李，小李长得楚楚动人，但性情十分胆小、懦弱。范某抓住小李的这个弱点，在另一个同学的帮助下，常常以送小礼物为由，多次把小李带到偏僻的地方进行猥亵。这使小李的精神受到刺激，常常独自发呆、流泪，说不想上学，自己万分痛苦，又不敢告诉他人。直到那个介绍的男同学与范某有意见闹翻了，才告诉了学校教导处，这件事情使学校的老师和家长都非常震惊。

而另一个极端是，一些中学生对性问题采取忽视、逃避的态度，不与异性正常接触，对异性怀有偏见，有的甚至把性看成为罪恶，这会阻碍性心理的正常发展，将来在性关系上也很可能出现无知、无能、消极逃避等问题，甚至会罹患心理疾病。

田田，初二男生。自幼与父母生活在人烟稀少的建筑工地，性格内向、拘谨。又由于家中没有姐妹，缺少与同龄异性正常接触与交往的经验，使得他对异性有更深的好奇心与神秘感。一天偶然翻起一本杂志，看到了有关性的描写，一阵冲动，情不自禁地手淫了，正巧被三姑撞见。他认为自己手淫是不道德的，成人会把自己看成坏孩子，此后，在社会交往中，一见异性，潜意识中

的自卑感就会使他恐惧、紧张、脸红，进而又为自己的紧张脸红而恐惧。越怕别人识破自己心中的丑陋，怕被指责为不守规矩的男孩，就越想方设法控制自己的表情，结果，形成了赤面恐惧症，甚至都不能正常上学了。

自杀未遂的少女小莉，向作为心理医生的笔者哭诉："他们都说我看他们（男孩子）了，我真的没看他们！"这是怎么回事？这来源于她童年的经历。小莉的童年是在父母的吵闹声中度过的。心高气傲的母亲无奈地嫁给了其貌不扬、窝囊低能的丈夫。遭遇不幸婚姻的母亲经常告诫她："女孩子要守规矩，世界上的男人没有好东西，与他们接触千万要小心！"在偏僻、闭锁的农村长大的小莉，很少有机会接触异性。处于青春期的小莉出落得亭亭玉立、楚楚动人，引来无数异性的目光。她也对男孩子产生了好感，也想与异性进行交往和语言、目光的沟通。这本来是处于青春期的少年男女的正常心理，但是母亲严厉的家教内化为她强烈的自我约束。她认为观看异性会被认为是不道德的事情，这样的女孩儿是不守规矩的。她不断警告自己：不能看他们，千万不能看他们。她压抑着自己与男生交往的动机，越压抑该动机越强烈。所以她痛苦万分，才多次向笔者哭诉："他们都说我看他们（男孩子）了，我真的没看他们。"以至长期痛苦不堪，便服了一把安眠药以求一死了却一生。幸亏发现及时，经抢救才把她从死亡的边缘拉回来。后来她再也不能上学，读初二时不得不辍学了。

通过以上事例，不难看出青少年的心理总体上发展的速度是比较快的，但是与迅速发展的身体变化相比，心理发展的速度还是落后于生理发展速度的，身心发展暂时处于一个相对不平衡的状态。因此，这一时期是心理问题的一个高发期，突出表现为心理的多重矛盾性。

◎ 青少年心理发展与心理卫生

一、独立性与依赖性

进入青春期后，"成人感"的迅速膨胀使您的子女在思想言行等各方面都表现出极大的独立性，希望自主，反对权威，竭力摆脱家长的管束，甚至与家长"战火频繁"。有时还没听家长说话的内容，只看到家长对他们那副怀疑的表情就足以让青少年的自尊心受到威胁。然而，青少年子女对父母、成人及长辈又存在较多的依赖性。因为您的子女此时的阅历还不够丰富，面对陌生或者复杂的环境时，往往缺乏信心，难作抉择；同时，在经济上大多数少年还得依靠父母，对家庭的习惯性依赖仍然存在。下面我们就来听听一位母亲的心里话：我发现儿子上初中之后变得很古怪。开始，有一段时间我还像小学一样过问他的学习，每天吃完饭问问他学到哪了，想帮他背背、默默。可他却说"我都上初中了，你别管我了不行吗？"总把我往外推。有三四天我就看我的电视没理他，他又说了："你就知道看电视，也不关心关心我，这道数学题不会，你快来看看啊！"倒成了我不关心他了。我有时候周末要加班，连着一个月没歇，没想到儿子打来电话问我："你今天又不歇啊？"我好像都看到了他脸上的遗憾，就推掉了手头的工作，赶忙回了家。本想和他好好聊聊。他可倒好，高高兴兴把我迎进门以后就到他自己屋里去了。简直莫名其妙！这是个很典型的例子。一方面青少年期的子女非常想有自己的空间，证明自己的能力，可遇到困难时又不愿意自己承担，希望得到家人的关心与帮助。而且，还很怀念小时候在父母身边的生活，感觉那样有安全感。家长朋友们，仔细想一想，

这位母亲的感受是否与您的雷同呢？

　　您要想让孩子真正的独立起来，就需要尽量尝试让孩子自己处理一些事情，在独立地处理事情中增长他们的才干。当子女有困难的时候，作为父母的您可以与子女心平气和地沟通，了解子女的愿望和要求。如果只是一味地要求子女独立，而没有与孩子进行有效的沟通，那么很难走进孩子的心灵，在他们困难的时候，您很可能想帮助您的子女，却觉得无从下手。

二、闭锁性与强烈交往的需要

　　每一个人的心中都会有自己的秘密，处在青春期的少男少女，心中更会有许多的小秘密。珍藏心中的秘密，是青少年子女珍视自我、保护自我的一种表现，也是青少年心理发展的必经阶段。他们愿意待在自己的小屋子里，给抽屉加上一把锁，抱着自己的日记本写啊写，原来开朗的性格变得沉默了。这一时期自尊心的增强，使处在青少年期的子女更希望别人看到他们存在的价值，希望得到别人的尊重。为此有的孩子不愿意与人交往，不愿暴露自己心中的"秘密"、"缺点"，对人或对事有一定的戒备心理。行动上则具有文饰和内隐的性质，经常有意地掩饰自己的真实情感，不愿意把内心的秘密和真实的思想感情轻易地向他人吐露，这表明了处在青少年期的子女心理的闭锁性。这种闭锁性将导致青少年期的子女与父母、师长及熟悉的人之间产生一定的心理距离。由于他们感到缺乏可以倾诉衷肠的知心人，于是产生一种难以名状的孤独感，造成自卑、苦闷等心理感受，也给青少年期的子女处理与他人的人际关系增加了一定的困难。青少年的这种心理的闭锁性与随着生活空间的扩大而产生的强烈交往需要之间，构成了一对难以排解的矛盾。

　　16岁的虹是一位文静、内向的女孩。从小受到严格的家庭教育。但由于小时候父母工作繁忙，经常把她一个人反锁在家里，所以很少与人交往。久而久之，虹变得害怕与人交往，敏感多疑，处处设防，总是拒人于千里之外。虹

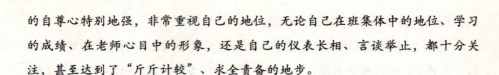

的自尊心特别地强，非常重视自己的地位，无论自己在班集体中的地位、学习的成绩、在老师心目中的形象，还是自己的仪表长相、言谈举止，都十分关注，甚至达到了"斤斤计较"、求全责备的地步。

一次体育课上练习背跃式跳高，本来就不擅长体育的她，一紧张还没到栏杆前就起跳了，结果摔了个仰面朝天。这把体育老师都给逗笑了，幽默地说："佩服！动作完成得不错，就是没碰着栏杆。"老师的玩笑逗得同学们更是哄然大笑。也不知道哪个男同学给她起了个"鲤鱼"的绰号，这绰号立刻在全班叫响。虹的脸通红，"这下可出丑了！"她好几个星期都低着头走路，生怕同学们嘲笑。后来发展到在课堂上回答问题时，也表现得非常局促、尴尬，常常说不出话来。这时，她是多么需要同学的帮助啊！但她的孤傲，让大家什么都不敢说，生怕伤了她的自尊心。她看着同学之间有说有笑，自己却如此的孤独，十分痛苦，甚至想到以死了却一生。

虹的过度地自我保护，让她放弃了与外界的接触，拒绝与他人沟通，把自己封闭在一个狭小的个人空间里；却又常常无法抑制对人际温暖、友情的渴求，总是幻想别人能不计较她的冷漠和傲慢，主动地接近、关心她。有位自杀身亡的年轻人在遗书中这样写道："我感到人情冷漠，特别孤独。如果此时有人哪怕跟我说上一句话，我也不会自寻短见。可是，我与人没有交往，没有朋友，没有知己，无奈，我只好诀别人间。"有许多孩子与虹、自杀的年轻人一样，只要求别人无条件地接纳自己，却不愿意主动地走出自我，积极与他人沟通。您可以指导子女进行人际交往，使他们认识到与人沟通并不难，只要能迈出小小的一步，只向别人点一点头、给一个微笑、打一声招呼，他们便会得到更多的回应的。家长需要鼓励处在青少年期的子女们，鼓励他们放弃自我防卫，主动地与人沟通，只有这样他们才会获得温暖和友谊。

三、情感与理智

处在青少年期的孩子情感会异常丰富，但情绪不够稳定，往往容易感情用事。虽然也懂得一些世故道理，但不善于处理情感与理智之间的关系，不能用理智控制自己的行动而感情用事，常常伤了和气，误了事，事后又为此追悔莫及、苦恼不已。

初中二年级学生小刚，一天放学刚出校门，就被迎面骑过来的一辆自行车撞倒，那人还反说是小刚故意撞人。幸好遇到同班同学小亮，一个健步上去揪住了对方的领口，与他理论了两句。对方一看来者不善，也就没有再纠缠。小亮是班上出了名的"打手"，就喜欢用武力解决问题。事后，他告诉小刚："就要给他们点儿颜色看看。"还要他一起去见见世面。小刚出于感激，又一时好奇，就跟他到了另一所学校的门外。刚一到，就看见两队人马，一副剑拔弩张的气势，话不投机，小亮就与他们打起来了。开始，小刚只是在旁边观战，眼看着自己的朋友——小亮就要吃亏，小刚马上奋不顾身地参加了战斗。事后，小亮"邀请"他加入自己的队伍。小刚一方面觉得自己没有理由去伤害一些与自己毫不相干的人，但又认为小亮对自己有恩在先，拒绝了人家不够朋友，为此，陷入了内心的矛盾斗争之中，心里非常焦虑。

后来在妈妈的教育下，小刚终于理智地拒绝了小亮。感激归感激，但做人要有自己的原则和道德的底线，更要做个知法、懂法、守法的好公民。不久后，一位被打的学生向公安机关报案，小亮等人被分别处以2000元罚款，并被学校给以记过处分。想起这件事，小刚就后怕，但同时也非常庆幸在母亲的帮助下，自己做出了明智的选择。

青少年的情感往往容易受外界环境的影响与诱惑。重"义气"，崇尚"为哥们儿两肋插刀"，使他们遇事不能冷静思考，让所谓的"正义感"、

"同情心"、"报恩"等想法支配了自己，头脑一发热，就"挺身而出"；往往只要一人提议，不分是非，不计后果，就共同响应，甚至导致违法、犯罪。您可以向小刚的母亲那样，耐心地劝导他们，教导他们在感情冲动时，冷静地思考片刻，向小刚学习，用理智战胜感情。

四、理想与现实

青少年多朝气蓬勃，富于幻想，胸怀远大的理想与信念，对未来充满美好的向往。然而，往往又是急躁的理想主义者，对现实生活中可能遇到的困难和阻力估计不足，以致在升学、就业、恋爱等问题上遭受挫折，或一旦困惑于现实生活中某些不正之风，容易引起激烈的情绪波动，出现沉重的挫折感，有的甚至悲观失望，陷入绝望的境地而不能自拔。笔者在心理咨询中有这样一个事例：小睿出生于知识分子家庭，在做教师的父母的言传身教之下，他积极向上，勤奋好学，诚实正直，疾恶如仇。他读了许多中外政治、历史书籍，追求理想主义的社会，对现实有自己的看法，对社会的丑恶现象深恶痛绝。但是他看问题往往缺乏辩证的、全面的观点，过于偏激，对挫折、困难估计不足，常常陷于理想与现实的矛盾之中，内心十分痛苦，便求助于心理咨询师。在心理咨询师的帮助下，他学会一分为二地看待社会的进步、光明和不足，认识到在社会主义的初级阶段一些不尽如人意的、甚至丑陋的现象客观存在。作为青少年，要用自己的智慧、才能贡献于社会，学会在力所能及的范围内做一些事情来改变不合理的现实。在不能改变时，要能够接受它，明哲保身地生活下去。这就使小睿找到了生活的目标和方向，重又恢复了朝气蓬勃、积极向上的心态。

正是因为处于青少年期的子女在成长的过程中具有以上所说的生理、心理特点以及由此产生的多种心理矛盾，几乎人人都生活在这些矛盾的包围当中。所以，我们常常会为此产生疑虑、困惑、迷茫，进而感到苦恼、沮丧与不安，这是成长中正常的情绪反映。有矛盾并不可怕，如果家长能够指导子女适当地化解这些矛盾，青少年子女就会在这些矛盾的解决中成长与进步。如果这些心理矛盾与困惑没有得到及时地化解，就有可能产生心理偏差，长此以往，就可能产生心理障碍甚至罹患心理疾病。所以，青少年时期是心理问题与心理障碍、心理疾病的高发期。在医院的心理门诊中，应诊的青少年占应诊人数的70%～80%呢。

（李百珍 郝志红）

做/孩/子/的/心/理/医/生

解读心理咨询

心理咨询这一概念在我国已不再陌生。因为自20世纪80年代以来，这项工作已在高等院校、医疗部门、社会团体中广泛开展起来。然而，不少人却往往把它与"精神病"、"心理变态"联系起来，并表现出恐惧或不安，认为心理咨询面对的人群是有精神病的、心理变态的。其实，这是个认识的误区。

心理咨询要帮助的，主要是那些在学习、生活和工作中遇到了困难与挫折而产生心理困扰的正常人群。在发达的国家，一个人说，我刚刚从心理咨询师那里来，他的朋友会认为，此人是一位在心理（精神）方面追求高水准的人。作为普通人的我们，在漫长的人生旅途中，不可能终生不出现这样、那样的心理困惑，不可能在任何时候心理总是达到健康的程度，那么也就可能在人生的某个阶段，需要他人的心理帮助。所以，心理咨询必然与我们每一位普通人有着千丝万缕的联系。

家长朋友会问，我并不打算当心理咨询师，我们懂得什么是心理咨询、心理咨询的特征有什么用呢？其实，家长学习这些内容是有很有必要的。首先，我们对于心理咨询有个全面的、正确的认识。当我们或我们的子女需要求

助于心理咨询时，应避免对心理咨询认识的不足和片面，我们才能够很好地配合心理咨询工作，获得好的咨询效果。另外，在多年教授国家劳动与社会保障部心理咨询师课程中，我的许多做家长的学员欣喜地告之，他们所获得的"副产品"更有实用价值。当他们在教育子女的过程中，自觉不自觉地运用心理咨询的观点和技术时，发现自己的观念更新了，教育子女的办法多了，也灵活了，与子女的关系融洽多了。子女对自己也刮目相看了，这是多么令人欣喜的事情啊！

那么，到底什么是心理咨询？心理咨询的技术对于家庭心理健康教育又有哪些借鉴作用呢？这正是下面我们准备向家长介绍的。

首先，我们向您介绍什么是心理咨询。

◎什么是心理咨询

在汉语的解释中，咨是商量，询是询问，咨询就是找人商量和询问。心理咨询就是来访者就心理、精神方面的问题，找咨询人员进行诉说、商讨和询问，以寻求问题解决的过程。在咨询人员的启发和帮助下，在良好的人际关系氛围中，使来访者的潜能得到发挥，从而找到产生心理问题的原因，辨明心理问题的性质，寻求摆脱心理困扰的条件和对策，达到恢复心理平衡、增强心理素质、提高适应能力、增进身心健康的目的。

心理咨询作为一门职业，其历史并不长，因此，关于心理咨询这一概念的界定，国内外尚无公认的统一定义。但我们也能看到许多心理学者对心理咨询还是有一些共识的。

国外心理学家对什么是心理咨询有许多不同的说法。心理学家泰勒提出，"咨询是一种从心理上进行帮助的活动，它集中于自我同一感的成长，以及按照个人意愿进行选择和作出行动的问题。"

帕特森认为，"咨询是一种人际关系，在这种关系中，咨询人员提供一定的心理气氛或条件，使咨询对象发生变化，做出选择，解决自己的问题，并且形成一个有责任感的独立个性，从而成为更好的人和更好的社会成员。"

里斯曼认为，"心理咨询乃是通过人际关系而达到的一种帮助过程、教育过程和成长过程。"美国心理学会咨询心理学分会将心理咨询定义为"帮助个人克服在成长过程中可能遇到的各种障碍，从而使个人得到理想发展"。

国际心理科学联合会编辑的《心理学百科全书》，则肯定了心理咨询的两种定义模式，即教育模式和发展模式。该书指出："咨询心理学始终遵循着教育的而不是临床的、治疗的或医学的模式，咨询对象（不是患者）被认为是在应付日常生活中的压力和任务方面需要帮助的正常人。咨询心理学师的任务就是教会他们模仿某些策略和新的行为，从而能够最大限度地发挥其已经存在的能力，或者形成更为适当的应变能力。"该书还指出："咨询心理学强调发展的模式，它试图帮助咨询对象得到充分的发展，扫除其正常成长过程中的障碍。"

那么，国内心理学者又是怎么认识心理咨询呢？国内心理学者对什么是心理咨询也提出了各种不同的看法，其中，影响比较大的是香港学者林孟平和北京大学的钱铭怡。

香港学者林孟平在《辅导与心理治疗》一书中，将心理咨询界定为"一个过程。在这个过程中，一位受过专业训练的辅导员，与当事人建立一种具有治疗功能的关系，协助对方认识自己、接纳自己，进而欣赏自己，克服成长中的障碍，充分发挥个人的潜能，使人生有统合并丰富的发展，迈向自我实现。"并且把心理咨询概括为"助人自助"。"助人自助"成了咨询专业人员简约自己工作性质的代用词。

钱铭怡在《心理咨询与心理治疗》一书中则认为，"心理咨询是通过人际关系，运用心理学方法，帮助来访者自强自立的过程。"她提出，良好的人

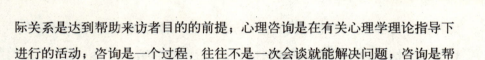

际关系是达到帮助来访者目的的前提；心理咨询是在有关心理学理论指导下进行的活动；咨询是一个过程，往往不是一次会谈就能解决问题；咨询是帮助来访者自强自立，而不是包办解决来访者的各种问题。

◎心理咨询的基本特征是什么

家长朋友会问：那么多心理学家讲什么是心理咨询，似乎都不一样，他们说的内容中有没有共同的东西呢？我们说有，从他们不同的介绍中，我们可以归纳出一些共性来，那就是心理咨询的基本特征。

第一，心理咨询解决的是来询者心理或精神方面存在的问题，而不是帮助他们处理生活中的具体问题。

这里强调的是心理咨询解决的是心理问题。一位考试焦虑的学生，希望咨询师替他和学校交涉缓考的问题，或者请求咨询师帮助他介绍对象、介绍工作。这些问题不是心理问题，也就不在心理咨询师的工作范围。

第二，心理咨询是一种职业化的助人行为，而不是一般的帮助活动。心理咨询有特定的目的和任务，解决问题有专门的理论与方法。它是一种有目的有意识的职业行为，它重在帮助人分析内心的矛盾冲突，探讨影响其情绪和行为的原因，协助他们自我改变，而不是人与人之间一般的社会交往。

这里强调的心理咨询是职业行为，需要掌握专门的知识和技能。有些人认为自己会说话，又热心帮助人，就自然地会作心理咨询。这种说法是对心理咨询的误解。不是任何人都可以做心理咨询的，只有经过专门的心理咨询的理论与方法训练学习的人，才可以从事心理咨询工作。

第三，心理咨询强调良好的人际关系氛围。在这种良好的人际关系中，来访者可以向咨询员袒露自己的隐私、痛苦和软弱；咨询员则可以将来访者意识不到的思想和感受反馈给来访者，帮助来访者重新认识自己和接纳自己。因此，这种良好人际关系的氛围是有治疗功能的。

这里强调的心理咨询具有良好的人际关系。有些从事教育工作、思想教育工作的人认为：我从事教育工作是教育者、是助人者，所以有意识、无意识地认为我就比对方高人一等。心理咨询关系与这种关系是不同的，它是平等的、具有良好的人际关系氛围的。

第四，来询者不希望将咨询内容和咨询关系公开化，咨询者有责任为来询者保守秘密。这是咨询者职业道德要求必须遵守的原则。咨询者与来询者的良好人际关系，通常只限定在咨询室和咨询时间内，而不能将这种关系引向咨询活动以外。假如，一位多情的女大学生对咨询员在感情上产生了依恋，咨询员绝不能为此而动情或与之发展恋爱关系。

这里强调的是心理咨询保密的原则。这不仅是心理咨询本身的要求，也是咨询者职业道德要求遵守的原则。有的人听到对方倾诉的不为人知的事情，就传播开来以示自己多知多识，这是心理咨询的大忌，这样的人是不能担当心理咨询师的职责的。

第五，咨询是一种学习和人格成长的过程。通过心理咨询，来访者从不能自强自立到能够自强自立，从不能正确对待自己和他人到学会正确对待自己和他人、减少内心矛盾和冲突，从不善交往或具有交往焦虑的困扰，到学会怎样与他人和睦相处，以致最终能帮助一个人在生活的各个领域实现其最大的潜能。这些都是在心理咨询过程中的学习和人格方面的成长。

这里强调的是心理咨询的最终目的，是帮助来访者完成学习和人格成长的过程。

家长朋友，您与自己的子女朝夕相处，应该说最了解自己的子女。可是您发现没有，您好心好意地为自己的孩子做这做那，他们却不领情，说他们想要的您没有给，您给的，他们都又不屑一顾。许多家长抱怨，真的"读

不懂"他们。这是怎么回事呢？这是有些家长朋友不了解自己孩子的心理，不
了解他们的生理心理发展的特征，才会出现上面的一些问题和困惑。所以，与
自己的子女和睦相处，与子女共同成长，有必要了解自己的子女。下面，我们
分别就各年龄阶段的生理心理特征向家长做一介绍。首先，我们借鉴建立良好
的咨询关系的技术，向家长朋友介绍如何与子女建立良好的亲子关系，我想您
会从中受益的。

（李百珍）

做/孩/子/的/心/理/医/生

建立亲子关系

众所周知，家长是子女的第一任老师，家长的爱是促使子女成长的催化剂。对子女的爱应该以对身心健康的关怀、对成长的教导表现出来。然而要想让您的子女体会到这种爱，认同您对其人生的指导，与您的孩子建立起和谐的亲子关系是十分必要的。

您的子女在幼儿时，给您表演刚刚从幼儿园学到的舞蹈，您那时的眼光该是特别专注、安静，特别的温暖。父母都是用这样的目光看着自己的孩子，孩子在父母的注视下一天天长大。可是不少家长发现随着时光的流逝，有的孩子会与父母一天天疏远，成为陌生人，甚至成为"敌人"。这说明：家长简单的爱，对于建立良好的亲子关系是远远不够的。高尔基曾经说过：生养孩子，母鸡也会，但教养孩子不是每个父母都会的。这种关系的建立是需要学习的，需要在生活中去体验、去思考的，这既是父母教育孩子的过程，也是父母自己成长的过程。

那么，这种和谐的亲子关系到底该如何建立呢？下面我们将为您介绍几种生活中可行的态度和技能，希望能够对您有所帮助，拉近您与孩子心灵的距离。

◎家长要尊重信任子女

一、尊重信任子女

尊重信任子女，尤其是对处在青少年期的子女，就是家长需要将自己的孩子看做是有独立的思想感情、内心体验、生活追求的人，也是有独特个性的人。

二、为什么要尊重信任子女

尊重信任自己的子女，不仅体现了一位英明的父亲或母亲的基本素质，也是家长走进孩子内心世界的必由之路。

首先，家长对子女应该采取尊重的态度，表现出尊重的行为。

家长对子女尊重信任的态度表现为，家长应该认识到自己与孩子的地位是平等的。我们每个作为社会的人都是渴望尊重、渴望理解的，这是人的基本需要。在我们这个受儒家思想影响了几千年的，以孝为先的文明古国，是有着遵从权威，遵从长辈和父母的传统的。因此，我国传统的家庭教育中，孩子对长辈、父母的尊重被视为理所当然的。然而，孩子被尊重的需要却常常被忽视。在家长的眼中子女总是年幼无知的，亲子关系应该是：我说了你就要听，听话的就是好孩子，不听话就是不良子女。

那么，做父母的是不是就不需要尊重子女了呢？我们认为不是的。您的孩子可能年幼，但并非无知，他们对人、对事物仍旧有自己的认识与评价，

对自己的经历都投注了自己的真实思想，有自己独特的内心体验，对于生活也拥有与他人不同的感悟。这些都体现了他们具有独特性与自主性的人格特征。作为子女，也有被他人尊重的需要，在家庭生活中，子女也应当得到最起码的尊重。

家长对子女的尊重，会给子女创造出一个相对安全的、温暖的家庭心理氛围，使其能够最大限度地表达自己的想法与观点；同时，使子女感觉到自己在家中是受父母尊重的、是被长辈们所接纳的，家庭是民主的，在家庭中与家长具有平等的地位，从而获得一种自我价值感，唤起他的自信心。只有这样，才更易于与父母建立起和谐的亲子关系，子女才乐意将自己的心里话讲给父母听，进而乐意接受父母的意见与建议。尤其是那些在学校与工作环境中受到挫折、自尊心受到伤害的子女，回到家中，急需父母对其表达出对自己的尊重、接纳、信任。

美国老肯尼迪对孩子的尊重值得我们借鉴与效仿。

肯尼迪家族能够一门三杰，在政坛上显赫一时，主要应归功于当时出任英国大使的肯尼迪老先生。在饭桌上，老肯尼迪常常和孩子们大谈特谈时事政治，并且鼓励孩子们自由发表他们对世界大事的意见和看法；遇到意见分歧时，老肯尼迪与孩子们便会激烈地进行辩论；肯尼迪很认真地倾听他们每个人的看法，让孩子们感觉到自己像成人一样被尊重。

这种尊重子女的态度，使老肯尼迪和他的孩子们建立了融洽的亲子关系。孩子们的自信心得到了提升，不但对政治增加认识，而且对国内国外的事都有浓厚的兴趣，常常各自到图书馆寻找更多的资料来参阅。结果一个儿子成为总统，两个成为议员。

而我们许多的家长却缺乏民主平等的意识、缺少对子女的尊重。请看看韩迪和赵爽的父母是如何对待子女的。

16岁的高中生韩迪完全有能力担当家庭的一部分责任。她的父母两年前离婚了，在签订离婚协议之前，孩子一直试图调解父母之间的矛盾。但是父母

对此都不予理睬，妈妈甚至很反感地对韩迪说："大人的事情自己会处理，你一个小毛孩子知道什么！好好学你的，瞎掺和啥？"离婚后，虽然韩迪与母亲一起生活，但是他们母女却情同陌路人。

赵先生是个成功的企业家，妻子早逝，自己把儿子赵爽带大，17岁的高中生赵爽，是一个品学兼优、对父亲言听计从的"好"孩子。赵先生在儿子身上花费了很多心血：送儿子上最好的小学，由于考试成绩不理想，他又花钱托朋友送儿子上好的中学，就连高中的学校也是他一手安排的。用赵先生的话说"那时儿子特别听话，让去哪儿就去哪儿，而且到了新学校表现也不错，从来也不给我找麻烦……"但近一年来，赵爽却多次逃学，而且常和父亲吵架，甚至有一次吵完架后离家出走。最近发展到父子俩见面像见仇人一样，要么不说话，要么一张嘴就吵架。

赵先生感觉很痛苦，寻求心理咨询师的帮助。通过询问得知，因为赵先生又想安排儿子到市里读高三，希望能有助于赵爽考大学。可没想到与赵爽一说，赵爽却说什么也不同意，两人发生了争执，赵先生一气之下打了赵爽。这使父子俩的关系一下子降到"冰点"，日久天长就成了现在的情形。

赵爽与父亲吵架时说："从小到大，都是你给我安排，你有没有问过我的意见？我都这么大了，连自己选择在哪个学校上学的权利都没有吗？你还我的青春自由！"

从上面两个例子可以看出，正是由于赵爽和韩迪的父母对他们的子女缺乏基本的尊重，对他们的感受及想法予以漠视，甚至否认，才造成了亲子关系的不和谐。母亲的那些话："大人的事情自己会处理，你一个小毛孩子知道什么！"使韩迪自尊心、自信心受到严重的伤害；为儿子安排一切的父亲使儿子失去了自主选择的权利，再加上中学生正处在第二反抗期，自我意识增强，父母不尊重子女激起了他们的不满，所以亲子关系变得愈发紧张，甚至像赵先生与儿子赵爽那样反目为仇。

在现实生活中，很多家长也和赵先生一样，总是认为孩子是自己的，为人父母要对子女负责，所以要干预孩子的一举一动，有权利要求孩子做什么、不做什么，不允许孩子有任何的反抗，要求孩子理所当然地接受这一切。而事实上，这种缺乏最起码尊重的家庭教育所带来的直接后果，便是在家长与孩子之间日积月累铸起一道不可逾越的鸿沟。这道鸿沟在孩子进入青春期以前显现还不太明显，孩子升入中学以后进入青春期，逐渐产生了心理上的第二反抗期，冲突便日渐突出。

可见，尊重孩子的想法和意见，正视孩子在家庭中的地位，这对孩子的成长及良好亲子关系的建立都是非常必要的。

孩子最厌烦的不是父母的打骂、指责、抱怨，而是父母不把自己"当回事"，不尊重自己。

中国著名作家老舍先生，一贯提倡必须对待儿童用平等的态度，主张像对待好朋友一样尊重儿童。在这方面，他是身体力行的。他爱给儿童写信，在信中常用幽默的言语开玩笑，甚至悄悄地向儿童宣布自己的写作计划。《四世同堂》第三部的写作大纲便是在给冰心的大女儿（一位中学生）的信中首次披露的。在他面前，孩子可以自由地表达自己的意见和想法，他希望普天下的父母都有这样的态度和胸怀。

三、家长如何尊重信任子女

家长如何表现出自己对子女的尊重呢？对此，家长应该做到以下几点：

第一，尊重子女应该完全地接纳子女。

接纳子女，就意味着对他们的优点和缺点都给予接纳，而不是仅仅接受他们的优点、积极面，排斥他们的缺点和可能犯的错误。接纳子女，不仅仅意味着接纳他们与自己相同的观点及看法，也意味着真正地去接纳子女与自己不同、甚至差距很大的观点及看法，并尝试着以平等的身份与子女进行深入地交流。

有些家长对自己子女的某些言行难以接纳，与他们的价值观也不尽相同。当今 "80后"、"90后"的年轻人，是伴随着科技与经济高速发展，信息技术突飞猛进的时代成长的。这个时代的青年人，通过电脑网络、手机信息等高科技的传媒手段，获得了更为前沿的、更为开放的、更接近于西方发达国家的信息和理念。在这种信息的熏陶下成长起来的一代人，他们往往具有向往自由与开放的思想理念，或者具有一些向往享乐、一切向"钱"看的观念。对于在"红旗下"长大的您来说，要想接受子女的种种想法与行为也是很困难的，往往您越是反对他们的想法与行为，处于反抗期的他们却偏要那样想、那样做。因此，您对孩子的不接纳甚至阻挠，不仅不能矫正他们不恰当的言行，有时还会适得其反。

让我们来对比以下两位母亲的做法：

晓明和晓慧是同班同学，初中的第一次考试，两人都考了80多分，并列班中第十名。而两个人的母亲对待分数的态度却不同。

晓明的妈妈训斥她说："你怎么考这点儿分儿？人家第一名是怎么学的？同样在一个班上学，人家怎么就考那么高分……"晓明听后，心里很不是滋味。

晓慧的妈妈得知分数后，并没有批评她，却对晓慧说："考得还可以，再有20分就满分了；下次考到90分，还有10分不就满分了？"晓慧本来觉得自己考得不够理想，有些灰心，可听了母亲的话，增强了自信心，相信自己进一步努力总会有进步的。

两个孩子聊起这件事，晓明说："我妈妈回到家训了我一顿，我觉得自己脑子不如别人，是学不好了"；而晓慧却说："怎么会呢？我们考了同样的分数，我就不这样想。80分不就比满分少20分吗？我相信只要努力，一定能迎头赶上！"

从以上两位母亲的表现可以看出：晓明的妈妈不能很好地接纳孩子的缺点和不足。成长中的孩子不可能没有缺点与不足，如果家长像晓明的母亲那样，不接纳孩子的缺点、不足，孩子就会丧失继续努力的信心与勇气。作为家长，应该坦然地面对与接纳儿女的不足之处，就像晓慧的母亲那样，面对孩子的不足首先予以接纳的态度，肯定孩子的成绩，虽然不是最好，也是孩子通过努力得到的。这样既可以减轻孩子的心理压力，又可以坚定其继续努力，争取更优秀成绩的信心。可以说，每一位家长都会遇到孩子学习成绩不理想的情况，晓慧母亲所说的话，体现出了对子女完全的接纳，值得我们效仿与学习。

第二，尊重子女应该礼貌对待子女。

礼貌地对待子女就是指：在日常生活中，与子女交流也要讲文明，讲礼貌，要恰当地、适度地应用礼貌用语。例如："谢谢"、"对不起"、"没关系"等，而不要对孩子进行谩骂、讽刺、嘲笑、动怒、贬低、呵斥甚至体罚。即使子女的言谈举止有些失礼，家长也应以礼相待。

当您接过孩子为您冲好的一杯茶时，您应很自然地说声"谢谢"。

当您因为误听了他人的传言，而错怪孩子时，您应诚恳地对孩子说："对不起，是妈妈错怪了你。原谅妈妈，好吗？"

当您的孩子在外面闯祸、犯错误时，首先，您需要平静自己的心情，耐心、有礼貌地对孩子说："我觉得你处理问题的方法不是很恰当，希望通过这件事你能够反思一下自己，接受教训……"

当您的孩子在学校里遇到不顺心的事，回到家中与您吵闹时，作为家长的您在此时更应保持冷静，对孩子仍应礼貌地说："我觉得你今天心情不太好，有事我们过后再谈，你先冷静一下。"

以上这些做法，表现出家长对待子女礼貌的态度及平等观念，孩子的人格得到该有的尊重；同时，也给孩子做出文明礼貌的榜样，潜移默化地影响着孩子。

父母的言行是孩子的榜样。曾听过一些家长这样说："孩子是我自己养的，想打想骂都是我的权利，与自己的孩子还用讲什么礼貌？"这种想法就大错特错了。难道您就没有想过，当您的孩子长大后，如果有一天对您也采用

不礼貌的言行时，他会说："我小的时候，你们对我又打又骂，从不尊重我，我现在凭什么要尊重你们？"也许您觉得在棍棒下，自己的子女很温顺，不会对您有不尊重的言行出现，那么我们来看一个真实的例子：

12岁的男生王志，性情暴躁，爱发脾气，不能自控，稍不遂意便大吵大叫、大打出手。但王志很有正义感，很多次都是因为打抱不平才和同学打架。

这次王志打架，又是因为班里一个要好的朋友被高年级学生半路截钱、欺负。王志和他们打架后，自己也很后悔，怪罪自己又没动脑子动了粗，可当时就是没控制住自己。

王志的班主任知道此事后，苦口婆心地和他讲道理，告诉他暴力不能解决问题，却遭到王志地攻击和谩骂。于是，班主任与王志的父亲取得了联系。没想到父子俩一见面，王志的父亲就给了他一个耳光，骂道："臭小子，早告诉你不要和别人打架……"王志也不示弱，竟然和父亲大吵起来："这还不都是你教的！每次我做错事，甚至你心情不好，都拿我撒气，打我骂我都是常事，我和别人打架好歹还是出于正义……"

"行呀，你小子长大了，现在还敢教训我了！"父子俩吵得不可开交。

见这情形，老师真是哭笑不得。平静后，班主任从王志那里了解到，在王志9岁时他的父母就离婚了，他和父亲生活在一起。每当自己做错事，或者父亲在外喝醉酒、心情不好，王志都难免被父亲打骂。以后王志遇到矛盾时，自己也不自觉地采用暴力的方式，虽然知道这样做不好却无法控制，有时甚至觉得暴力可以很快地解决问题。现在长大了，不像以前挨打也不敢还手，现在常常与父亲动手。

从这一实例中可以看出，父亲的粗暴行为成了孩子的不良榜样，王志的暴力行为很大程度是受到父亲行为的影响。因此，作为家长的您，应高度警惕自己对孩子粗鲁，甚至仅仅是不礼貌的言行，这些都有可能为子女的成长留下祸根。

第三，尊重子女应该信任子女。

信任是指家长相信子女自身具有内在的潜力去面对学习与生活，相信子女有能力应付日常生活的事情。当然，信任并不等同于放纵，当子女遇到挫折或面临人生重大抉择时，也需要包括家长在内的外界的支持和帮助。因此，家长虽应尊重子女的意见和选择，但同时也有必要对子女加以指导和提醒。

信任是尊重的基础，缺乏信任就很难有尊重。

家长对子女的信任，可以最大限度地激发孩子自我成长的潜能，使孩子通过自己的实践活动不断地积累生活经验，增强自信心。同时，家长对子女的信任，还可以培养子女独立自主的意识，提高他们在社会生活中的竞争力。

目前，在清华大学附中初中实验班上学的马宇歌是个优秀的学生干部，她的父母在她10岁时，就准许她独立去外地旅游，她在14岁前利用各种节假日独自走遍中国大陆各省市和许多乡村。从二年级起她开始记日记、写了40多万字的生命成长史。马宇歌的这些骄人的成绩离不开她父母的信任与支持。

谈起马宇歌第一次独自出去旅游的事，宇歌的父亲马弘毅先生至今记忆犹新。

马弘毅先生说，真正由小宇歌独自一人远行的开端，是因为江苏有一位女作家，要出一本以小宇歌成长经历为原型的素质教育的书。我们听说后，为这位女作家着想，就想让小宇歌暑假到她那去。可是我和宇歌的母亲都上班，谁也不能陪伴宇歌前去。于是，我们干脆决定让她自己一个人去吧。这就成为我们让小宇歌第一次独立远行的契机。

宇歌第一次独自出去是1997年7月20日，18时多，乘的是北京K65次到南京的列车，中途停不了几站，整个行程都在夜间。宇歌那年刚进入10岁，她从小魄力大，加之"初生牛犊不怕虎"，听说同意她独自一人去江南，高兴死了。

当时我和她母亲的心情是很复杂的：儿行千里母担忧呀。我们把她路上可能遇到的情况该如何应付再三做了叮嘱。我怕她妈妈到时放不开，会影响

宇歌的军心，出发时就让她在工作单位，由我一人送小宇歌。我还清楚地记得，她坐在第118号，是硬座火车加厢。我说："宇歌啊，你这次去，如果遇上意外，那就是咱俩最后一面了。独自行走、外出的意义，我们都知道，我就不重复了。如果现在你害怕了，不能做勇敢的人，现在说，列车一开，就来不及了。"小宇歌说："爸爸，我都明白。我要做一个勇敢的人。我不后悔。"她停了一下，又笑着说："你们别担心，我一定会按时到达，好好回来的。"当火车开动的时候，我先在月台上挥手送别，后来我不由地转过身去。因为心里一酸，泪就涌上来了。可我明白此时自己绝对不能心软，要相信小宇歌，她一定能行。孩子总要长大的，需要锻炼她独立自主的能力。

这使我想到了自然界的动物。老鹰哺育小鹰一段时间后，总要放飞的。放飞的时候，老鹰将小鹰领到高岩上，然后，把小鹰一只只推下高岩。小鹰最初是出自本能的挣扎，慢慢地扇动着翅膀，到后来就变成了飞翔的能力。小鹰学习飞翔，是自然界动物成长的故事。其实，父母教养子女也一样。是鹰，总要飞翔的；孩子，总有独立生活的一天，父母是不能陪子女一辈子的。

我们和天下父母一样深爱着自己的孩子。送走孩子，我和宇歌她妈，一夜没能好好合眼。从理智上大家都认识到应该这样做，但从感情上，由于担心与爱护，心里总有些放不下。我想这就是天下父母的心声吧。

直到南京的朋友打来电话，听到了小宇歌的声音，心里的一块大石头才落了地。宇歌回到北京后，我们看她身体比原来还棒，沿途没有生病，只是蚊虫咬时用了点清凉油。暑假作业包括我们给她留的自学英语、数学全做完了；日记一天没落，而且每天坚持长跑、做眼保健操；还拍了4本图片，画了不少素描，看来收获颇丰。

有了第一次的放飞经历，以后小宇歌出行我们就更放心了。就这样，宇歌的独立能力得到了很好的锻炼，在各方面的自律能力也有了大幅度的提升。这证实了我们当初信任孩子是正确的选择。除了出行这件事，其他生活与学习方面的事，我们也尽量让宇歌自己去处理，因为我们从"相信孩子的潜能"中尝到了甜头。

从宇歌父母教子的事例中，您是否获得了一些启发呢？您是否感觉到，也许您的孩子远比您想象的更有能力，远比您想象的更坚强，作为家长的您，何不尝试"放飞"孩子的感觉。也许现在对您说"作为家长应该相信自己的孩子"这样的话语会显得苍白无力，但如果您能够尝试挖掘孩子独立的潜质，孩子的成长与进步将会让您刮目相看的。

有些家长对儿女的教育采用防范的方法，生怕儿女变坏，于是整天盯着、看着、跟着、数落着。这不仅得不到孩子的感恩，反而使亲子间矛盾不断，冲突不断，这无疑是最差的教育。

第四，尊重子女应该注意保护子女的隐私。

保护子女的隐私是指：家长只有在经过子女同意的条件下，才能够翻看子女认定的隐私的东西，否则，不得随意翻阅；对于子女向家长讲述的秘密、隐私，应予以保护，不应泄漏给他人或随便外传；对于子女暂时不愿透露，而与成长密切相关的隐私，家长不可强迫子女讲述。

那么您也许会问：子女的隐私都包括什么呢？子女的隐私包括日记、电话、书面信件等，还包括新兴的手机短信、电子邮件等事物。

只有懂得保护子女隐私的家长，才能够赢得子女的信任，子女有什么心里话才会和家长说。否则，一旦子女发现父母侵犯了自己的隐私权，将父母告上法庭的也不乏其事，更重要的是亲子关系自此就产生了难以逾越的隔阂。

深圳市某高中高一的小亮，今年已16岁了，他就有一次被父母偷看日记的"惨痛"经历。一天晚上，小亮的爸爸偷偷地看了他的日记，并发现小亮写了一些类似初恋的内容。第二天早上，小亮遭到了爸爸的责骂。小亮觉得老爸侵犯了自己的隐私权，根本不懂得尊重他，不顾他的感受，于是与父亲吵了一架。第二天回到家后，小亮就把他的日记本给撕了，并向父亲表示不再写日记了，免得他偷看。小亮与父亲之间的关系因此事僵持了很长一段时间。小亮表

示："虽然我理解老爸是出于关心我才这样做，但这种方式实在使我难以接受，我都怀疑我怎么会有这样的老爸，竟然不经我允许偷看我的日记，还来教训我……"

看了小亮的经历，您是否已意识到保护子女隐私的重要性了呢？保护子女的隐私是建立亲密无间的亲子关系的前提条件，同时，影响着您在子女心目中的形象与作为家长的威信。

◎家长要热情地对待子女

一、热情

热情是一种态度，是指家长在日常生活中，适当地对孩子的学习生活状况进行询问。表达对子女的关切，是指与子女交流时耐心，认真，不厌其烦地倾听子女的倾诉，使子女感受到父母给予自己的爱与温暖。

热情与尊重不同，尊重是以礼待人，平等交流，富有理性的色彩；而热情则充满了浓厚的感情色彩。有的家长认为只要尊重子女就可以了，如果对子女过分热情的话，会失去当家长的威严，子女会"蹬鼻子上脸"，不听自己的话了。这是认识上的误区。仅有尊重而没有热情，亲子之间会显得生分，有些公事公办似的。只有既尊重又热情地对待子女，情理交融，才能感人至深。对子女的热情与关切，应体现在生活的方方面面，不仅仅是学习。在日常生活中家长热情地对待子女，可以有效地拉近与子女心灵的距离。

二、家长为什么要热情地对待子女

一般来说，子女要与家长说一些自己的想法，或者谈一些隐私性的问题时，他们实际上是热切的希望得到家长的理解和帮助的。家长表现出对其问题的关切，往往能有效地消除或减弱子女对问题的恐惧与不安的心理，使其感到自己被父母接纳，同时，体会到父母给予自己的支持。家长只有学会表达自己对子女的热情与关切之意，才能使孩子感受到父母的爱，使亲子关系向着积极的方向发展。

三、家长如何热情地对待子女

那么，家长怎样表现对子女的热情呢？应该表现在以下几方面：

第一，家长应该表达出对子女的关切。

一些父母把对孩子的爱，放在心里，不善于表达，使子女往往不能体会到父母对自己的爱。孩子所能体会到的关切，是通过父母对其生活的点点滴滴的表达才能感受到。因此，您一定要学会用言语、非言语表达出对孩子的关切，大声地说出您对孩子的爱。

家长不妨学着用以下的语言来了解孩子的生活学习情况：

"儿子，今天早上吃早饭了吗？""闺女这个周六有什么安排呀？有什么需要老爸配合的？""儿子，最近篮球打得怎么样？赢了几场？""最近学校老师课讲得咋样？听得懂吗？"

似这些在日常生活中充满了关切的话，不仅可以使家长在轻松、愉快的氛围中与子女进行交流、了解孩子的近况，还会使子女感受到父母的可亲可敬。但不要一次询问太多问题，那样会使孩子产生厌烦感。

第二，家长应该注意倾听子女的叙述——多带耳朵，少带嘴巴。

　　平日里，与子女交流时，家长应该注意倾听，适度地运用倾听技巧，重视言语与非言语行为的表达，全神贯注地留心子女的一言一行。比如：孩子放学后，与您讲述一些校园中的趣事时，您应该做到不时与子女目光接触，不要表现得漫不经心；要附有面部表情，如微笑、皱眉、撇嘴等；同时要善于运用肢体语言等。这些都能传达对子女的关心，这种热情会激起子女与父母交流的愿望。

　　第三，倾听时耐心，认真，不厌其烦。

　　当子女因某些自己解决不了的或隐私性的问题，准备向父母寻求帮助时，很可能会由于心理紧张或对父母仍有所顾虑等原因，导致表达时思绪不清、语无伦次、啰哩啰唆、颠三倒四、内容模糊等，使作为家长的您理不清孩子所叙述内容的头绪，难以把握住重点。面对诸如此类的情景，家长应该耐心、细致，不厌其烦地与孩子交谈，准确地把握事情的来龙去脉。如果此时家长缺乏热情与必要的耐心，心烦意乱，就会既搞不清真相，又会给子女造成心理压力。

　　针对以上情况，家长应该采取相应的处理方式。若孩子是因为紧张所致的表达不清，那么家长要先安抚子女的情绪，说些家常琐事，缓和一下气氛，再进入正题；假若孩子是因为对家长有顾虑，不信任，造成话说得吞吞吐吐、毫无重点，家长应该着重建立相互信任的气氛，用温暖与真诚去消除孩子心中的顾虑；假若子女仅仅是由于表达能力差，叙述内容杂乱、主次不清，家长应该耐心地听取，善于从中发现关键的问题。遇到这种情境，家长可以试着运用后面讲的参与性技巧。

　　家长在针对子女问题表达自己的看法，对子女进行指导、解释的时候，应该充满热情、耐心，子女未听懂或未学会，应该反复讲授。这时，家长的热情应该表现为不厌其烦，同时，应该多听子女的反馈意见；有时子女似懂非懂，则可让其通过复述来弄清楚。

◎家长对待子女要真诚

一、真诚

真诚，是指家长以"真正的我"出现，没有防御式伪装，不把自己藏在长辈权威角色后面，不戴假面具，表里一致、真实可信地置身于与子女的关系之中。

二、为什么要真诚地对待子女

家长的真诚在亲子关系的建立中具有重要意义。一方面，可以为子女提供一个安全自由的氛围，让他知道在父母面前，可以袒露自己的软弱、失败、过错、隐私等而无需顾忌，同时，使子女切实感到自己是被父母所接纳、所信任、所爱护的；另一方面，家长的真诚坦白能为子女提供一个良好的榜样，子女可以因此而受到鼓励，以真实的自我和家长交流。

英国哲学家穆勒小时候同父亲散步，父亲问穆勒报刊上的一篇文章是否看过，有什么意见。穆勒反问父亲有什么意见，父亲说："不要信我的，我对很多事情也是不理解的，我的看法也有可能是错的。你要相信自己能够找到真理。"面对父亲的真诚，穆勒也诚实地告诉了父亲，自己并没有读那篇文章。穆勒一直记得父亲的话，无论遇到什么事情，都不轻易相信他人的想法，即使是权威的结论，自己也要用理性的头脑思考一番。是父亲的真诚支持着穆勒不断地寻求真理，最终成为英国著名的哲学家。

我国的传统一向强调长辈的权威，有意地抬高父母的地位。有些父母面对子女提出的问题，怕丢面子、失去威信，就不懂装懂，糊弄孩子。然而，父母真实的一面在家庭生活中总会暴露的。随着孩子年龄的增长、经验的丰富、认识水平的提高，对父母负面的了解也在逐步深入，现实的父母与心中的父母差距越来越大，父母的威信反而会大打折扣。不如学学穆勒的父亲，以真实的自我来面对自己的子女，承认自己的不足，摘掉高高在上虚假的面具，反而会有更大的收获。

三、家长怎样真诚地对待子女

如何对子女表达真诚呢？真诚应该做到以下几点：

第一，真诚不等于实话实说，要讲求说话的艺术。

真诚与实话实说之间既有联系，又不是一回事。家长表达真诚应遵循一个基本原则，即有助于子女的身心健康的成长与积极的发展。因此，家长的真诚并不意味着什么话都可以随意地说出来，那些有害子女或有损亲子关系的话，不说为宜，可以用婉转的表达方式以求达到真诚的效果。

殷红的儿子晓丹，曾多次因为数学测验不及格被老师留校批评。母亲殷红不得不到学校向老师说明，自己的儿子晓丹曾经被医院诊断为轻度智力障碍，这种缺陷影响数学的学习，希望老师以后考虑晓丹的这个实际情况，不要因为成绩不理想而惩罚他，并希望老师对晓丹的这些情况保密。

晓丹曾经问过母亲："妈妈，为什么我总听不懂老师讲课？班里很多同学都会做的题，我却不会。我觉得自己学习很努力了，可还是不行。"殷红笑着说："每个人都有自己擅长做的事，同样，也都有自己不擅长做的事。你的书法是班里最好的，体育成绩也一直不错呀！别人在这方面怎么不行呢？"

晓丹回答说："因为他们不擅长这些。"言外之意，自己擅长书法和体育。

殷红对朋友说：当她听到自己的儿子这样说的时候，心里很欣慰，因为觉得儿子在某些方面还有自信，心中存有希望。

晓丹初中读完后，由于成绩太差，没有能力再往上读，便在一家公司当保安。由于其任劳任怨，又肯帮助别人，对工作尽职尽责，没几年就被提拔为保安部长。殷红看到儿子有今天的成就很是知足。

试想，如果母亲殷红对儿子说："因为你脑子比别人笨，没有班里的其他人聪明。"这确实是大实话，可后果会怎样呢？儿子会想"我天生脑子就不好使，所以无论我怎么努力学习，成绩也上不去的"。从此会产生较重的自卑心理，会逐渐失去学习的自信心，自此不再努力学习；同样由于自卑也许就不再喜欢与其他同学来往，不喜欢参加社会活动，也就不会有今天的工作成绩。

所以，对子女真诚并不是任何事情都可以实话实说，不利于子女日后成长发展的实话不要说出口。像殷红这样，换一个角度来解释实事，既不失真诚，又保护了孩子的自尊心，不失为一种明智的举措。

第二，真诚不是自我发泄。

例如，一位下岗的母亲，平日里与儿子交流，儿子只要一说些自己与人交往或学习上的不顺心的事，便勾起了她下岗的负面情绪，于是就像"祥林嫂"一样谈起了她当年在厂里多么风光，现在下岗心理有多失落。她滔滔不绝、感情激愤地向儿子叙述了自己的痛苦，并要求儿子以此为戒，好好学习，出人头地等。

虽然，这位家长的话语是有感而发，是真情实感地流露，但是她忘记了自己当家长的责任。儿子与母亲交流的目的是想得到她的一些安慰与支持，可是没有想到，自己的几句话，却勾出了母亲那么多的负面情绪的宣泄，自己成了母亲宣泄情感的垃圾桶。

家长的真情流露，其目的是为了帮助子女，而不是为了宣泄自己的感情或宣传自己的主张；再说，这种宣泄会降低家长在子女心目中的形象，

会使心理还不太成熟的子女产生怨天尤人的负面心理。

第三，真诚应该保持适度。

有些家长认为真诚既然是好的特性，当然表达得越多越好。其实并不一定如此。除了要避免表达有害于子女的言语外，还要避免将真诚的流露作为发泄自己情感的工具。即使是对子女有利的真诚也要适可而止，不然有些子女会因家长太多的真诚而承受不了。真诚应适度。

◎家长要走入子女的内心世界，表达共情

一、共情

共情又称移情、投情、神入、同感心、同理心、通情达理等等。

共情是指在人际交往中的一种情绪反映。当一个人感知了他人的情绪、情感时，产生了与之相一致或者相适应的情绪情感体验。比如，他人高兴，我们为之高兴；他人痛苦，我们为之同情。它是一种积极的情绪、情感体验。人本主义心理咨询家罗杰斯认为它是影响心理咨询进程和效果的最为关键的咨询特质，也是增进人际关系包括亲子关系非常有价值的情绪、情感体验。

二、为什么要对子女共情

共情在建立良好的亲子关系中是非常重要的。其重要性主要有以下几方面：首先，家长对子女的共情，能设身处地地理解子女，从而更准确地了解子女的思想、情绪等内心世界；其次，家长的共情，使子女感到自己被

理解、接纳，从而会感到愉快、满足，这会促进良好亲子关系的建立；同时，家长对子女的共情，会促进子女的自我表达、自我探索，从而使子女更多地了解自我，促进亲子双方更深入的交流。对于那些迫切需要获得理解、关怀和情感倾诉的子女，家长的共情有更明显的积极效果。

周芳是北京市某中学的校级三好生，在表扬会上发言时她说："我要感谢一直耐心教导我的妈妈，她一直很懂我……"

周芳列举了这样一个事例。"一次，宿舍值日的同学早上忘了做卫生，中午回来看到布告栏上点名批评我们宿舍。我是宿舍长，被老师叫到办公室受到批评教育。当时心里特别不平衡，心想：'是别人忘了值日，凭什么要批评我。'到宿舍我没好气地跟那位同学吵了一架。那天正好周五，可以回家过周末。到家后，看见妈妈我竟然委屈得哭了。妈妈急忙关切地问我发生了什么，我一边哭一边把发生的事一股脑说了出来。当时妈妈并没针对我所推卸的责任给我讲大道理，而是很'气愤'地说：'真是的，你们这个同学怎么连宿舍值日都忘记做了，还要我女儿当替罪羊？太不像话了。'我听后，觉得妈妈说到我心里去了，我就是对那位同学很有意见。我觉得她很理解我，心里好受多了，于是心情慢慢平静下来。

之后，妈妈与我又进一步交谈，在妈妈的指导下我理智地反省自己，认识到了自己不妥当的行为，并为当时的冲动向那位同学道了歉。说来也奇怪，当我遇到委屈时，妈妈一开始说些理解我的话，后来我很容易地接受了她对我的教导，并没有产生叛逆的心理。"

实际上，周芳的妈妈安慰周芳的那段话，就运用的是共情的技术。妈妈的共情安抚了周芳的情绪，使周芳觉得她很理解自己，心里好受多了，于是心情慢慢平静下来。对母亲好的认识，使母女之间建立了良好的亲子关系。在这基础上，家长的教导才会收到预期的效果，而不至于引发孩子的叛逆心理。可见走进孩子的内心世界，表达对他们的共情是多么重要。

通过上面的例子，我们看到了对孩子表达共情的诸多益处。那么，缺乏共情会导致什么后果呢？

海龙是15岁的初中男孩儿，性格开朗、活泼。

一次上自习课，生性顽皮的海龙忍不住和同桌搭话，正好被值班老师看见，当着班里同学的面狠狠地训了海龙一顿。海龙觉得面子上挂不住，于是与值班老师吵了起来。值班老师表示要将该事告诉家长。海龙的爸爸接到老师的电话，火冒三丈，海龙一到家就挨了一顿训。海龙说："她训人的话也太难听了吧，什么叫'狗改不了吃屎呀'？这不明摆着骂人嘛！"父亲对着海龙大吼道："你要上课不说话，人家老师能说你吗？她怎么不说别人呀！遇到事情不找自己的原因，只知道挑别人的错。明天上学去找老师道歉……"原本郁闷的海龙面对父亲的不理解，很是失落，第二天没有去上学。无论父亲怎么打骂、呵斥，海龙自此拒绝去学校，也不和同学联系，而且常与父亲顶嘴，父子俩像仇人一样……

作为家长，像海龙父亲这样的做法我们并不陌生。中国传统认为"子不教，父之过"，不少家长认为要严加管教自己的子女，不要"护犊子"，往往子女与他人发生矛盾、争执的时候，不是辩证地、一分为二地分析问题，而是一味地批评自己的子女。特别是受到"师道尊严"观念的影响，认为"没有犯错误的老师"，如海龙父亲的话："你要上课不说话，人家老师能说你吗？她怎么不说别人呀！"因为家长缺乏对子女的共情的能力，不理解子女，往往委屈了自己的孩子。长此以往，伤害了孩子的心灵，疏远了亲子关系，使子女难以接受家长的教导。海龙最后的消极做法，是家长不希望看到的。固然海龙自己有责任，作为家长的父亲难道不能认真思考，从中吸取一些教训吗？

海龙的父亲并不懂得对孩子表达共情，仅是对孩子一味地说教。其实道理孩子都懂，此时他们需要的只是父母的安慰，使情绪发泄出来，心情平

静下来，理智才能起作用。有些家长就像海龙的父亲一样，不顾忌孩子的感受，不会表达共情，结果说教不仅没有达到教育子女的目的，反而疏远了亲子关系。

我们对照上面的事例，分析一下缺乏共情对孩子的负面影响。具体表现为以下几方面：①子女感到失望：认为家长对自己不理解、不关心，因而会感到失望，减少甚至停止自我表达；②子女觉得受到伤害：由于家长没有进入子女的内心体验，而过多地立足于自己主观想法，因而他就很难真正理解子女的问题，有时会表现出不耐烦、反感甚至批评指责，这会使子女觉得受到伤害；③减弱了子女自我探索的意向：自我探索是子女成长、进步的必要步骤，但如果缺乏共情，家长往往对子女的自我探索不加注意，影响子女客观的自我了解；④疏远亲子关系：缺乏共情使子女感受不到父母的关怀与爱，渐渐地孩子就会疏远与父母的关系。

三、家长怎样恰当地共情

家长怎么做才算得上是正确理解和使用共情呢？

第一，家长应该走出自己的参照框架，设身处地站在子女的位置上看问题。

家长往往习惯于从自己的角度看问题，常说："这点小事算什么呀！我像你这么大的时候都……""你现在吃饱喝足的，有什么好郁闷的，还不知足……"这些话都体现了家长并没有设身处地地站在子女的角度去考虑问题。

家长应该把自己放在子女的处境中，来尝试感受子女的喜怒哀乐。对此感受越准确、越深入，共情的层次就越高。家长在应用共情的技术时要多提醒自己："我是否主观性很强？""我是否接纳、理解了孩子？""我是否做到了设身处地，是否进入了孩子的内心世界？"

第二，家长必要时要验证自己是否做到共情。

当家长不太肯定自己是否达到了共情时，可使用尝试性的语气来表达，请子女检验并做出修正。例如：

女儿：班主任今天又开了一个多小时的班会，天天讲大道理，翻来覆去就那几句，都没人听他讲，烦死了。

母亲：听你的话，你好像对你的班主任挺反感的呀，但又敢怒不敢言，是不是这样？

女儿：嗯……不是这样的，我对他的印象并不那样差。

母亲：噢，看来是我理解不够准确，能举些例子吗？好让我更清楚地了解你对班主任的感受。

女儿：总体上讲，我们老师还不错。比如，他从来不像其他班老师那样讽刺学生，从来不惩罚学生去办公室罚站，就是爱讲大道理。其他倒没什么太不好的地方。

母亲：那还不错呀！不过总讲大道理，是挺烦人的。

女儿：谁说不是呢！

从上面的事例可以看到，这位母亲先是运用尝试性的语气表达了对女儿的共情，结果验证了自己的共情不够准确，通过女儿列举了几个与班主任相处的典型例子，母亲对共情的表达进行了修正，才使得共情更加准确。

第三，表达共情要善于使用躯体语言。

共情的表达除了言语表达外，还有非言语行为，如目光、面部表情、身体姿势、动作变化等等。比如当您的孩子遇到不开心的事时、询问时既要投以关切的目光，也要表现出不太开心的样子。当您的孩子在某方面取得成绩，兴高采烈地向您叙述时，您也要面带笑容、热情地去倾听，并以赏识的目光关注着孩子。

有时运用这些非言语行为来表达共情，比言语表达更简便而有效，应重

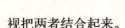

视把两者结合起来。

第四，表达共情要善于把握角色。

角色的把握在表达共情时十分重要。家长要出入自如，恰到好处，才能达到最佳境界。有些家长确实做到了设身处地，以致同喜同悲，而完全忘记了自己是家长，忘了共情的目的是为了更好地教育子女，这样就可能失去客观性。家长应能保持客观、公正的立场，防止完全受子女情绪的影响。家长若无原则地表达共情，就意味着对子女的溺爱，很有可能导致子女不明辨是非，影响他们心理的成长。家长的共情是指体验子女的内心"如同"体验自己的内心，但永远不要变成"就是"，这是共情的真谛。

◎家长要关注子女的积极面，积极关注

一、积极关注

积极关注是指：家长对于子女言语和行为的积极面——优点进步给予关注，从而使子女拥有正向价值观。

二、为什么要关注子女的积极面

积极关注不仅有助于建立良好的亲子关系，促进亲子间的沟通，而且本身就具有促进孩子成长的作用。尤其那些较为自卑的孩子，家长的积极关注，往往能帮助他们全面地认识自己和周围，看到自己的长处、光明面和对未来的希望，从而树立信心，消除迷茫。

三、如何积极关注子女

家长要想很好地应用积极关注的技术，首先必须具有这样一种信念：即子女是在不断地成长进步的，是可以改变的，他们身上总会有这样那样的长处和优点。家长还应该有一双善于发现子女的闪光点的眼睛。

众所周知，盖茨大学未毕业就去创业了，在短短20年的时间里，聚集的私人财富，超过世界上38个国家的国民生产总值。这样一位旷世奇才在1975年母亲节时，寄给他的妈妈一张实物问候卡。比尔·盖茨在卡上用斜体英文写着这么一段话："我爱您！妈妈，您从来不说我比别的孩子差；您总是在我干的事情中，不断寻找值得赞许的地方；我怀念和您在一起的所有时光。"

从这张问候卡上，我们可以看到，这位独步天下的亿万富翁，从他母亲那儿得到了一份被许多母亲忽视的东西——赏识自己的孩子。

其实，每个孩子的身上都存在着无限潜力，都存在着一种积极向上的成长的动力，您应该像比尔·盖茨的母亲那样，懂得捕捉孩子的长处，另外，不要吝啬赞美的话语，这将使您在教育子女时受益匪浅。

为了有效地使用积极关注，家长还需注意以下几点：

第一，以积极的心态对待子女，反对过分消极。

家长应始终立足于给子女以希望和力量，这是积极关注的实质。有些孩子面临挫折时往往只看到失败、缺点，并把它们放大，陷入其中而难以自拔，进而变得沮丧、自卑。家长的工作就是鼓励和帮助孩子，把孩子的观点从只注意失败面，转到客观分析形势、立足自己的长处和所拥有的资源上来，让他们克服当前的困难，继续努力提高自我。

小敏是高燕从孤儿院领养的孩子，那年11岁，性格内向不自信，高燕想增强女儿小敏的自信心。经过心理咨询师的指导，高燕学着用赏识的眼光来看待小敏。其实，小敏身上的闪光点还是挺多的：11岁的孩子烧饭、洗衣等家务活都会做，还能帮高燕照顾年迈的奶奶……高燕抓住这些优点表扬她、鼓励她。学习上的一点小进步，高燕也没有忽视。一次语文听写词语中，平日里沉默的小敏居然全都对了。高燕非常高兴，对她大加褒奖，并说："看来世上无难事，只怕有心人吧！这些词语你全默写对了。你看，虽然你原来基础不太好，可经过努力，老师说你比有些平时学习优秀的同学都好呢！只要努力，你一定不会比其他人差的！你说是吗？"小敏轻轻地点了点头。眼中多了一些自信的目光。

母亲高敏就是利用了积极关注的方法，用积极的心态对待小敏，鼓励她的积极方面，以达到巩固优点、克服自卑的目的。

中国的家长往往对子女要求严格，认为子女有优点是应该的，不说跑不了；而缺点、错误被认为是不可饶恕的，因此必须严肃地对待。比如家长常这样批评孩子，"你这么粗心怎么得了，以后能干什么呀……""你这不行那不行的，XX家孩子都比你强得多！"日常生活中不断地用这种方式批评孩子，孩子就会越来越消沉，也就没有信心改掉缺点与不足了。

第二，立足实事求是。

怎样做才算做到实事求是呢？家长应该拥有一双善于发掘子女身上闪光点的眼睛。家长不仅要让子女多关注自己的光明面，自己也要关注子女的潜力和价值；并且，积极关注应建立在对子女的客观事件的基础上，不能无中生有，否则，子女会觉得家长是在利用虚言安慰自己，这样的积极关注会适得其反。

王硕是名初中毕业生，由于学校离家不太远，母亲一直阻止他学骑自行车。王硕考上高中后，学校离家远了，不得不学骑车了。由于王硕平衡力较差，同学教了好几天才学会。母亲知道王硕会骑车了，很高兴，王硕带同学刚进家门，母亲就开始夸奖他："儿子就是聪明，这么快就学会了，我儿子学什么都比别人学得快……"同学听着其母亲的话窃笑。话没听完王硕就烦了：

"您也不看看像我这么大的，有几个还不会骑车，同学教了我好几天我才会的。你就别说了，多让人笑话……"母亲很不解，难道夸孩子还有错了？

夸孩子是没错的，重要的是对孩子的这种行为，客观上是否有夸奖的意义。只有符合客观现实的积极关注，才会对孩子有促进和激励作用，否则，就会像上例中王硕的母亲那样，不但对亲子关系的建立没有起到促进作用，反而使母子陷入尴尬的境地。

（李百珍　李　佳）

73

做 / 孩 / 子 / 的 / 心 / 理 / 医 / 生

学会亲子交流

亲子交流时要学会倾听、询问、鼓励与重复、内容反应、情感反应、具体化和参与性概述等技术。家长在与子女交流的过程中如能恰当地运用这些技术，将有利于帮助子女澄清问题和启发引导他们的自我探索。下面，将向您逐一介绍这些技术的内容、运用的意义以及它们的恰当的用法。

◎亲子交流时学会倾听

一、倾听

倾听是指家长对子女所谈的内容耐心、细心地听取。您要想与子女建立良好的亲子关系，学会倾听是最基本的要求。

二、为什么要"倾听"子女的表达

当孩子与您讲话时，无论讲什么，您一定要耐心倾听，这既可以表达您对孩子的尊重，也是了解孩子，以便对症下药，解决子女内心矛盾的唯一途径。有些家长往往认为教育子女，主要是家长多说，认为说到、说多是责任心强的表现，而不知道最重要的还是"听"。倾听不仅是为了明了情况，还可以使子女在比较宽松和信任的氛围下向您诉说自己的烦恼，从而拉近您与孩子之间心灵的距离。

著名的数学家陈景润先生的儿子上小学后，常常向他谈自己的琐事：学习、劳动或与同学的往来。陈景润认真地倾听，并且为孩子当上了参谋。很快，他就获得了孩子的信任，和儿子成了无话不谈的好朋友。陈景润先生的做法值得家长朋友们效仿。

三、如何倾听子女的表达

那么，家长应该如何倾听子女的表达呢？

首先，倾听子女讲话时，应无条件地接纳。家长一定要态度认真，对子女的感受适当地表示理解，不要带有偏见，更不要对子女的看法立即进行价值评判。家长对子女所讲的任何内容，不要表现出厌恶、激动或气愤等神态。

其次，倾听时需给予子女适当的、鼓励性的回应。譬如，可以用一些简单的词、句子或者动作，来鼓励子女继续说下去。最常用、最简便的动作是点头。但点头时，家长应认真、专注，充满兴趣，并且要配合目光的注视。

某些词语或者句子也是要常用的，比如"是的"、"噢"、"确实"、"真有意思"、"说下去"、"我明白了"、"你再说得详细些"等等。而最

常用的言语则是与点头动作连在一起的"嗯"。这些表现向子女传达了这样一种信息："我在听你说"、"我对你说的内容很感兴趣"、"请继续说下去"等等。

家长在倾听子女叙述时，需要注意以下问题：

第一，不要急于发表自己的意见和下结论。

家长在倾听子女的叙述时要有足够的耐心，不要急于发表自己的意见，在真正了解子女所述事情真相之前，也不要急于下结论。有的时候，子女并不需要家长为自己出谋划策，而只是需要父母静静地听他诉说就足够了。

国强是一名很聪明的高中生，但就是学习成绩上不去，老师认为是由于国强最近学习不用心造成的。国强想向母亲解释自己最近有些失眠，可话一张口，就被母亲打断了："不要找客观原因，学习成绩上不去就是你不用心学……"一大堆的大道理，国强已记不得母亲讲了多长时间。最后，国强静静地看着母亲，说："噢，我明白了。"然后，很认真地说："妈妈，你最近皮肤好了不少，脸上一颗痣也没有。"听了这句话，母亲差点儿气晕过去。

显然，国强并没有真正地在听妈妈的教导，原因是，其母亲根本没了解国强的问题所在，只是想当然地讲了一堆大道理。其实，很多家长在倾听子女说话时都犯了同样的错误，还没听完孩子的话，就把"你就是怎么怎么样"、"就是因为你做了什么什么，事情才会怎么怎么样"的大帽子给孩子扣上，使孩子感觉与父母无法交流下去，对父母苦口婆心的教导也毫无兴趣。

第二，不要轻视子女的问题。

有些家长缺乏共情，认为子女的问题是小题大做、无事生非、自寻烦恼，因而流露出轻视、不耐烦的表情。虽然子女的问题在父母看来没有什么，但对于子女而言却是一个困扰他的难题。因为他们年纪还小、生活阅

历浅、思考问题还不全面，这会影响他们对事物做出客观、理智的评价，所以，家长不要轻视子女的问题。比如下面的事例：

女儿：我看见物理老师心里就紧张，这物理我是学不好的。

父亲：物理老师又不是老虎，又不吃人，有什么好害怕的！你怕他干吗？（父亲否认女儿对生活的感受，用自己的感受来代替孩子的感受。）

女儿：不是您，您当然这么说。（不悦）

母亲：怎么回事？为什么见到物理老师就紧张呢？

女儿：上课的时候，他总是绷着个脸，要是谁把问题回答错了，他的脸拉得就更长了。

母亲：总板着个脸，让人看了怪难受的，看来你观察得很仔细，你很在意老师的脸色吗？

女儿：能不在意吗？

母亲：老师在其他时候也这样吗？

女儿：那倒不，他平时在办公室里也会笑，感觉挺和蔼的。

母亲：你觉得老师绷着脸，就是为了让你们害怕吗？（继续询问）

女儿：难道不是吗？您觉得那是为了什么？

母亲：我觉得你们可能误解老师了。不是老师表错了情，而是你们会错意了吧？

女儿：那……他那样为什么呢……（若有所悟）

从这个事例可以明显看出，父亲对女儿的问题是持一种轻视的态度，并且对女儿的感受没有产生共情，而是从自己的角度去评论问题，因此引起了女儿的不悦，不与父亲继续交流下去；而母亲与父亲形成了鲜明的对比，母亲对女儿的叙述很认真地倾听，并运用共情的技术，很好地与女儿进行进一步的交谈，并找到女儿问题的根源，帮助孩子对自身问题进一步的、客观的探索，达到正确认识自己的目的。由此可见重视子女的问题对于教育子女、助其成长的重要性。

第三，倾听时不要干扰、转移子女的话题。

有些家长在子女叙述一些事情时，根本没把心思放在倾听子女说话上，常常打断子女的叙述而转移话题。子女会对父母的这种表现感到很失望，并认为父母根本不把自己的事当事看，根本不是真正的关注自己。比如下面孙辉母亲的表现：

孙辉："妈妈、妈妈，我们今天打球又赢了，8：2呢！后半场的时候，我一个飞跃，就从对方手里夺过了球，动作特帅，之后我又迅速将球传给了前锋……"

母亲："今天想吃什么，顺手帮我拿个盘子。"（正忙着做饭）

孙辉："您到底有没有听我讲话呀？"

母亲："有什么好听的，就你们篮球队那些烂事，天天唠叨。"

孙辉："行，嫌我烦吧，以后我还不说了。"

从此，孙辉再也不向母亲谈及他的课外生活，与母亲的交流逐渐少了，母子俩的感情似乎也淡了很多。

由此可以看出，耐心倾听子女讲话的重要性。干扰、转移子女的话题，会使子女丧失倾诉的兴趣，并会影响到和谐的亲子关系。

相反，放下手里的活儿，专心地听子女的讲述，有时不用家长的教导，孩子说着说着就知道了自己的问题所在，也知道该怎样处理了，从而达到事半功倍的教育效果。

有个高中生在与母亲谈心时说："我知道您最爱我。"她妈妈问："为什么你这么肯定呢？""因为我每次和您说话时，您总是笑着望着我，无论在做什么都放下手里的活，认真倾听我的心声，耐心地听我把话说完，就是这些让我感受到您的关心和爱护。当我将藏在心里的事儿讲出来，问题似乎就解决了一半，您的关注与支持也让我有了战胜困难的勇气。"

可见，家长的倾听对于子女有多么的重要。

第四，倾听时不作道德或正确性的评判。

有些家长喜欢对子女的言行作正确与否或道德上的评判。比如家长常会说："你这种做法本身就不对，遇到问题先找找自身的原因，明明是你错了，还总说别人的不对。""你这种想法就不符合道德标准……""如果你总持这种价值观念，就没前途了。"并不是说家长永远不能对子女的言行作评判，但这样的评判一是不要轻易做出，二是不要在子女还在叙述问题时就讲，三是不要仅仅只作判断而没有具体有说服力的解释，四是尽量少作这样的评判而改用别的方式。一般来说，家长适时适度地、有根据地分析，效果较好；否则，可能会适得其反。家长最好让子女自己来评价本人的想法与行为，而不是家长把自己的价值观念、是非标准强加于子女。

除以上几点外，可以在倾听过程中运用一些与子女交流的技术，但要适度。遵循以下原则：可问可不问时，少问；可说可不说时，少说。家长并非说得越多越好，有时，点头比说话是更好的倾听方式。让我们看看下面这位母亲，是如何倾听，恰当地将交流技术运用于倾听过程中的。

海龙是一名成绩优异的高中生，近来总是向母亲诉说自己晚上睡不着觉。

母亲（关切的问）：最近有什么不开心的事吗？

海龙：这个月的好几次小测验分数都不高。

母亲：是题目不会做，还是因为粗心，把自己会做的题做错了，还是因为其他的原因？

海龙：我也不太清楚，这些原因我好像都有，最近上课时总走神儿，在教室看书时经常分心。

话到此处，有些不懂得倾听的家长，便有些耐不住性子了，可能认为孩子失眠的原因找到了，就是由于学习时精力不集中，导致学习成绩下降的。于是，便会针对孩子不集中精力学习进行一番说教；懂得一些心理学知识的家长，可能还会教孩子一些如何调整分心、集中注意力的方法。然而，分心是否就是最终问题呢？是否还会有更深的原因呢？懂得倾听的家长不会轻易地下结论，而是继续询问为什么看书时会分心，心里有什么事儿影响了学习。

母亲：我原来上学时，上课偶尔也会开小差儿，但不会总是走神儿，除非我心里有什么事情让我总是想不通，总想去想，总放不下（自我开放）。你是不是最近遇到了什么不顺心的事儿呀？和妈妈说说，我替你保密。

海龙：嗯……我上课时总是想看看是否有女生在察看我、议论我，注意力都在这上面了，自然听课、看书就走神了。前一阵儿，我们班有个男生拿我开玩笑，和一群女生说："你们知道海龙为什么学习那么好吗？看他那一堆脂肪，每一个里面都是数学公式。"其中一个女生说"我们也经常讨论这个话题，有待观察呀！"我就坐在他们旁边看书，听了他们的话心里很不舒服，不过一想同学只是无聊，开玩笑，没必要和他们计较，可从那以后我就总是想是不是那些女生上课的时候在观察我，而且，我也为自己的体形发愁。如果我不这么胖他们也不会说我……

看来问题是由于同学的一句玩笑话引起的，再加上孩子正处于青春期，对于异性对自己的看法本来就很敏感，肥胖的体形又给自己带来了些许的不自信……这一系列的原因，导致孩子现在的不能集中精力学习，成绩下降，引发失眠等。由此可见，如果家长耐心地倾听子女的倾诉，并恰当地运用询问等技术，孩子是愿意将自己的真实想法告诉家长的，并且有助于家长发现孩子的真正问题，同时为最终解决问题创造了条件。

◎亲子交流时有意识地询问子女

很多家长由于成长年代等各种因素的限制，使得他们教育子女的语言和思维很贫乏。比如有个孩子抱怨说自己的母亲一天就和自己说六句话：早晨说"快点快点，要不就上学迟到了"；第二句是"早餐怎么也得吃点，要不上午的课顶不住"；第三句是"过马路要小心，看着点车"；第四句是"到了学校你千万努力"；第五句是"中午学校的饭不太好吃，但你正在长身体，一定要多吃点"；第六句"放学回家先写作业，别着急看电视"。

在亲子交流中不仅仅是家长想孩子说什么话，而需要彼此的互动，其中向子女的询问也是必要的。

询问是一种高级的交流形式，父母的提问也应该有技巧。下面我们就将给您介绍关于询问的一些技术。

询问是指家长根据子女的言语与行为，提出问题，这些问题有助于子女澄清事实及解决自身的问题，最终达到与子女正常沟通交流、助其成长的目的。根据回答方式及内容不同，我们将询问分为开放式询问与封闭式询问。

一、开放式询问

开放式询问通常使用"什么"、"如何"、"为什么"、"能不能"、"愿不愿意"等词来发问，让子女就有关问题、思想、情感给予详细的说明。

一般带"什么"的询问，往往能获得一些事实的资料，如，"你为解决这个问题做了些什么呢？"带"如何"的询问，往往牵涉到某件事的过程或情绪反映，如："你是如何看待这件事的？"而"为什么"的询问，则可引出一些对原因的探讨，如："你为什么不喜欢和同学打球去了？"有时用"愿不愿"、"能不能"起始的问句，以促进子女作自我剖析，如"你能不能告诉我，你为什么这么反感你们班主任？"从中可见，不同的询问用词，可能导致不同的结果。

使用开放式询问，要以良好的亲子关系为基础，离开了这一点，就可能使子女产生一种被询问、被窥探、被剖析的感觉，从而使子女产生防备心理。尤其是涉及一些对于子女来说是敏感的、隐私的问题，更要注意方式方法。

二、封闭式询问

封闭式询问是指，通常使用"是不是"、"对不对"、"要不要"、"有没有"等词语来提出问题的方式；而回答也是"是""否"式的简单答案。

这种询问常用来收集资料，并将其进一步条理化，以便澄清事实，获取重点，缩小讨论范围。当子女的叙述偏离正题时，还可以用封闭式询问来恰当地中止其叙述。

但若过多地使用封闭式询问，就会使子女陷入被动回答之中，其自我表达的愿望和积极性就会受到压制。父母与子女面谈时，应该给子女充分地表达自己的机会，而封闭式询问则剥夺了子女的这种机会。

在与子女交流时，通常把封闭式询问与开放式询问结合起来，效果会更好。

让我们来看下面这位家长，她是如何综合运用这两种询问方式与子女交流的。

母亲：今天怎么回来晚了？

儿子：唉，郁闷！今天放学后，被语文老师叫到办公室训了一顿。

母亲：能跟我说说是怎么一回事吗？（开放式询问——询问原因）

儿子：也没什么严重的，就是我的古文没背下来而已。

母亲：那你是背会了才回来的吗？（封闭式询问——澄清事实）

儿子：对呀，真是郁闷！

母亲：是因为老师把你叫到办公室背书，被其他同学看见了，觉得丢了面子而郁闷吗？（封闭式询问——获取重点，缩小讨论范围）

儿子：也不全是，这不是最重要的。

母亲：那你觉得让你心里不好受的原因是什么呢？（开放式询问——促进子女作自我剖析）

儿子：主要是办公室里除了语文老师外，还有其他任课老师，他们都看到我在那结结巴巴背书了，更重要的是我们班主任也在。

母亲：看来你很在意老师对你的看法，对吗？（封闭式询问——澄清事实）

儿子：当然了……

上面这段母子俩的对话中，母亲的问话方式，既运用了开放式询问，又运用了封闭式询问，两种问话方式恰当地结合，使得母子交谈融洽，并成功地帮助孩子顺利地发现了自身问题的关键所在。

◎对子女言语的鼓励与重复

鼓励是指，家长激发、勉励子女将话题继续下去。家长可以直接重复子女的话，或仅以某些词语如"嗯"、"讲下去"、"还有吗"等，来强化子女叙述的内容并鼓励其进一步讲下去。

鼓励除了能够促进母子交谈继续下去外，还有一个好处就是家长可以通过对子女的话进行选择性关注，从而引导子女的叙述朝着某一方向深入进行。

一位高中生对其母亲说："我和宿舍里的一个同学总是相处不好，主要是对事情的观点总不一致，我说东，他肯定说西，总是和我对着干。宿舍里的其他人都持中立，总是在一旁看我们的笑话。有时，我也想谦让他

一下，可我一听他说话就憋气，就想和他抬杠，结果就吵了起来。我为此很烦恼，晚上常回想吵架的情景，总失眠不知怎么办好。"

此例关系到许多个主题，家长可选择任何一个予以关注。比如，"你说你和宿舍里的一个人总是相处不好，是吗？""宿舍的其他同学都看你们吵架的笑话，而不表明立场，是这样吗？""你晚上常因白天与同学吵架的事，睡不好觉是吗？""你说你现在因此很苦恼，并且失眠，不知道怎么办好？"等等，就可以引导子女朝着不同的方向继续叙述，达到从不同的角度探讨一件事情的目的。

因此，家长应把握子女所谈的内容，根据经验并结合需要有选择性地给予鼓励。家长虽然是听，但是一种主动的、积极的、参与式的倾听。上例中，选择"你现在因为与那位同学相处不好，感到很苦恼，并且失眠，不知怎么办好？"作为重复或许是最好的，因为，这样说，一方面抓住了子女此时情绪的核心，表达了对子女的理解；另一方面还鼓励了子女对他所困扰的问题，作更进一步的描述和分析。一般子女长篇大论地描述其困惑的最后一个主题，往往有可能是最重要的，家长可以对此做出重复鼓励。

◎亲子交流时的内容反应

内容反应，又称释义或说明，是指家长将子女的主要言语、思想加以综合整理，再将这些整理好的言谈内容反馈给子女。

家长在与子女交流时，运用内容反应的技术，可以使子女更深入地剖析自己，重新组合那些零散的事件和关系，深化谈话的内容。此外，家长以简明的方式反馈给子女的思想，有助于子女自己做出抉择。

家长需要选择子女言语中的实质性内容，用自己的言语将其表达出来，最好是直接引用子女言谈中最敏感的、最重要的词语。

如前面的例子，家长可释义："你说你和那个舍友总是因为意见不一致而吵架，这件事导致你经常失眠，你不知道该怎么办好，是吗？"可见，运用内容表达技术表达出子女言语实质性的内容，可使子女所述的内容更加明朗化。

◎亲子交流时的情感反应

情感反应是指：家长将子女在说话时的情绪情感反应加以综合整理，再将子女的这些情绪情感反馈给子女。

家长的情感反应与上面所讲的内容反应很接近，但有所区别。内容反应着重于对子女言谈内容的反馈，而家长的情感反应则着重于对子女所表达出的情绪的反应。情绪往往是他的思想的外露，经由对子女情绪的了解，可以进一步推测出子女的思想、态度等。

子女在说话时所表达出的情绪性词语，是观察其对周围环境认识的很好线索。比如一个子女谈及自己的一位同学时，可能用"他可真有趣"或"他真讨厌"，这些"有趣"、"讨厌"等词语往往表达了子女的心境。家长可由此了解到子女的思想、情感。

情感反应所反映的内容是子女现在的而不是过去的情感。比如，"你现在好像对你们老师不是很满意"比"你一直对你们老师不是十分满意"更有效。

一般来说，一个人的内容反应与情感反应是同时的。比如，"你说你的同事在背后挑拨是非"，这是内容反应。而"你似乎对他的行为感到非常气愤"，是情感反应。若是"你的同事在背后挑拨是非，你为此感到非常气愤，是这样吗？"则是综合了内容反应与情感反应两种技巧。

◎亲子交流时的具体化

在亲子交流中，家长运用具体化的技术，协助子女清楚、准确地表述他们的思想观点，所体验到的情感，以及所经历的事件。

不少子女所叙述的思想、情感、事件，常常是模糊、混乱、矛盾、不合理的。这使问题变得复杂、不清晰，也常常是引起子女心理困扰的重要原因之一。家长借助于具体化这一交谈技术，可以帮助子女澄清问题，把握真实情况。

亲子交谈过程中，当家长发现子女出现以下情况时，可采取相应的具体化对策。

一、子女叙述的问题模糊

当子女用一些含糊的、笼统的字眼谈到自己的问题时，比如"我郁闷死了"、"我觉得特没意思"等，就会被自己所界定的这种情绪所笼罩，陷入困扰之中。这时，家长就要设法使这种体验逐渐清晰起来。例如下面这段对话：

子女：今天我真倒霉死了！

家长：怎么了，发生什么事了？

子女：太多了，尽是不如意的事。早晨上学路上，骑车太快与另一辆自行车相撞，幸好没什么事。到了学校，我的表明明还有五分钟上课，可班主任非说我迟到了，当着那么多同学的面，真丢人。中午放学发作业本，别人的都有，唯独没有我的。问了课代表才知道，我的作业本被插到了别的班里，我得自己去找……我总觉得，好事总没我的份儿，倒霉的事

总让我碰上。别人怎么都没这些事?

通过询问,家长就可以把握子女所说的倒霉、烦恼的事具体指的是什么了;也可以清晰地了解子女目前的认识水平。有时,子女起初觉得烦恼不安,经家长作具体化的询问后,感觉到其实自己遇到的问题也没什么了不起,就能够自己调整负面的情绪。

母亲:你总是说宿舍同学对你不好,能举例告诉妈妈她们怎么对你不好吗?

女儿:她们总是不洗脚上我床,我提醒她们,她们还说我假干净。

母亲:还有吗?

女儿:她们有的晚上睡得很晚,吵得我都睡不着。还经常拿自己的东西放在我的桌子上。

母亲:还有其他的吗?

女儿:(想了想,摇摇头)好像就这些。

母亲:你好好回想一下,你平时有没有过没洗脚就坐到宿舍同学床上,去商量事情的时候。

女儿:嗯……好像有过。

母亲:舍友有没有说过你呢?

女儿:好像没有过。

母亲:再想想自己有没有晚上的事没忙完,晚睡的时候,有没有打扰过舍友休息呢?

女儿:嗯……有时难免会有。

母亲:那别的舍友说过你对她们不好,晚上打扰她们休息了吗?

女儿:没有,(若有所思)我一直觉得她们对我不好,您这么一问,我仔细想想,觉得确实也没什么。这以前我一直都没静下心来好好想一想,总认为她们是针对我的,越是提防别人,越觉得她们对我不好。其实,人家根本没有欺负我的意思。

这一事例说明，子女的情绪反应往往起初来源于个别的事件，由于不合理的、歪曲的认识，变成了一种抽象的观念或模糊的情绪，从而使子女产生怨恨同学的情绪。家长运用具体化的技术，就是要还原其本来面目，让子女明白真相。

二、子女的言语过分概括

引起子女心理困扰的另一个原因是过分概括化，即以偏概全的思维方式。比如，有些孩子会将对"个别事件"的意见，上升到其他"所有事件"；把"有时"演变为"经常"；把"过去"扩大到"现在"和"未来"。这就需要通过具体化的技术予以澄清。

家长问："你说班上同学们对你不好，是谁对你不好？在哪些事情上对你不好？你能给我举些例子吗？"通过举例，家长发现原来是有几个同学喜欢开他的玩笑，有两次弄得他有些难堪，此外，他想有一两个知心朋友，都未如愿。

通过运用具体化的技术，家长就会发现根源在于孩子对事物的以偏概全，一是把个别人扩大到全班同学，二是把开玩笑当做是对自己不好。这样一来就会影响对同学的看法，对人际关系产生不良评价。

当家长了解了这些后，就可以有针对性地与子女进行交流。有些子女常常会犯以偏概全的错误，比如他们会说，"他们让我感到伤心"、"她太可恶了"，家长应该通过具体化的方式，引导孩子进行较为正确的表述："他们这样说（做）让我感到伤心。""她今天的这一举动影响太坏了。"前者是直接对人，后者是对具体的事而言，一件事并不能完全代表一个人。家长在与子女交流时，要让其明白对事不对人，评价行为而不是去评价一个人，以及接受每一个人都不是完美无缺、都会犯错误这一现实，这种合理的观念对于子女很有帮助。

因此，当子女把"个别"概括为"全部"，把"偶然" 当做"必然"，把"一次" 以为"永远"时，家长应该运用具体化的技术予以澄清。

◎亲子交流时的参与性概述

参与性概述是指：家长把子女的言语和非言语行为包括情感综合概括后，以提纲的方式再向子女表达出来。

参与性概述能够使得子女再一次回顾自己的所述，并且使得亲子的交流有一个暂停喘息的机会。这样做可以引导子女进一步探讨、澄清自己的问题。只要认为对子女所说的某一内容已基本清楚，就可以做一次小结性的概述。

◎家长对子女非言语行为的理解与把握

一、正确理解、把握子女的非言语行为

非言语行为能够提供许多言语不能直接提供的信息，甚至是子女想要回避、隐藏、伪装的内容。例如，当孩子对母亲说："我今天没有去网吧，只是到外面打了打篮球而已。"他的肩膀微微耸起，眼神飘忽不定，不敢与母亲对视时，很可能他是在掩饰事实。

借助于子女的非言语行为，家长还可以更全面地了解子女的心理活动，也可以更好地表达自己对子女的支持和理解。

有一名将要参加红五月歌唱比赛的高中女生对她的母亲说："妈，您放心，这有什么紧张的，不就是一次表演嘛！难不倒我。"然而细心的母亲却发现，女儿说话时嘴角在微微颤动。母亲从女儿的非言语行为的表现，知道女儿此时此刻内心还是紧张的，需要父母支持与鼓励。女儿这样说只是不想让母亲担心，还想维护自尊罢了。母亲微笑地鼓励女儿："对于我女儿来说，的确算不了什么。你以前参加过那么多大规模的比赛，这种小场合，我相信女儿一定行的。"女儿坚定地点点头，母亲这才放下心。

从这个例子可以看出，是非言语行为帮助母亲看到了女儿的内心感受，并及时地对女儿进行了积极的干预。

正确地把握非言语行为并非易事，家长需要在日常生活中，对孩子多观察、多比较、多思考，做到看在眼里，记在心里，不断地积累经验才行。

有些家长为了显示自己的观察敏锐、判断准确而轻率地表露自己的看法，这是不妥当的做法；即使判断正确了，也不应该随便表露。可以在自己的态度、言行上有所调整，因为让子女发现家长时时在注意自己的一言一行，会给他带来压力和不安。

二、如何看待子女言语与非言语内容的不一致

一般情况下，一个人的表情所暴露的信息，应该与说话所表达的意思是一致的。然而，有时也会出现不一致的情况。一孩子女说他多么热爱他的集体，然而与此同时却下意识地摇摇头，嘴角涌起一丝嘲笑，从而否定了自己的言语；孩子当着父母的面说，与同学打架是不好的行为，然而谈到结伙打架的过程时，却满脸是兴奋和自豪，说明孩子根本没有真正的认识到自己的错误。家长需要分析子女所说内容和他的表情是否一致，了解他们为什么

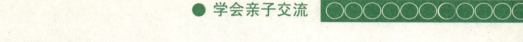

会出现所诉内容和表情不一致的现象？子女的真实意图是什么？是有意识的隐藏，还是无意识的？看到这种不一致，有时会发现子女内心的真实想法。

在亲子交流时，家长对子女的观察应是全方位的，无论他（她）言语所叙说的内容或是表情，公开的或是隐秘的，瞬间的或是经常的，这些都要进行综合观察、认识，以此对子女形成一个整体印象。家长应不断地通过听、看、想、说等方式，感受来自子女的信息，有助于自己进一步探讨子女的内心世界。

（李百珍 李 佳）

做／孩／子／的／心／理／医／生

影响子女的招数

　　家长与子女交流的影响性技术包括解释、指导、内容表达、情感表达、自我开放、质疑、影响性概述和非言语行为的运用等技术。家长在与子女交流过程中恰当地运用这些影响性技术，同样有利于帮助子女澄清问题和启发、引导他们的自我探索。下面，我们将向您逐一介绍这八项技术的内容、运用的意义以及如何恰当地应用。

◎影响子女的解释

一、家长的解释

　　在对子女进行心理健康教育的过程中，有时候要对子女进行必要的解释，家长的解释是家长运用自己所掌握的知识和人生经验，为子女提供一种认

识自己与周围关系的新的思维、新的方法。家长凭借自己的知识和经验，针对子女的不同问题做出各种不同的解释，这是一项富有创造性的工作。

二、家长为什么要向子女解释

　　家长的解释可以使子女从一个新的、更全面的角度来重新认识他们的问题、面对他们的困扰。家长通过解释，还可帮助子女深入地了解自身的行为、思想和情感，使他们自己产生领悟，达到提高自我的目的。

三、如何恰当地解释

　　家长在向孩子解释时，应该注意哪些问题呢？

　　进行解释时，首先，应该准确地了解子女所遇到的问题到底是什么，针对子女的问题进行解释。否则，如果解释的内容与子女的问题无关或关系不大，其结果是毫无意义的。

　　例如：一个孩子问他的父亲："您总告诉我为人要坦诚，懂得谦让。可如果我的同学对我不坦诚，或是很霸道，那我该怎么办？一味地礼让吗？"父亲回答说："搞好同学间的关系是很重要的，长大后这种关系会让你受益匪浅的，明白吗？"孩子很迷惑地说："您说的这些我都懂，可我想知道的不是这些……"

　　显然，这位家长并没有充分地理解孩子的问题。孩子问的是：与同学交往中的技巧以及交往中需要把握的原则，而家长却就与同学融洽相处的重要性进行了解释，所答非所问，对孩子问题的解释毫无意义。

　　其次，家长应该注意，千万不能把自己的解释强加给孩子。比如有些家长解释完孩子的问题后，孩子不理解或不能认同，于是家长会以一种高高在上的姿态说："这个问题就是这么回事，你不理解是你知识还不够，当然不会懂。"或者会说"你要不同意我的这种说法，我也没办法。反正我告诉你，我走过的桥比你走过的路还多，我吃过的盐比你吃过的饭还多，到底是你懂还是我懂！"类似这样的话语，经常会从家长口里说出，强迫孩子接受他们的解释，这样做往往效果欠佳。

最有效的解释是与您的子女当前的所受教育程度、接受能力等方面相适应，这样孩子才更易于接受与吸收。例如，一位高中生，在政治课上，已经学过了有关辩证唯物主义与相对论的知识，那么，家长在解释一件事物时，采用从正反两方面辩证地分析问题，就易于被孩子所接受。但对于一个从未接受过哲学熏陶的小学生来说，在他们的世界里，非黑即白，不是"是"就是"否"，他们是很难理解事情有弊就有利这个道理的。因此，家长在对孩子进行解释、帮助孩子分析问题的时候，务必要考虑到孩子各方面的特点。

◎影响子女的指导

一、家长的指导

家长的指导，是指家长直接地指示子女做某件事、说某些话或以某种方式行动。

二、家长为什么要指导子女

指导是家长在家庭心理健康教育中，与子女最常用的沟通方式，家长可以明确地表达出对子女的期望，所以，指导是家长对子女影响力最直接、最大的一种技巧。

三、如何正确地指导

您在指导子女的时候，应该注意以下一些问题：

您事先要十分明确需要指导子女些什么，否则，不仅起不到教育意义，有时甚至会适得其反。

有这样两个寓言故事：

一位母亲买来3个苹果，其中有一个最大、最红。大儿子说：我要最大、最红的那个苹果。母亲严厉地训斥他说：你是哥哥，上来就要大的，总是想着自己，应该说你吃小的。于是小儿子改口说：我要最小的。母亲夸奖小儿子，并把最大、最红的苹果拿给大儿子。

母亲的教育目的是要孩子学会谦让，您猜想一下孩子长大以后能不能学会谦让呢？结果是这样的，小儿子领悟到的是：只有说谎才会得到好的东西。后来还学会了打架、偷、诈骗、抢，最后进了监狱。

另一位母亲同样买回3个苹果，其中也有一个最大、最红。两个儿子都说：我要最大最红的那个苹果。母亲说：乖孩子应该把好的让给别人。弟弟年龄小，哥哥应该让着他；而弟弟呢，有好东西也应该想着哥哥，怎么能只想着自己呢？这样好了，我把门前的草坪分成两半，谁剪得又快又好，谁就得到最大的苹果。两个儿子不仅学会了谦让，还领悟到了只有学会竞争，并在竞争中取胜，才会得到最好的东西。后来这两个儿子都有所成就。

通过以上的寓言故事，我们应该懂得家长指导孩子的时候，一定要让孩子准确地理解你想指导孩子的内容是什么。

除此之外，家长对子女的指导，不能以权威的身份出现，强迫子女执行。如果子女不理解、不接受，那么可以换一种方式。切忌不要与孩子硬碰硬，否则，不仅达不到预期的效果，还会引起子女的反感。

◎影响子女的情感表达

一、家长的情感表达

　　向子女表达家长自己的情绪、情感活动状况，让子女了解此时此刻父母的内心感受，即为情感表达。

二、情感表达的作用

　　作为家长的您，如果能够恰当地表达自己的情绪、情感，那么，既能够让子女感觉到您在设身处地地理解他，又能够向子女传达您的感受。您的这种开放的情绪表达形式，为子女做出了榜样，将会促进子女的自我表达。

三、情感表达的多种形式

　　家长的情感表达可有多种形式，既可以是针对子女的言行给自己的触动进行表达，如"我觉得你对妈妈很坦诚，也很信任妈妈。"也可以是针对自己的体会进行表达，如"女儿这么信任我，妈妈真的很高兴。"或针对其他的事物进行表达，如"我中学的时候，和你一样也有很多男孩子追，期待着书桌里能看到男生的小纸条，有时受到他们的关注，我都会兴奋得晚上睡不着觉、很开心。"

　　通过以上这些情感表达方式，来促进子女将自己的真实情绪、情感传递给父母，并且可增强孩子对父母的信任，进而当孩子遇到情感上的问题时，能够毫无顾虑地与父母进行交流，寻求父母的帮助或者征求父母的意见。

◎影响子女的内容表达

一、家长的内容表达

内容表达是指：在亲子交流中向子女传递信息、提出建议、给予保证、进行褒贬和反馈等。

二、内容表达的作用

内容表达的过程，反映了父母自身对事件或人物的看法，借此可以使得子女了解父母的思想观念；家长也可从子女的言语和非言语反应中，得知自己的表达他们是否认可，从而相应的作出调整。

三、家长恰当地内容表达

在内容表达的过程中，家长需要注意以下问题：

家长在进行内容表达时，措辞要委婉、和缓，表达出对子女的尊重。比如在表达对子女的希望时候，可以说"我希望你能够……"、"如果你能……或许就会更好"。

另外，家长在运用内容表达的技术时候，要懂得与孩子将心比心，向孩子说出自己的心里话，让孩子也能够对父母的想法有所了解，这是十分必要的。

洪志是一所重点中学的高中生，父亲因病过世，他和母亲相依为命，很孝顺母亲。母亲期望他以后能考上好的大学，有个好前途。洪志天资聪

明，但很贪玩，学习成绩起伏很大。洪志的母亲为此事很伤心，以前苦口婆心地也和洪志谈了不少，就是不起作用。于是，她决定要敞开心扉，与洪志站在同一高度上进行一次交谈。

晚饭后，母亲的话语拉开了此次交谈的序幕。

母：你觉得你最近的学习情况怎么样？

洪：最近？嗯……还可以，一般吧，分数忽高忽低的，我也不清楚。

母：你现在长大了，已经是一名高中生了，做事情有了自己的主意，学习方面妈妈也不便多说你。我知道你孝顺我，无论功课有多紧张、学习有多累，回到家里也帮我干家务，妈妈很高兴。这些妈妈都记在心里。（先对其积极面进行肯定，为以下的交谈做铺垫。）

洪：妈，您别这么说，我都这么大了，这些活本来就该我干。

母：咱们家的情况你是知道的，让妈妈天天看着你学习是不可能的，但我的心愿你是了解的，如果你学习再努力些、刻苦些，我会更高兴的。这比你扛煤气罐、挑煤、挖菜园更让妈妈欣慰。你觉得呢？

听了母亲的话，洪志的眼圈红了："妈妈，我明白您的意思……"

经过这次交谈，洪妈妈虽没有像以前那样批评洪志贪玩，但洪志的坏习惯改了很多；最令洪妈妈欣慰的是儿子的学习成绩有所提高，并能够稳定地保持。

家长在进行内容表达时，要避免应用："你必须……"、"你一定要……"、"只有……才能……"等带有命令性、绝对性的词汇。否则，子女听了会很不舒服，像是被人强迫似的。同时，家长不应该认为自己的忠告和意见是唯一正确、必须实行的。这种不恰当的认识会对亲子关系造成不良影响。

16岁的柯文，父母均为中学教师，对柯文的将来寄予厚望，不惜重金送他进重点学校。每当柯文成绩有所下降时，母亲就说："我们为你花了这么多钱，你怎么搞的，还学不好，你必须要好好学习，知道吗？将来一定得考上清华……"柯文对母亲的训斥一向沉默不语。有一次，由于柯文

学习成绩有所下降，母亲又这样说，柯文大声地对母亲嚷道："谁让你们给我花那么多钱，我让的吗？为什么我就必须、一定要考上清华，你们问过我的想法吗……"母亲见平日温和的儿子，对自己的话有这么大反应，再也不敢提及考清华的事了。

她一直不明白自己究竟错在哪儿。其实，她的错并不在对儿子有所期望，而是在表达期望的方式上。每个孩子都有自己独立的思想，对他们的教育，应该以平等的态度、疏导的方式为主，而不是采取简单、粗暴的、绝对化的指导方法。否则，会严重地摧残孩子的自尊心，势必会引起孩子的叛逆。

◎影响子女的自我开放

一、自我开放

自我开放又叫做自我暴露，指的是：家长坦诚的表达自己真实的情感、思想、经验与子女共同分享。自我开放一般有两种形式，一种是家长把自己对子女的体验感受告诉子女；另一种形式的自我开放是家长暴露与子女所谈内容有关的个人的思想经验。

二、家长的自我开放对子女的帮助

在亲子沟通的过程中，恰当地运用自我开放是十分必要的。您的自我开放会使子女了解到，父母在成长的道路上，也遇到过与自己同样的问题，参考父母当时的应对方法，会对自己大有益处；同时，子女会感觉到，有人感同身受地分担着他们的困扰，减轻自己的心理压力。家长的自我开放，与子女坦诚相见会换来子女更多的自我开放，促进子女进一步深入地了解自己，使亲子沟

通的渠道畅通。

三、 家长怎样自我开放

在第一种自我开放的技巧中，家长把自己对子女言行的情感体验告诉子女。若是积极、正面、赞扬性的，则为正信息，如："对于你刚才的坦率，妈妈非常高兴。""你能从他人的角度看待问题，体谅他人，爸爸感觉很欣慰，儿子长大了。"这种正信息能使子女得到正强化，使子女愉悦和受到鼓励。但传达的正面信息应是实际存在的，不要无中生有；需要程度适宜，不要过分夸大；要真诚地表达内心感受，不要心口不一；否则会适得其反。

家长若是进行自我开放时，表达的是消极的、批评性的情感体验，如"听说你昨天的家庭作业没有完成，我很不开心，也许你有什么原因，能告诉我吗？"应注意到这种消极的、批评性的自我开放可能产生的副作用。也就是说，不能只顾自己表达情绪，而忽视体谅子女的内心体验。所以，以上事例中的后半句是必要的。这种委婉的措辞，既可以保住孩子的自尊，探究孩子出现问题的原因，又可以让孩子感觉到父母的理解与信任。

第二种形式的自我开放，是家长暴露与子女所谈内容有关的个人经验。例如，"不只你一个人考试前紧张，我以前也有体验。每到大考前，我就开始烦躁不安，晚上睡不好……"这种自我开放应比较简洁，因为目的不在于谈论自己，而在于借自我开放来表明自己理解并愿意分担子女的情绪，拉近彼此心灵的距离，同时，促进子女更多地自我开放。

一位母亲发现处在青春期的女儿对男孩子有了爱慕心理，聪明的母亲跟女儿说：

"我像你这个年龄的时候，见到长得挺帅的男孩子，总是控制不住想多看几眼。"母亲自我开放的言语把孩子的心里所想生动地描绘出来了，从而解除了孩子心理上的顾虑。

女儿说："妈妈曾经有过这样的体验吗？是不是人到青春期都会有这种想法呢？如果我也有这种感觉，也是很正常、很自然的吧？妈妈不会训我吧？"——母亲的自我开放，促使女儿试探着进行自我开放。

母亲会心地笑了，对女儿说："当然不会。如果女儿有了心仪的男孩子，愿意告诉妈妈，那是对我的信任，我会高兴的。这证明女儿进入了青春期，长大了、成熟了。既然这是成长中必经的正常的现象，妈妈又怎么会训你呢？"——母亲进一步自我开放，解除女儿的顾虑。

"这样呀！"女儿领会了母亲的心思，很不好意思地对母亲说："告诉您个秘密……"

上面这个事例中的母亲，能够体会青春期孩子的心理，并且利用自己的经验现身说法，代替孩子把内心想法和苦恼讲出来，就会解除孩子很多的烦恼和顾虑，增进孩子对父母的信任。在此基础上，孩子才会向父母寻求帮助和指导。可见家长主动地自我开放，如同搭建了走进儿女心灵的桥梁，建立了良好的亲子沟通途径。

◎影响子女的质疑

一、家长的质疑

质疑，又称作面质、对质、正视现实等，指的是家长在与子女交流的过程中，当面指出子女认识或行动方面存在的矛盾。

二、运用质疑的益处

与子女交流过程中使用质疑，可以使子女对自己的感受、行为及所处环境具有更深入地了解；并且可以激励子女放下自己的防备心理、掩饰心理，以真实的自我面对现实；同时，能够促进子女实现言语与行为的统一，理想自我与现实自我的一致；除此之外，还可以使子女看到自己被掩盖了的能力、优势，并加以利用。

三、不同情况下如何质疑

我们将子女在与家长交流过程中常见的心理矛盾归纳为如下几点，并用事例向您说明在不同的情况下怎样质疑。

第一，子女的言语与行为不一致。

子女在与父母交流时所说的话，同他的实际行为不一致。此时家长可对子女进行质疑，例如问孩子"你和我讲你喜欢体育锻炼，可你似乎从不活动"；"你说和同学吵架自己心里也很不开心，可你在谈论这件事时却面带喜色"。现实生活中，有很多孩子与事例中的主角那样，身上都会出现类似的言行不一致的现象，家长不免会因此而产生一些焦虑：为人应该"言必信，行必果"，可子女小小年纪就不守信义，怎么得了？

我们认为对待这种言行不一的孩子，最好的办法是多了解一下他们言行不一致的原因，运用质疑的技巧，从侧面对子女进行引导。这比直接对孩子进行批评教育要好。

质疑在处理言行不一致的问题上有很大优势，我们先看以下两个场景：

晓峰是一个初一年级的学生，下面是他与母亲的对话：

母亲：你觉得如果在路上遇到残疾人，应该怎样做？

晓峰：当然是礼让了。

母亲：那如果不小心碰伤了他人应该怎样做？

晓峰：还用说，赔礼道歉呗！

母亲：说得是不错呀！那你今天在放学回家时又做了些什么呢？在小区

门口，你骑车把楼下那个腿脚不方便的楠楠刮伤了。居委会张大爷让你停下道歉，你不但没道歉，反而说人家不长眼，这怎么解释呢？

听了母亲的话，晓峰一言不发，感到十分内疚。当天下午，就在妈妈的陪同下，去给楠楠赔礼道歉了。

思明是一个初二的男生，十分调皮，在课堂上经常与几个男生合伙与老师做对，总是扰乱课堂纪律，戏弄老师。班主任向思明的父亲反映了情况。下面是思明与其父亲的一段对话：

父亲：扰乱课堂纪律是对老师的不尊重。老师也是你的长辈，应该懂得尊重他们，"一日为师，终身为父"。这个道理我给你讲了千百遍了，你到底懂不懂呀？

孩子：嗯，知道了。

父亲：捉弄老师就更不对了。

孩子：哦！我明白了。

结果没过多久，思明的老毛病又犯了……

对比以上两个事例，第一个事例中家长没有直接批评孩子的错误，而是在与孩子谈话中运用质疑的技能，从侧面引导，促使孩子自己领悟。这样做的好处是让孩子从深层次理解自己的所作所为，认清自己的错误，并加深印象。

与第一个家长不同，第二个事例中的家长采取的是直接说明、批评教育的方式。他虽然很明确地指出了孩子的错误，也得到了孩子的响应，但并没有明显的效果。这是为什么呢？不知道您在上学时，有没有这样的经历：通过自己思考做出来的题总比别人讲的记忆深刻。同样的道理，通过质疑的技术，提出一系列的启发性问题，促使子女思考，自己认识到的、领悟到的东西，也同样比别人指出的更容易理解与接纳。所以，运用质疑的技巧，从侧面对子女进行引导，比直接对孩子进行批评教育要好。

另外，由于一些孩子的意志品质较为薄弱，导致他们虽能认识到问题，却不一定能够改正，从而出现言行不一致的现象。家长运用质疑的目的，就是

要培养子女的意志品质，提高他们对自己行为的自我监督能力，进而达到言行一致。

第二，子女的理想与现实不一致。

当您发现，您的孩子心目中的自我形象与他的现实自我不一致时，你可以尝试着运用质疑去点拨他。

请看看下面这位母亲的做法：

身为独生子女的张萍，是家人的"掌上明珠"。刚刚考入高一，需要住校。然而到了宿舍，情况就大不相同了，她再也感受不到众人关注的优越感。"自我中心"的她，总希望受到大家的谦让与关注。可常常事与愿违，她与宿舍同学之间的矛盾不断，无法适应宿舍的生活。回家后却对母亲说，在宿舍中自己应该是最受舍友欢迎、人缘最好的一个。母亲知道实情后质疑张萍："你说你是个受宿舍同学欢迎的人，可实际上为什么大家常常疏远你呢？"张萍低声说："我希望我是，可不知为什么我做不到，大家都不喜欢与我交流。""那你平时是怎么与宿舍同学相处的？"母亲说，"我们分析一下问题出在哪里……"

上面这个事例中，张萍的母亲运用质疑的技术，点出了女儿理想自我与现实自我不一致的矛盾，使女儿清晰地认识到自我与他人的关系，并引起了女儿的深思，有助于进一步的解决问题。

当子女希望达到的目标与现实能力存在差异时，家长也可以运用质疑来提醒他们。

14岁的小萌，长相一般，又没有一技之长，上初中后总是不用心读书，一心做着明星梦。小萌的母亲看到女儿的现状很是不安，质疑小萌说："你说你想当电影明星，可总要有些资本吧，你看有哪个明星没有一技之长的？依你现在的自身条件和家里的经济状况，你觉得可行吗？"小萌低头不语，若有所思……

现在越来越多的孩子想涉足影视界，可自身条件并不适合。家长遇到这

样的子女，可以像小萌的母亲那样，及时地运用质疑提出些启发性的问题，促使孩子认识现实与理想的矛盾所在，让理想成为提高自我、完善自我的动力。

第三，子女前后言语不一致。

如果子女向您叙述的事情前后有出入时，您需要运用质疑的技术进行询问，如："你上次说你期中考试都及格了，可今天怎么说有一门课不及格呢？"或子女前后表达的情感有矛盾，您可以进行质疑："你刚才说你很喜欢这本书，现在你为什么又觉得它不好了？"

我们来看下面这段母子的对话：

母亲：今天下午不出去了吧？

儿子：出去，我昨天不是跟您说了嘛。今天下午班里组织了一个环保活动，我必须参加，为奥运出一份力嘛。对了，今天是几号？

母亲：真不知道你脑子里装的都是什么，就知道是周末，连几号都不知道。今天是十一号。

儿子：什么？今天是十一号，今天下午有NBA重播。我要看，我一定要看。

母亲：可今天下午你有活动呀。

儿子：太巧了吧，我不去了，少我一个也不少。

母亲：刚才你还说你必须去，要为奥运出一份力呢，现在怎么又不去了？一场篮球赛就把你给征服了？

儿子：嗯……那我还是去吧！（不好意思地笑了）

以上的这位家长运用的就是质疑的方法，它并不是直接提出孩子两次的说法不一样，而是用疑问的口吻表达出自己的想法，使孩子在质疑的引导下意识到自己言语的不一致，需认真考虑与斟酌。

需要指出的是，在日常生活中，家长运用质疑的时候，需要建立在良好的亲子关系的基础上。并且，要选择适当的用词、语气、态度，因为质疑具有一定的威胁性，有可能伤害亲子之间的感情。为此，在使用质疑时要注意以下

几点：

首先，家长在质疑子女之前，要搞清楚事情真相，要有事实根据，在事实不充分、不明显时，一般不应采用质疑。

其次，家长在运用质疑技术时，要避免个人发泄。质疑是为了澄清问题，促进子女认识真实的自我，您不可将质疑变成发泄情绪的工具。例如，有些家长面对孩子言行的不一致常常质疑道："你在我面前是怎么保证的？现在又是怎么做的？你这样屡教不改，真是无可救药……"家长说这样的话，也许可以将自己对子女的不满情绪发泄出来了，但是却伤害了孩子的感情。这样的质疑很有可能会破坏亲子关系，后果难以挽回。

再次，质疑一定要建立在良好的亲子关系的基础上。质疑所涉及的问题对子女来说，有可能具有一定的威胁性，因此，平日里家长对子女做到理解、尊重、温暖、真诚等是非常必要的，因为这些有助于建立良好的亲子关系，而亲子关系又会给子女以心理支持，使他们可以把家长当做自己真诚的朋友。有了这个坚实的基础，孩子就可以更容易面对父母的质疑，更易于理解和接受家长的教育。

除了以上几点外，家长在质疑孩子的时候，还要切记尊重子女的自尊心，也就是我们平时所说的"给孩子留点面子"。如果父母总拿孩子当不懂事的婴儿看待，一出问题，对孩子就是一顿斥责，尤其是当着其他人的面，还不允许孩子申辩，这样做不但起不到教育子女的效果，反而会引起他们对父母的排斥和反感。尤其是对于那些处在叛逆期的青少年来说，这种劈头盖脸的质疑更是不可取，极易引起他们对父母的反感、反抗，会严重破坏亲子关系。当着众人的面，受到父母批评的孩子，往往会想到自己很没有面子、很丢人，今后怎么在同学们面前抬起头来，而不去反省自己到底是不是错了，或错在哪里；有些孩子甚至会因此开始怀疑自己的能力，产生自卑心理，影响其日后的发展。因此，家长对孩子发出质疑的场合相当重要，最好在孩子不觉难堪之时，向其提出一些具有启发性的质疑问题。

　　有一位父亲，由于历史的原因他没有机会上大学，就希望自己的儿子能有所发展，出人头地。因此，他对儿子要求极为严格，孩子学习成绩也不错。有一次，孩子没有达到他制定的学习目标，在家长会上，当着众多学生和家长的面，他就冷言冷语地刺激孩子，而且警告孩子如果不按家长制定的目标奋斗就考不上大学。他的这一举动使孩子的自尊心备受打击，心灵蒙上了抹不去的阴影。他的儿子很懂事，认为父亲这样做也是为自己好，如果考不上大学，就对不起自己的父母。但同时孩子又开始怀疑自己是不是像父亲说的那样，脑子笨、反应慢，是不是自己真的不行了呢？久而久之，家长不断地埋怨、质疑，渐渐地吞噬了孩子的自尊心、自信心，使孩子感到自己真的不是学习的材料，自卑感悄悄地埋没了孩子的能力。到高中毕业时，这个孩子已经没有了参加高考的勇气。

　　从上面这个事例中可以看出，家长对子女进行质疑时，保护子女的自尊心是十分必要的。

　　说了这么多，相信您对怎么质疑应该有一定的了解了。在与子女交流的过程中使用质疑是十分必要的，但一定要谨慎，质疑要与鼓励支持结合起来。艾根曾说过，没有支持的质疑会发生"灾害"，而没有质疑的支持则是"贫血"的。

◎影响性概述的应用

一、影响性概述

　　影响性概述是指家长将自己所叙述的主题、意见等经组织整理以后，以简明扼要的形式表达给子女。

二、影响性概述的作用

影响性概述可使子女有机会重温家长所说的话，加深印象。家长也有机会回顾自己所表达的内容，强调重点问题，为以后与子女的进一步交谈奠定基础。

三、家长恰当地运用影响性概述

那么，怎样运用影响性概述呢？

王芳听说儿子不归宿，整晚在网吧上网，于是，找到儿子赵强的班主任，了解到赵强最近在学校的学习、生活状况。王芳决定与儿子进行一次长时间的交谈。

王芳：听说你最近总去网吧，是吗？

赵强：也不是总去，偶尔。

王芳：上网可是件有意思的事儿，我和你爸也经常上网看新闻什么的。那你一般上网都干些什么呢？看新闻吗？还是有什么更有意思的？

赵强：看，也看新闻，主要是娱乐新闻、小道消息、聊聊天什么的。

王芳：看来网络的功能还真不少。但上网会不会影响到你的学习？你觉得网上的东西对你的成长都有利吗？（王芳就上网与学习时间的安排、网络信息给赵强带来的好处和坏处以及上网的主要目的等，与赵强展开了讨论。）

最后，王芳对儿子赵强说："总的来说我不反对你上网，但我希望你上网是为了扩大自身的知识面，有利于自身的发展，而不是单纯地为了娱乐，或是接触一些不适合你的信息。另外，我希望你能够安排好时间，不要因上网影响了你正常的学习与生活。"

儿子赵强心领神会地点了点头，母亲最后的这段总结性的话语给他留

下了深刻的印象，同时，他也领会到了母亲与他本次交谈的用意。自此之后，赵强只要一上网，就会想起母亲的这段话，从而养成了合理上网的好习惯。

实际上，母亲王芳最后的这段话就运用了影响性概述。与赵强一番交谈后，她用简短、精炼的几句话进行概括，概括出精髓，概括出了自己想要传达给儿子的信息、思想、理念等。

◎非言语行为的运用

一、非言语行为

非言语行为指的是：在亲子交流过程中，家长除了有言语行为外，还有面部表情、肢体语言等行为出现。

二、运用非言语行为的意义

通常情况下，言语表达的运用，在亲子相互沟通过程中占有主要地位。然而，亲子双方交流信息、沟通感情时出现的大量非言语行为，在亲子关系中也起着非常重要的作用。

当您的孩子在某方面表现突出的时候，您可以向孩子投以信任的目光，拍拍孩子的肩膀或竖起大拇指，像是对孩子说："好样的，继续努力，爸妈相信你。"

当您的孩子将要做出一些不好的行为的时候，您可以用严厉的目光注视着他，有时往往不需要说什么批评的话语，您的孩子就心领神会地约束自己的不良行为。

三、 恰当地应用非言语行为

家长应学会把自己的非言语行为融入言语表达中去，渗透在与子女交流的过程中。实际上，家长是否能赢得子女的信任、好感，很大程度上取决于非言语行为的传达。

那么，您怎样做才算是恰当地应用非言语行为呢？

首先，您的非言语行为应与言语行为的表达保持一致。倘若您对孩子说："我尊重你，我关心你的喜怒哀乐。"然而，您的眼睛却在东张西望，双手交叉胸前，翘着二郎腿，晃荡着椅子。这样的动作、神态很难使孩子相信父母对他有所关注。

其次，家长要有意识地控制自己的非言语行为，不要让它暴露出您可能引起子女失望、扫兴的感受。有时，孩子正兴致勃勃地向您叙述着什么，而您对叙述的东西不感兴趣或心中有事，于是对子女的话毫无反应，或无意识地皱着眉头，有意无意中表现出了不耐烦。这种信息会影响到子女继续叙述的积极性，让他们觉得扫兴、失望，甚至怀疑父母对他们的爱。

因此，非言语行为的运用是否恰当，直接影响到亲子交流是否顺利、您的本来意愿的真实表达，以及彼此的交流是否能够促进子女成长。

（李百珍 李 佳）

做／孩／子／的／心／理／医／生

实战实用术1——精神分析术

◎精神分析——人是本能和过去的奴隶

　　弗洛伊德是20世纪最伟大的心理学家，西方一些心理学家惊呼："很难找到心理学或精神病学的一个领域未曾受到弗洛伊德思想的影响。他的学说曾经激起无数富有成果的假说和鼓舞人心的实验。它的影响在社会学和人类学方面也都是同样不可估量的。"精神分析（有的称心理分析、心理动力学）是临床心理学史上最早的专门心理治疗的方法，在行为治疗方法产生之前的几十年内，它是唯一的心理咨询的方法，至今仍对心理咨询有不可估量的影响。

　　家长朋友要做子女的"心理医生"，学习并应用精神分析的基本观点，对深入了解子女的内心世界，有的放矢地协助孩子进行心理调适，是十分有用的。

　　在精神分析的基本理论中，与心理健康有关的内容有哪些呢？主要有以下三方面，我们逐一为家长朋友们介绍。

◎无意识

弗洛伊德有一个重要的观点就是：无意识的心理活动是一切意识行为的基础。什么是无意识？弗洛伊德认为：人的精神生活由两个部分组成，即意识和无意识（也叫潜意识），中间夹着的很小部分为前意识。

人们在清醒状态下，对自己所想、所做的事的动机是清楚的，即自己知道为什么要这么想、这么做，这种心理状态就是意识。意识是人们直接感知到的有关心理部分，这一部分在弗洛伊德的理论中不很重要，他认为这仅仅是人的心理活动有限的外显部分。弗洛伊德曾做过这样的比喻，认为心理活动的意识部分好比冰山露在海洋面上的小小的山尖，而无意识则是海洋面下边那看不见的巨大的部分。

弗洛伊德认为，无意识是指人们在清醒的意识下面还有潜在的心理活动，它是各种人类社会伦理道德和宗教法律所不能容许的、本能的冲动与欲望，它被压抑到无意识之中了。这些本能的冲动、欲望，被压抑到无意识之中，就老老实实地不活动了吗？不是的，它们并不安分，它们在无意识中积极地活动着，不断地寻找出路，追求满足。

弗洛伊德认为在正常人与心理患者的行为中，都可以看出这种无意识的心理活动。例如，强迫洗濯的患者，无休止地洗手、洗衣服，大大地影响了正常的工作和生活。他们在理性上清楚地知道这么洗并不十分必要，不想去洗。但内心深处的想法却是非洗不可，对此，他自己也讲不出道理，这个强烈的动机潜伏在无意识之中。这些东西会以梦、口误、笔误、记忆错误等方式出现，久而久之这种病态的压抑则可能导致心理疾病。

精神分析的实质就在于揭示无意识中的内涵，使患者得到意识的领悟，这样症状也就会随之逐渐消失。

◎本我、自我和超我

　　把人格结构分为本我、自我和超我三部分，这是弗洛伊德晚年的学术贡献。"本我"（id）是与生俱来的、潜意识的结构部分。它代表生物本能和欲望，受"利比多"驱策，按照"快乐原则"行事。这是一种儿童的思想、行为模式，新生儿的人格结构主要是本我。

　　"自我"是人格的意识结构部分，是在与环境接触过程中由本我发展而来的。一部分是无意识的，一部分是意识的，而主要是意识的；它受"现实原则"支配；防止被压抑在无意识中的东西扰乱意识；它还要在超我的指导下，去驾驭本我的要求。这样看来，自我同时在侍奉3个严厉的主人：超我、本我和现实。

　　"超我"（superego）也称理想自我。超我是在社会化的过程中，将道德规范、社会要求内化为自身的良心，理性，对个体的动机、欲望和行为进行管制。凡是不符合"超我"要求的活动，就会引起良心的不安、内疚甚至罪恶感。

　　本我、自我、超我三者之间是不是毫不相干呢？弗洛伊德认为本我、自我、超我之间不是静止的，而是有着不断的交互作用的。在一个健康的人格中，这三种结构的作用是均衡协调的。他认为，如果三者之间不能保持这种动态的平衡，则会导致心理失常。一位处于青春发育期的少年爱上了一位女生（本我），而严格的家庭教育使其内化为自己的理念：早恋的人是没有出息的，甚至是不道德的（超我）。现实的我（自我）便强烈地压抑自己对那位女生的感情，越压抑，那份情感越强烈。这位少年在痛苦中煎熬。

　　"自我"同时服侍着三个严厉的主人：外部世界、超我和本我，而且要

使它们的要求和需要相互协调。"它感到自己在三个方面被包围了，受到了三种危险的恐吓。如果它难以忍受其压力，就会产生焦虑作为反应"。这时自我怎么办？焦虑的产生促使自我发展了一种机能，用一定的方式调节冲突，缓和三种危险对自我的威胁。使现实能够允许，超我可以接受，本我又有满足感。这种机能就是心理防御。

◎心理防御机制

　　家长朋友们，我们可以将心理防御机制比喻成一种保护心灵的工具，它可以缓和外部世界、本我及超我三者对自我的威胁，从而使我们保持平衡的心态。那么，您也许会问：了解心理防御机制，对于教育子女又有什么意义呢？实际上，您的子女在日常的生活、学习以及与您交流的过程中，常会运用一些心理防御机制，以此来掩饰自己的真实感受或维护他们小小的虚荣心。当您了解了我们向您介绍的心理防御，以及其多种有趣的表现形式，将有利于您更细致、更真实、更深入地了解子女的内心世界。心理防御机制有以下几种：

一、合理化

　　《伊索寓言》中的狐狸吃不到葡萄便说葡萄酸。又如，有的孩子在班长的竞选中失利，便说我还不愿意当那个耽误学习时间的班长呢。这种认为自己得不到或者没有的东西，就是不好的心理现象，即叫做"酸葡萄"心理。另一种是"甜柠檬"心理。具有"甜柠檬"心理的人，认为凡是自己所有的东西都是好的。柠檬本来是酸的，他却认为它是甜的，这样，可以减少得不到时的失望与痛苦。比如，有的青少年天资稍差，智力平平，便安慰自己说，"傻人有傻福"；有的人东西被摔坏或被偷了，就说"岁岁（碎碎）平安"、"破财免灾"、"旧的不去，新的不来"。这种知足常乐的心理防御机制，不失为一种帮助人们接受现实的好方法。"酸葡萄"、"甜柠檬"效应是比较典型的合理化现象。

合理化是人们运用得最多的一种心理防御，它不承认自己行为的真正动机、需要和欲望，用有利于自己的理由来辩护，以免除内心的不安，从而为自己解脱。例如，有一些子女对自己考试成绩差，不实事求是地分析自己个人的原因，却在家长面前，将自己的成绩不好归咎于教师教得不好，或者强调考试的时候环境差等原因，以免除因自身努力不够产生的心理压力。

合理化运用得好，可以缓和心理气氛，消除心理紧张，减少攻击性冲动和行为产生；若运用过度，则会降低人们的上进心，妨碍人们去追求更高的标准。

二、压抑

压抑指把意识所不能接受，为社会伦理道德所不容，超我所不允许的冲动、欲望，抑制到无意识之中。它是最基本的一种心理防御机制。虽然自己不能意识到，但被压抑的冲动与欲望并未消失，仍然在无意识中积极地活动，而且可能不知不觉地影响到人们的日常行为，使人产生莫名的症状。例如：一个想逃学的孩子，总是自己制造伤病，结果不能上学，但自己并不能认识到自己的这种想法。又如，一个孩子两年高考不理想，第三年高考前突然失明，经检查未发现任何器质性的病变，高考过后又复明了。这表现了这个学生压抑到无意识中的、对高考的厌恶和逃避的心理。

三、投射

把自己不能接受的欲望、感觉或想法投射到别人身上，以免除自我责备的痛苦。比如，一个打架的儿童反而责备对方先动手，他才还击的。又如，笔者临床中的一位女子，因为对丈夫不满，自己有寻求婚外情的念头；但是丈夫

对她无微不至的关怀，使她常常为自己有寻求婚外情的念头感到内疚、自责。她把自己不能接受的欲望投射到他的同事身上，说她的同事怕暴露过去的婚外情而自责，而达到自我防御的目的。

四、内射与仿同

内射是一种与投射相反的心理防御术，它将外界的因素吸收到自己的内心，成为自己人格的一部分。比如，有个孩子在墙上乱涂乱画，影响了墙壁的美观、整洁，被父亲批评这是不应该做的，他就不敢再画了。假如此事重复了数次，父亲的批评就渐渐地内射到这个孩子的头脑里，以后即使父亲不在场，他也不在墙上乱涂乱画了。从这个事例看出，父亲的道德、价值观念已经被这个儿童内射到自己的性格中了。"孟母三迁"故事中的孟母不断搬迁，选择好的邻居，期望好邻居的优秀品行能够变为孟子的品行的做法，就是在不知不觉中利用了内射的机制。"近朱者赤，近墨者黑"的现象就是内射的结果。

有选择性地吸收、模仿某些特殊的人或事物，我们叫它"仿同"。例如：许多追星族的孩子有意识地模仿他们喜欢的歌星或球星的举止行为，这是消极的仿同。一些有上进心的孩子有意识地模仿、学习英雄模范人物，女排、刘翔等奥运健儿的远大的理想、志向，以及他们英勇顽强、不屈不挠的意志品质，就是积极的仿同。

仿同了正确的态度、行为，对人格成长有益；仿同了错误的态度、行为，对人心理发育不利。充满矛盾的仿同，容易导致多重性格的出现。家长朋友不难看出，为了您子女的人格健康成长，您应该引导子女仿同什么。

五、否认

否认是有意识或无意识地拒绝承认那些使人感到焦虑、痛苦的事件，以减轻自己的心理压力。例如，拒绝承认亲人的亡故，仍坚持说自己的父亲没有

死；又如，儿童不慎将花瓶摔碎后，知道闯了大祸而用双手把眼睛蒙起来，不敢再看已被摔碎的物品，其情形如同沙漠里的鸵鸟，当被敌人追赶而难以逃脱时，就把头埋进沙里一样。这种"眼不见为净"，即为否认的表现。

六、退行

当人们受到挫折无法应对时，即放弃已经学得的成熟的态度和行为，而使用以往较幼稚的方式来应对挫折的行为叫退行。

随着年龄的增长，一个人的人格是会逐步走向成熟的。因此，人在长大以后对事物的应对方式会变得比较成熟。不过，有时候人们在遭受外部压力和内心冲突不能处理的时候，借此退回到幼稚的行为以获得某种心理满足，这就是退行。例如，有一位5岁幼儿，本来已经学会了自行大小便，可是后来又开始尿裤子、尿床了。经了解，这家最近添了一个弟弟，母亲把全部精力都放在弟弟的身上而无暇顾及他，这位男孩发觉自己不能像从前一样获得母亲周到的照顾，就产生了退行行为。又如，性变态患者用幼儿性活动方式来获取成人非常态的满足，像小儿一样在异性面前裸露生殖器，就是病态退行的例子。

一个成熟的人遇到困难的时候经常退行，使用较幼稚的方法应对困难，或利用退行来获得他人的同情和照顾，以避免面对现实问题或痛苦，就成了心理问题。例如，一个中学生在与同学发生矛盾不能解决时，还像幼儿那样躺在地上撒泼，就不正常了。又如，一个人在幼年时遇到困难常有头痛、肚子痛、手脚麻木等症状，且症状一出现，既可以不上学或不考试，又可以得到父母特别的照顾；长大以后，遇到不能应对的困难时，就说头痛、肚子痛，以此逃避现实的困难。

七、固着

心理未完全成熟，停滞在某一发展水平叫固着。一般15、16岁少年的责任心、意志品质的心理发展水平应该能够自觉地完成学习任务，有些少年却还

需要接受如儿童学习时的监督，说明他的心理未完全成熟，停滞在儿童的心理发展水平。

八、转移与移情

转移是指因为某种原因无法将喜爱、憎恶、愤怒等情绪向其对象直接表达与发泄，而转移到其他对象身上。"迁怒"就是该机制的典型实例，通过迁怒可减轻感情上的痛苦。

例如，一位学生受到教师的批评，心中很恼怒，但是又不能向教师直接发泄。这时，另外一同学偶然与其开玩笑，他便会将内心的恼怒发泄在这一同学身上。

又如，一位两岁的孩子常常抱着小枕头玩不放手，家长管教也无效。原来，这个孩子半岁时其外祖父病重，母亲为了照顾老人，便将他留给父亲抚养。每当该婴儿哭泣时，他的父亲便把一个枕头扔给他让他玩，这孩子就常常把枕头角当成奶头吸吮或玩弄。这是他把对母亲的依恋转移到枕头上了。

恐怖症患者所惧怕的对象，大都是正常人不值得恐怖的，原因是在无意识中将真正恐惧的对象置换为不值得怕的对象。

一对姐妹同时爱上了一位男士。结果是该男士娶了姐姐，并生有一儿一女。后来姐姐不幸病故，该男士便续弦娶了妻妹为妻。婚后妹妹善待男孩，却莫明其妙地常凶恶地打骂女孩。经心理分析，其潜意识里认为姐姐抢走了自己的恋人，内心愤怒，便不知不觉地把对姐姐的仇恨，发泄到长得酷似姐姐的女孩身上。

转移作用在心理治疗过程中经常出现。当事人常常在不知不觉之中，把幼年时对自己比较重要的人物（通常是父母）所表现的关系，转移到心理医生身上，形成了当事人与心理医生的职业关系以外的另一种关系，即为"移情关系"。移情指患者把自己在儿童时期对父母的情绪依恋关系，转移到他人身上，他人成了他的双亲的替身。

移情可分为正移情和负移情。什么是正移情？当事人对心理医生产生爱慕之情，并且希望从他身上得到爱怜是正移情。笔者在临床中与其他女性心理医生一样常常被当做母亲，并且来访者希望从中得到母亲般的爱怜。负移情是指当事人感到心理医生如同自己的双亲那样不公正、冷酷、可恨，并且对他控诉自己在童年时期所受的不公正待遇。

九、抵消

以从事某种象征性的活动抵消、抵制一个人的真实的感情。如有的儿童因为碰到桌子使自己的手很疼，便责骂并且抽打桌子，来抵消由于疼痛引起的不愉快。

十、反向作用

把无意识之中不能被接受的欲望、冲动，转化为意识中相反的行为。例如，笔者女儿幼时对一位不苟言笑的邻居叔叔有些恐惧的心理，但她却对该叔叔表现出过分的热情，每当见面时，她便主动与之打招呼。另外，在恐怖症中，有的患者内心十分希望接近异性，而表现出的却是非常恐惧异性，就是该机制。

十一、幽默

幽默是通过有趣、可笑又意味深长的言行，达到既可以避免自己的心理不平衡，又不使他人感到不愉快的情绪表达方式。

例如，古希腊著名哲学家苏格拉底的妻子脾气非常暴躁。一天，当苏格

拉底在与一位客人畅谈时，他的妻子忽然跑进屋来大骂苏格拉底，有修养的苏格拉底并没有还击。他的妻子接着将一桶水倒在苏格拉底头上，全身都湿了。面对着尴尬的情景，苏格拉底莞尔一笑，对着客人幽默地说："我早就知道'电闪雷鸣'之后，一定会'倾盆大雨'的。"经苏格拉底幽默的话语，就把尴尬的情景解除了。

自嘲是一种高境界的幽默。例如，某人近来常受他人欺负，又因无法反抗而难过，就自我解嘲说："虎落平原被犬欺。"在心理上获得满足，暂时可以减轻自己不愉快的情绪。

一般说来，幽默是一种高尚、成熟人的心理防御机制。人格发展较成熟的人，常懂得在适当的场合使用合适的幽默，适当地表达自己的意图。

十二、代偿

身体或心理上有缺陷的人可在其他方面力争得到发展，使自卑心理得到代偿，以解除因这些缺陷而带来的痛苦。所谓"失之东隅，收之桑榆"，便是代偿作用。例如，失明的人经过努力，听觉、触觉可能比一般人更强，可能成长为歌唱家、演奏家或某方面的能工巧匠。

十三、升华

升华是指把为社会、超我所不能接受，不能允许的能量，转化为建设性的活动能量。这是一种积极的心理防御机制。如居里夫人将失去丈夫的痛苦，转化成为人类的原子能事业而奋斗的能量。

十四、利他作用

利他作用是指采取一种行动不仅能满足自己的欲望与冲动，同时又可以帮助他人、有利于他人，受到社会赞赏的一种心理防御机制。它是一种与升华作用类似的、积极的心理防御机制。例如，一位因归属需要、交往动机十分强烈的少年，为了有更多的机会与其他同伴在一起，他便经常积极主动地帮助一些同学做事。

家长朋友，请您正确审视这些表现，哪些是积极的心理防御，又有哪些是消极的心理防御，要引导孩子学习、保持积极的的心理防御，克服、消除消极的心理防御。使您的子女的人格健康发展。

◎恋母情结

无论是通过您自己的经历，还是通过朋友那里了解到的亲子关系的一些事例，您从中是否发现了一个有趣的现象，就是男孩子与妈妈的关系比较亲密，而女孩子则与爸爸的关系更好。这是怎么回事呢？弗洛伊德回答了这个问题。

性欲是弗洛伊德在无意识的本我动机中所列的主要欲求之一。因为在他诊治的大多数病人中，性生活的压抑或畸形乃是造成心理失常的重要原因。看到这里，有的人会想，怪不得弗洛伊德会遭受那么多人的批评，把什么病都看成是"性"的原因，是不是太淫秽了？我们还是不忙着批评他老人家，先了解一下他的有关性的含义，再发议论也不迟。弗洛伊德所说的性的含义是什么呢？他所说的性不仅仅只是以生育为目的的成熟的两性性生活，而且还包括了广泛内容的身体快感，甚至包括心情愉快、工作上的乐趣和爱好，友谊和其他的柔情。他认为人的这种性欲望生来就有，只是每个阶段有不同的心理行为表现，其对象也不尽相同而已。他的关于"性"的认识与仅仅把成熟的性行为看成"性"的认识当然不同，因而被人们批评为"泛性论"。

弗洛伊德认为，在性的后面有一种潜力、动力常驱使人去寻求快感，这种力称为"利比多"。弗洛伊德认为，性心理的发展过程如果不能顺利进行，停滞在某一发展阶段，即发生固着；或在个体受到挫折后从高级的发展阶段，倒退到某一低级的发展阶段即产生了退行。如性变态患者用幼儿性活动方式来获取成人不正常的性欲满足，像小儿一样在异性面前裸露生殖器，就是病态退行的例子。这就可能导致心理异常，成为各种神经症、精神病产生的根源。

在性心理发展中，弗洛伊德有一个著名观点：他认为人在幼年时期，对异性双亲的眷恋现象是人类普遍存在的特征之一。他把这种现象称为俄迪浦斯情结（又称恋母情结）。它援引古希腊神话中俄迪浦斯王"无意识"地杀死了父亲却迎娶了母亲的故事。说明了男孩子都依恋母亲而仇视父亲。而女孩子则相反，喜爱父亲而嫌弃母亲。儿童的这种情感是为社会伦理道德所不容的，因此受到压抑。"情绪"是被压抑的欲望在无意识中的固结，是一种心理创伤。解决这种情绪的方法是儿童在发展中把他自我的一部分视为与双亲一体的部分，形成超我，遵守社会道德规范的要求。但是这个问题若解决不好，人就会焦虑以至形成神经症。

◎精神分析治疗原理——认识无意识的症结

精神分析治疗原理是认识无意识的症结。精神分析认为症状都是本我的冲动、欲望与自我冲突的结果，是无意识的症结。精神分析治疗的原理就在于寻找症状背后无意识的动机，使之走进意识的层面。也就是通过分析，使患者认识到它的无意识中的症结，真正了解症状的真实意义——产生意识的领悟，症状便可消失。

因此，治疗的关键也就在于根据精神分析的理论对其致病的原因进行分析，促使患者对内心矛盾的领悟。下面，我们列举一些案例，帮助您了解如何进行精神分析。

案例1：她为什么有杀害自己孩子的念头

来自劳克林的案例。

患者，女性，30岁，几年来有一种冲动念头，要杀死或伤害她自己的孩子，常想要把孩子从窗口扔出去。她很爱她的孩子，但不知这种想法和冲动产生的原因，为此非常痛苦。这是一名强迫症患者。

在心理治疗中，要让患者认真回忆她（他）的生活经历。她是长女，有弟弟、妹妹各一人。小时候，她必须帮助母亲照顾弟弟、妹妹，几年得不到父母的抚爱和关心，因而痛恨弟妹。她曾幻想如果没有他们该多好；也有害死他们的念头，并为此产生过自罪感和焦虑。这些幻想和仇恨的感情都被压抑到无意识之中。成年后，她很爱自己的弟妹，她不承认也不能忍受曾有过对弟弟、妹妹产生恶念，但早期的恶念并没有消失。它利用转换机制，用她自己的孩子转换成弟弟、妹妹，把仇恨统统发泄到孩子身上，造成当前强迫性冲动症状。

这位患者赞同医生的解释，理解了早年有过的仇恨感情与现时症状之间的关系，强迫症状即逐渐减轻以至消失。

我为什么有杀害自己孩子的念头？

案例2：他为什么见人脸红

某男青年，随父母在荒凉的石油基地长大。一年多以来见人紧张，脸红、手心出汗；尤其是见到陌生人、异性时，感到特别恐惧。经诊断，他患了赤面恐惧症。

治疗者鼓励他回忆与该症状有关的生活经历。他不断责备自己的手淫习惯，其他的却回忆不起来。经心理医师的多次启发，他朦胧回忆起几乎被遗忘的一件往事：几年前，一次他同父母去姑母家做客，因吃饭时喝了酒，便昏沉沉地回卧室休息，随手拿起一本杂志看，其中有男欢女爱的描写，他产生了强烈的性冲动，便手淫了。当他在"腾云驾雾"中，沉浸在享受性欲望的满足时，有人推门进来，蒙蒙之中，他从脚步声推断来人是姑母。

【精神分析】

这个案例中的患者，主要是因性心理发展过程中的障碍，从而导致他患赤面恐惧症。

第一，这个男孩幼年是随父母在荒凉的石油基地生活，封闭的生活环境使他很少有与人特别是与异性接触的机会；当他进入青春期，性腺成熟，有了成熟的性欲和自觉的性意识以后，在姑母家，被那本杂志中有关性内容刺激，诱发了他的手淫行为，满足了他的性冲动。但是传统的道德规范——手淫是不道德的、羞耻的、罪恶的想法，内化为他意识中强烈的自罪感。正是这种自罪感，造成了他见人紧张、脸红等症状——通过逃避他人来隐匿自罪感。

第二，根据弗洛伊德的理论，性不仅仅只是以生育为目的的成熟的两性性生活，而且还包括了广泛内容的身体快感。人的这种性欲望生来就有，只不过被压抑到了人的无意识中，但是无意识仍然在活动。这位青年通过手淫来满足自己的性欲望，但传统的伦理道德规范认为手淫是不道德的，这已经内化到这位男孩的内心世界里。这种道德规范约束着他的行为，但是自我的力量又不够强大，因此，在生理的性冲动与自我约束之间就形成了心理冲突。随着时间的推移，这一事件的记忆渐渐在意识中被淡忘，被压抑到无意识中；但它并不会消失，反而会在无意识中积极地活动。压抑是一种最重要的心理防御机制，其本质就是掩盖，掩盖的结果是暴露。这个男孩见人紧张、脸红、恐惧，这正暴露了他内心强烈想见人的动机和愿望。

第三，当他在姑母家看到了杂志中有关性的描写，并产生了性冲动的时候，恰巧姑母进来。他意识中有一个先入为主的想法——手淫是件"不光彩"的事情，他的这种"坏"行为违反了社会道德规范，认为自己是"坏"孩子。这使他产生了强烈的羞耻感，同时，也背上了沉重的精神负担。主观上一方面他怕姑母看见，另一方面，他更怕姑母看见后告诉他的父母，甚至更多的人，人们都会认为"他是个坏孩子"。这种心态使他随时都做好了被别人指责的心理准备，直接导致了他在与人接触时紧张、脸红。

通过精神分析，该青年患赤面恐惧症的原因是：由于他具有很强的内化、压抑等心理防御机制，驱使他不断地将自己本能的性欲望、性冲动压抑进无意识中加以掩盖，但掩盖导致了更大的暴露——见人脸红、恐惧。

（李百珍）

做／孩／子／的／心／理／医／生

实战实用术2——行为疗法

◎什么是行为疗法

行为疗法也叫行为矫正法，是在20世纪50~60年代发展起来的。

任何心理咨询与治疗的方法，都是以一定的心理学的原理为基础的，行为疗法是以巴甫洛夫的条件反射等经典原理为基础的。有些实验是非常有趣的，您想知道吗？

案例：把狗"教"成神经症

俄国著名生理学家巴甫洛夫（Z. P. Pavlov）在他的实验室研究狗的消化过程，无意中发现应答性的条件反射作用，竟然把狗"教"出了神经症。神经症也是能"教"出来的？您可能不信，但这是真的。他是怎么"教"出来的呢？

巴甫洛夫通过条件反射的原理去训练狗，把狗训练得每当看见椭圆图形的时候就流口水，看到圆形时不流口水；然后把椭圆图形逐渐变圆形，狗就再也不能辨别椭圆形（该流口水）与圆形（不该流口水）的时候，也就是在狗无所适从的时候，竟会出现精神紊乱、狂吠、哀鸣，并咬坏仪器等神经症的症状。就这样，巴甫洛夫就把狗"教"成了神经症了。

　　其他实验研究也表明，许多伴有强烈的情感和情绪反应，比如抑制不住地发脾气、内脏的反应等等，都可以理解为是习得（通过学习获得）的条件反应。有一些行为治疗家提出：许多人类的不良行为都是习得的。

　　美国著名的心理学家、行为主义理论创始人华生（J. B. Watson），在20世纪20年代做过一个实验。他在原来很喜欢动物的幼儿与小白鼠一起玩时，突然敲锣发出声响，引起幼儿的恐惧。这样做了好几次以后，幼儿就在小白鼠与巨响之间建立了条件反射。于是，当动物出现时，幼儿就表现了恐惧、哭闹、不安的情绪反应，并且，儿童见到其他带毛动物也会产生恐惧的情绪。这个实验说明了什么呢？儿童对小白鼠的恐惧不安的情绪是习得的。所以，心理学家华生认为，我们无论成为什么人，都是后天学习的结果。而且他认为人类习得的不良行为，也可以通过学习而设法消除掉。他有一句著名的话，他夸口说："给我一打健康的婴儿，并在我设置的特定环境中教育他们，那么任意挑

选其中一名婴儿，不管他们的才能、嗜好、性格和神经类型等种种因素如何，我都可以把他们训练成我所选定的任何专家、医生、艺术家、商人乃至乞丐和小偷。"

◎行为疗法在家庭心理健康教育中的应用

行为疗法的技术有许多种。下面我们向家长朋友介绍以下几种，这几种行为疗法有助于您以及您的子女调节焦虑、恐惧、抑郁等不良情绪，并且便于操作。您可以根据自己的需要恰当地选择，并应用于家庭心理健康教育中。当然，有些技术只能在相应的医院或学校里进行。当您自己或子女需要应用这些相应的技术时，您对其事先有所了解，同样有助于您及您的孩子自觉地、积极地配合治疗，增强疗效。

一、放松技术

放松技术适用于焦虑症，特别对预防、减轻子女的考试焦虑有特殊的作用。它可以帮助克服焦虑、消除疲劳、稳定情绪、振奋精神。它的功能在于能放松全身肌肉、消除自我抑制状态，促进血液循环、平稳呼吸，增强个体应付紧张事件的能力。在方法上简便易行，经过简单学习便可自行操作，是孩子自我减轻和消除考试焦虑的非常好的方法。

下面，我们向您介绍几种放松技术的具体做法，其中包括：一般放松训练、想象放松法、深呼吸放松法、动作放松法。

1．一般放松训练。

环境要求：房间要求安静、整洁，陈设简单，光线柔和，周围没有噪音和干扰。

声音要求：治疗者在训练时，说话声音要低沉、轻柔、安详和愉快，吐字要清楚，发音要准确。

准备工作：让接受放松训练者靠坐在沙发上，尽量坐得舒服，轻轻地闭上眼睛，然后，告诉接受训练者：

"现在，我教你怎样使自己放松。为了做到这一点，我先让你体验紧张，然后再放松。因为只有知道了紧张的感觉，才能更容易体验出什么是放松的感觉，从而学会如何保持这种感觉。"

"好，现在先体验一下肌肉紧张的感觉。"（治疗者用手握住对方的手腕）"请你用力弯曲前臂，与我的拉力形成对抗。请用力回收前臂，这样来体验肌肉紧张的感觉。"（约持续10秒钟）"好，请你放松，不要用力，尽量放松，体验感受上的差别。"（约停顿5秒钟）

"刚才我们做的就是紧张、放松的基本练习。下面逐步进行主要肌肉群紧张与放松的练习。首先从双手开始，然后是双臂、脚、下肢，最后是头部和躯干。"（稍停一会儿）

"请你现在这样做……"

第一步：

"深深地吸进一口气，保持一会儿，再保持一会儿。"（约10秒钟）"好，请慢慢地把气呼出来，慢慢地把气呼出来。"（停一会儿）"现在我们再做一次。请你深深地吸进一口气，保持一会儿，再保持一会儿。"（约10秒钟）"好，请慢慢地把气呼出来，慢慢地把气呼出来。"（停一会儿）

第二步：

"现在，伸出你的前臂，握紧拳头，用力握紧，注意你的手紧张的感觉。"（约10秒钟）"好，请放松，完全放松你的双手，体验放松后的感觉。你可能会感到沉重、轻松和温暖。"

第三步：

"现在，弯曲你的双臂，用力弯曲，绷紧双臂的肌肉，保持一会儿，感受双臂肌肉的紧张。"（约10秒钟）"好，放松，完全放松双臂，体会放松后的感受，注意这些感觉。"（停一会儿）"我们再做一次。"（同上）

第四步：

"现在，开始练习放松双脚。"（停5秒钟）"好，绷紧你的双脚，用脚趾抓紧地面，用力抓紧，用力，保持一会儿，再保持一会儿。"（约10秒钟）"好，放松，完全放松。"（停一会儿）"我们再做一次。"（同上）

第五步：

"现在，放松小腿的肌肉。"（停5秒钟）"请你将脚尖用劲向上翘，脚跟向下，紧压地面，绷紧小腿的肌肉，保持一会儿，再保持一会儿。"（停一会儿）"好，放松。"（停一会儿）

第六步：

"现在，请注意大腿肌肉。"（停5秒钟）"请用脚跟向前向下压紧地面，绷紧大腿肌肉，保持一会儿，再保持一会儿。"（约10秒钟）"好，放松，完全放松。"（停一会儿）"我们再做一次。"（同上）

第七步：

"现在，注意头部肌肉。"（停5秒钟）"请绷紧额头的肌肉，皱紧额头，皱紧额头，保持一会儿，再保持一会儿。"（约10秒钟）"好，放松，完全放松。"（停一会儿）"现在，请紧闭双眼，用力紧闭双眼，保持一会儿，再保持一会儿。"（约10秒钟）"好，放松，完全放松。"（停一会儿）"现在，转动你的眼球，从上，到左，到下，到右，加快速度；好，现在朝相反的方向转动眼球，加快速度；好，停下来，放松，完全放松。"（停一会儿）"现在，用舌头顶住上腭，用劲上顶，保持一会儿，再保持一会儿。"（约10秒钟）"好，放松，完全放松。"（停一会儿）"现在，请用力把头向后靠紧沙发，用力压紧，用力，保持一会儿，再保持一会儿。"（约10秒钟）"好，放松，完全放松。"（停一会儿）"我们再做一遍。"（同上）

第八步：

"现在，请注意躯干的肌肉群。"（停5秒钟）"好，请你往后扩展双肩，用力往后扩展用力扩展，保持一会儿，再保持一会儿。"（约10秒钟）"好，放松，完全放松。"（停一会儿）"我们再做一次。"（同上）

第九步：

"现在，向上提起你的双肩，尽量使双肩接近你的耳垂，用力上提双肩，保持一会儿，再保持一会儿。"（约10秒钟）"好，放松，完全放松。"（停一会儿）"我们再做一次。"（同上）

第十步：

"现在，向内合紧你的双肩，用力合紧双肩，用力，保持一会儿，再保持一会儿。"（约10秒钟）"好，放松，完全放松。"（同上）

第十一步：

"现在，请抬起你的双腿，向上抬起双腿，弯曲你的腰，用力弯曲腰部，用力，保持一会儿，再保持一会儿。"（约10秒钟）"好，放松，完全放松。"（停一会儿）"我们再做一次。"（同上）

第十二步：

"现在，紧张臀部肌肉，上提会阴，用力上提，用力，保持一会儿，再保持一会儿。"（停一会儿）"好，放松，完全放松。""我们再做一次。"（同上）（休息2分钟，再从头做一遍。）

结束语：

"这就是整个放松过程。现在，你感受身上的肌肉，从下向上，使每一组肌肉处于放松状态。首先（慢），你的脚趾、脚、小腿、大腿、臀部、腰部、胸部，你的双手、双臂、脖子、下巴，你的眼睛，最后，你的额头，全部处于放松状态。"（约10秒钟）"请注意放松时的温暖、沉重、愉快的感觉。请将这种状态保持1～2分钟。然后，我从1数到5。当我数5时，请你睁开眼睛。这时可感到平静、安详、精神焕发。"（停1～2分钟）

"好，当我数到5时，请你睁开眼睛，能感到平静安详、精神焕发。①感到平静；②感到平静安详；③感到精神焕发；④感到非常精神焕发；⑤睁开眼睛。"

放松训练注意事项：

（1）第一次进行放松训练时，治疗者与接受训练者同时做，这样可减轻接受训练者的焦虑程度，并能提供模仿的信息。

（2）放松的引导语，有录音和口头两种。但口头语在训练开始时，更便于接受训练者接受和掌握。

（3）在放松的过程中，要帮助接受训练者体验身体放松后的感受，并嘱咐他们回家后每天做一次，每次15分钟。

2．想象放松法。

在心理咨询和治疗中，想象技术是最常用的技术之一。做想象放松前，要求放松地坐好、闭上双眼，然后由指导者（心理医生、教师或家长等）给予言语指导，进而由被指导者（来访者、学生或子女）自行想象。也可以自己先将指导语录音，用的时候放录音。在操作之前，需要事先了解来访者在什么情景中最感舒适、惬意、轻松。常见的情景是在大海边，指导语可以这样给出：

我带着愉快的心情，来到美丽如画的海边，周围静悄悄的没有一点声音。我轻轻地躺在松软如绵的海滩上，温暖、和煦的阳光照射在我的全身，我感受到了沙滩的绵软、阳光的温暖。微风带来一丝丝海腥味，海涛在有节奏地、轻柔地拍打着岸边，我赏心地聆听着这美妙的波涛声。我全身感到无比的松软、温暖、舒服。真的舒服、舒服极了，舒服极了。

指导者在给出上述指示语时，语气要柔和，语调要适中，节奏要逐渐变慢，配合呼吸。语言指导要具有形象性，引导练习者要展开想象。如果配有适当的、舒缓的音乐，效果会更好。可连续做3～4遍。根据笔者的临床实践证明，想象放松法简便易行，对减轻学习的心理压力，预防和治疗考试焦虑症有较好的疗效，您不妨在孩子学习紧张时或考试前，尝试指导孩子做一做。

3．深呼吸放松法。

在您的子女处在某些特殊的情况下，比如，在考试之前，容易感觉紧张，但是又没有时间和场地来慢慢练习上述放松方法。您可以指导子女，应用最简便的深呼吸放松法，帮助他们自我镇定。具体做法是首先站定，或者坐定，双肩下垂，闭上双眼，然后慢慢地做深呼吸。可合自己的呼吸节奏，内心默诵指示语：一呼……一吸……一呼……一吸……或者：深深地吸进来……慢慢地呼出去……深深地吸进来……慢慢地呼出去……该方法简单又立显效果，对青少年遇到应激情况，特别是应对考试前的紧张焦虑颇为有效。

4．动作放松法。

动作放松法是笔者在临床实践中，在深呼吸放松法的基础上，加上适当的动作放松，从而使其效果更佳。在做深呼吸放松时，当吸气时，两手握拳，两臂用劲，从身体两侧向胸前弯曲，身体微微后仰。当呼气时，两臂逐渐放松，由胸前向身体两侧缓缓放下，身体微微前倾。这可在平时操作，每日2~3遍，每遍10~15次。

二、系统脱敏法

系统脱敏法是最早的行为矫正技术，也叫"交互抑制法"。最早由沃尔普创立，适用于恐怖症以及和恐怖有关的神经症，如强迫症等的治疗。例如，一个年轻人害怕乘飞机，如果每次想到乘飞机的时候，当事人都很放松，并且感觉非常舒服（在治疗者的帮助下），那么，最终当事人乘飞机受到的刺激，就不再像以前那样能够激发起焦虑了。

下面，我们向您详细地介绍系统脱敏法的具体操作过程。系统脱敏法包括三个程序：肌肉放松，建立恐怖（或焦虑）的等级层次和脱敏治疗。

第一步：肌肉放松。

系统脱敏法的肌肉放松与放松技术中向您介绍的放松训练的方法相同。

第二步：建立恐怖（或焦虑）的等级层次。

（1）列出所有使患者感到恐怖（或焦虑）的事件，并报告出他对每一事件感到恐怖（或焦虑）的主观程度，这种主观程度可用主观感觉尺度来度量。这种尺度一般为0～100。

（2）将患者报告出的恐怖（或焦虑）事件按等级程度由小至大顺序排列。一般所建立的等级层次以6～10个左右为宜。

第三步：系统脱敏步骤。

（1）放松：让患者在放松的情况下进行脱敏练习。

（2）想象脱敏：由治疗者做口头描述，让患者进行想象。从等级层次中最低一个恐惧（焦虑）事件开始。如前面我们所举的实例中可以从考前一周的事件想象起。事先告诉对方，当他能清楚地想象此事时，便伸出右手（或左手）的一个手指向治疗者示意。此后，让患者保持这一想象中的场景30秒钟左右。

（3）停止想象：让患者报告此时感觉到的主观恐惧（焦虑）的等级分数。如上述学生考前一周想到考试的恐惧的主观程度可能由"20"下降至"10"了。

然后重复上述步骤，想象的时间在每一次可比上次略有延长（如第二次可由保持30秒增至保持1分钟），直至患者对此一事件不再感到焦虑或恐惧为止（一般达不到0，连续2～3次达到10左右即可）。然后，再对下一个事件进行同样的脱敏训练。在治疗过程中，一般在一次会谈时间内完成1～2个事件的脱敏训练为宜。

三、厌恶疗法

当对方的不适应行为出现时，则给予使对方厌恶的刺激，以此来消除不适应行为。厌恶刺激范围很广，包括治疗者的皱眉、摇头、口头训斥、给来访

者以皮肤针刺、适度的电击，使用催吐的药物等。这种方法对于矫治某些性变态行为、酒精或药物依赖和儿童少年的不良行为有较好的效果。例如：一位母亲为矫正她儿子偷窃的不良行为而采取了多种方法却毫无效果时，笔者向这位母亲建议，每当其子犯同类错误时，便令这个孩子口含黄连素药片，直到完全含化为止。

四、模仿学习法

模仿学习法又称"示范性疗法"。班杜拉指出：一个人仅仅通过观察其他人的行为反应就可以达到模仿学习的目的。"近朱者赤、近墨者黑"就是这个道理。

父母的行为对孩子的成长会有较大的影响。做母亲的遇事常惊慌失措、大惊小怪或习惯性退缩，孩子就可能学到类似的应激方式；而一位脾气暴躁、攻击性强的父亲也会使子女的攻击性强；疑病症的儿童往往来自特别关注疾病的家庭。影视节目中的凶杀暴力、色情、尔虞我诈以及封建迷信的画面常会潜移默化地影响人们的心理，尤其是对于年幼无知、社会分辨能力不足的中小学生，这些负面的效应不容忽视。

模仿学习在教育中运用得很多。家长温文尔雅，孩子也会有相应的行为；反之，家长言谈举止粗俗不堪，就很难培养出文明礼貌的学生。所以利用模仿学习法，家长优良的人格魅力、良好品德行为的示范，会对您的孩子的良好人格的形成具有重要的作用。又如，某集体为预防传染病要给每个孩子服一粒苦中药丸。一位有经验的教师自己先吃了一粒，又让一位平时不怕苦味的孩子站在小朋友们面前吃。全班孩子看着他俩"有滋有味"地咀嚼，似乎很香甜，便纷纷喊着："我也要吃，我也要吃！"不大工夫，所有孩子都吃完了苦药丸。这是教师利用模仿学习法，帮助孩子克服对苦药丸的恐惧心理的典型实例。

　　还可以采用听录音，看电影、电视或录像等方式，形成社会所需要的行为。一位不善于与异性交往而焦虑的青年，在观看了男女青年自然、得体的交往录像后，通过有意识地模仿学习，获得了与异性交往的能力。

　　家长朋友了解了模仿学习在子女优良行为和态度的形成中的重要性，为了子女的健康成长，作为家长的您需要有分辨能力，鼓励孩子主动接触在心理、品质方面都有良好表现的同学和朋友，多看一些对自己成长有益的书籍、电视等，有意识地模仿学习他们优良的行为、品质。指导孩子约束自己，远离那些有劣迹的人和黄色淫秽、暴力的电视和网络，以避免它们对自己的不良感染。

　　许多走弯路的孩子的事例告诉我们，淫秽、暴力游戏的电视和网络是害人的"毒品"，是沾不得的，沾了就上瘾，上瘾就荒废了学习、远离了社会。家长朋友要让孩子认识到网络是用来学习的，不是玩的。为了孩子健康、顺利地成长，家长要引导孩子有毅力来约束自己，像远离毒品那样，远离不良内容的网络游戏！

五、强化疗法

　　强化疗法又称操作条件疗法。它是指系统地应用强化手段去增进某些适应行为，以减弱或消除某些不适应行为的心理治疗方法。教师和家长对儿童、少年好的学习成绩的鼓励表扬，使儿童、少年学习的积极性更高；儿童因撒谎而遭到家长训斥或殴打，使他不敢再撒谎了，这均是强化的结果。

　　强化疗法是建立在操作性条件作用的原理之上的。例如，某一行为若得到奖赏，那么以后这个行为重复出现的频率就会增加；反之，得不到奖赏的行为出现的次数就可能会减少。

　　强化的类型：

　　（1）正强化：给予一个好刺激。为了建立一种适应性的行为模式，运用

奖励的方式，使这种行为模式重复出现，并保持下来。例如：一个胆怯的学生在课堂上举手发言，老师马上给予表扬和肯定；一个不爱劳动的孩子动手干家务活了，家长应予以奖励。强化的方式可以是给予喜爱的实物、金钱、代币，亦可以是微笑、点头、称赞和表扬。

（2）负强化：去掉一个坏刺激。为引发所希望的行为出现而设立。例如：较大的幼儿或儿童仍有吸吮手指的习惯，这种行为一出现就受到指责；一旦他不再吸吮手指了，立即停止对他的批评。

（3）正惩罚：施加一个坏刺激。这是当不适当的行为出现时，给予处罚的一种方法。这是给对方一种使之不快的刺激，如随地吐痰，当即罚款。实行正惩罚时，必须注意明确惩罚的内容是什么，目的是什么，时间要适当。

（4）负惩罚：去掉一个好刺激。这种处罚比之正惩罚更为常用。当不适当的行为出现时，不再给予原有的奖励。如小孩放学回家在路上贪玩，回家较迟，则取消他当晚看电视卡通片的"权利"。

家长如何批评子女——负强化法与正惩罚法

在我们的心理健康教育丛书中一再强调家长应该对子女以积极关注为主，即认为每一个子女都有积极向上的动机，有无限成长的潜能。家长要具备一双发现子女闪光点的眼睛，以鼓励、表扬子女的优点和进步为主。那么是不是不再对子女进行必要地批评教育了吗？我们的回答是否定的。因为在孩子成长的过程中，由于他们获得知识比较匮乏、生活阅历比较浅显，难免做事不够周全，甚至犯这样那样的缺点和错误。所以，对孩子的缺点和不足，特别是有意无意犯的错误不能熟视无睹，老师和家长要及时地给予指正和批评，让孩子知道他们错在什么地方，为什么错了，进而加以改正，以利子女的成长和进步。否则，对孩子做错的事情，没有及时加以批评、制止，他们自己又没有自知，缺点和错误就会延续下去，长此以往，小缺点、小错误积累起来，形成动力定型，就会酿成大缺点、大错误，家长再想矫正，就很困难了。所以，以鼓励表扬为主的心理健康教育，也不是绝对不能用批评教育的方法，这在心理学上称之为负强化法与正惩罚法。

那么，怎样批评孩子呢？尽管家长可以采取批评的方法教育子女，但是在批评孩子时，如果不讲究方式、方法，结果只能是"家长出了气、孩子不服气"，起不到应有的教育效果。批评的目的是为了使孩子矫正坏毛病，养成好习惯。基于此，家长应尽量避免使用简单粗暴的批评方式，而要采取灵活多变的批评方式，以取得良好的效果。

下面，我们向家长介绍一些灵活多变的批评方式。

第一，以柔克刚。

有位聪明异常的男孩丰丰特别不喜欢做作业，妈妈怎么说都听不进去。一次，妈妈语重心长地跟他说："你不写作业，妈妈就担心你基础打得不牢固，今后就会考不上好的大学，长大了没有工作，没吃没穿的。而妈妈一天到晚老是担心你，就会老得特别快了。"这个小男孩丰丰害怕自己年轻漂亮的妈妈变老，就乖乖做起了作业。

孩子虽然顽皮，但富有爱心。顽皮孩子被家长和老师批评多了，麻木了，会失去效果。如这位家长一样，去调动起孩子的爱心，回避直截了当的批评，就容易达到矫正不良习惯的目的。

第二，此处无声胜有声。

一个淘气的男孩小刚经常惹祸。母亲每次都大喊大叫，甚至抡起藤条抽打，却收效甚微。有一次他偷拿了商店的玩具，差点儿被送往派出所。母亲及时赶到，说服店主再给他一次机会。犯了错误的小刚，预料自己面对的一定是一场"电闪雷鸣、狂风暴雨"。但是回家后，让小刚十分诧异的是妈妈什么也没说，只是让他回房里去。家里静悄悄的没有一点声音，静得让小刚有些恐惧。他偷偷地看了看母亲，发现母亲静静地坐在椅子上，泪水流在充满忧伤和疲惫的脸上。这一刻，虽然没有任何语言的指责，小刚却感到如遭雷轰。为了抚育自己的成长，妈妈日常的操劳、呕心沥血的情景一幕幕展现在眼前。从此以后，小刚下决心，改过自新。

假如整天处在被打骂和训斥之中，孩子就会变得麻木不仁，进而破罐破摔，心想："我是坏孩子，那就坏下去吧。""反正你们不爱我了，也不需要你们管教。" 父母的训斥、打骂反倒筑起一堵高墙，阻断了亲子间的情感交流。这样做的结果，很难使孩子站在父母的立场上替父母着想，却增加了对家长的漠视和仇恨。

与之相反，如小刚的母亲那样，关键时刻用沉默代替语言，"此处无声胜有声"，面对子女的错误，家长所表现出的沉默，是对犯错误子女的无言谴责，孩子会受到强烈的震撼。这会促使子女对父母共情，站在父母的立场思考问题，深切体会到父母的痛苦和伤心，进而深刻反思自己所犯的错误，痛改前非。

第三，让你知道我的爱。

有个女孩性格非常倔强，整天跟父母对着干，妈妈采用了许多方法，都无济于事。一天，妈妈无意中翻出自己当年写的育儿日记，里面记录着女儿成长的轨迹，她拿出来念给女儿听。女儿出生时母亲的喜悦，女儿得病时母亲的恐惧，以及母亲对女儿的美好期望，全都写在这几本日记里。开始时，女儿是似听非听；渐渐妈妈对自己成长所做的无私奉献感染了该女孩，她听得入神了，眼睛里充满了泪花。终于，女孩忍不住扑到妈妈怀里，流着愧疚的眼泪，喊了声："妈妈，我错了。"

家长的爱是融化子女冰冷心的催化剂。孩子虽然倔强，似乎"刀枪不入"，但内心仍然涌动着对父母的爱的激流。她之所以表现出倔强，是因为她认为父母已经不再爱她了，所以与父母"对着干"；当她一旦理解了父母对自己的无私、深厚的爱时，她也就会用自己的爱来回报父母。

六、"奖励"错误

20世纪中国教育家陶行知先生当年任育才学校的校长。一天，他看到一名男生打同学，遂将其制止，并让他放学后到校长室。陶先生回到办公室，见男生已坐在办公室里等候。就掏出一块糖递给他说："这是奖励你的，因为你比我先到了。"接着又摸出一块糖给他："这也是奖励你的，我不让你打同学，你立即住手，说明你很尊重我。"男生将信将疑地接过糖果。陶先生又说："据了解，你打同学是因为他欺负女生，说明你有正义感。"陶先生遂掏出第三块糖给他。这时男生哭了，说："校长，我错了，同学再不对，我也不应该打人。"陶先生又拿出第四块糖说："你已经认错，再奖励你一块，我们的谈话也该结束了。"

陶行知先生给打同学的学生糖果，似乎在"奖励"错误：这不是鼓励学生动手打人的错误吗？其实不然。评价此行为应该看到陶先生的动机和效果。首先，陶行知先生对该生打人的态度是明确的，是否定的，"他看到一名男生打同学，遂将其制止，并让他放学后到校长室"。虽然采取了违反常理的做法——奖励糖果，但还是属于批评的行为，目的是制止打人行为的再发生。

这个故事虽然简短，却形象地告诉我们，批评孩子必须注意以下四点：

一要注意地点场合。身为校长，批评一个打架的学生，不当众令他认错、道歉，而是让他到校长室等候谈话。这说明陶先生讲究批评的环境艺术。青少年血气方刚，爱面子，如果在公共场合当众受到师长或家长的责罚，容易形成对立情绪，特别是该生是出于正义感，"打同学是因为他欺负女生"。所以，陶校长换个地点再个别谈话，使该生觉得成人给自己留面子，情绪先冷静下来，容易取得好的批评效果。

二要注意人格平等。往往批评者是老师或家长，有"我是教育者"的强势心理，容易使孩子产生心理阻抗——逆反心理。而陶行知先生则不然，他虽然位居校长，自己后于孩子到达约定地点，就主动进行自我批评，这种严于律己、尊重他人的品格，无疑给犯错误的孩子树立了人格榜样，从而形成平等、宽松的心理氛围，使该生消除对待批评的自我防御机制，易于接受批评。

三要在批评中挖掘潜在的优点，加以鼓励表扬。孩子犯了错误，批评时

不用"一点论"，而用"两分法"，既看到错误缺点，又看到长处优点。因而，老师和家长必须练就一双善于发现孩子潜在优点的敏锐眼睛。陶行知先生发现犯打人错误的孩子，先于自己来到校长室——该生对自己所犯错误的态度是好的。陶先生紧紧抓住该生知错、认错的良好苗头大加鼓励表扬，以利其进一步认识自己所犯的错误，进而改正自己打人的错误行为。

四要点到为止。打架孩子本是做好准备来经受校长"电闪雷鸣"和"狂风暴雨"式的严厉批评的，想不到这么快就"和风细雨"地解决了，还受到温暖的"奖励"。对于这样的批评，孩子会牢记终身，并受益终身的。

当时如果换成另一位没有经验的老师，很可能这样简单、粗暴地处理：当众对这个学生进行义正词严的批评，开班会，教育同学们以此为鉴，不要重蹈覆辙。这样做的后果是：该学生会认为老师和校长这样做的目的是要把自己搞臭，让自己抬不起头来，便会对老师和校长产生怨恨心理，进而影响其今后的成长进步。

家长朋友，陶行知先生对于犯错误学生的批评艺术，是不是特别令我们惊喜、令我们钦佩？有的家长说了，人家是校长、是教育家，我们哪能与之相比呀！虽然我们不是校长，不是教育家，但是从陶先生的做法中，我们还是可以学到如何对待子女的缺点、错误的办法的。

下面，向家长朋友介绍一些强化疗法的具体技术：

1．行为塑造技术。

行为塑造技术可用于许多行为领域，例如孩子的学习行为、社交行为、运动行为，尤其用于单一行为方式的建立上，效果更好。

在行为塑造技术的应用中，要注意采取大目标、小步子的方式。比如要塑造什么行为、分几步，每一步都要订出一定的标准。例如，要塑造孩子分享的行为（大目标），第一步的标准可以定为当孩子得到吃的东西时，知道问一声别人（妈妈、爸爸或爷爷、奶奶）要不要吃。如孩子问了，虽然没有把自己的糖果给别人的行为实施，也应该表扬他，因为达到了第一步的标准了。当这种行为稳定地出现的时候，第二步的标准是要求他有将糖果等给别人（父母、爷爷、奶奶）的行为发生。此时若他只是问别人要不要，没真的给别人时，就不再表扬他了，而只是在符合第二步标准行为时，再予以表扬。第三步可以扩展到邻里的孩子。如此做下去，使孩子的行为一步步接近希望塑造的行为，最终学会分享。

在应用行为塑造技术时，要注意调整小步子的标准，有时可能标准定高了，比如上例要孩子给陌生人以帮助，便难以达到。可以将标准改为：在成人提示下，给陌生人帮助。另外，要有意创设利于对方出现标准行为的环境，创造良好的治疗气氛，帮助对象一步步接近目标。

2．代币强化法。又称"代币管制法"。

代币强化法它是一种促进更多的适应性行为出现的方法，是使用有形的、可以得到实物奖励的正强化的方式之一。"代币"形式有小红旗、小铁牌、小票券等。当事人可以用这些代币换取自己所需的物品。

代币强化还可以用于培养儿童的适应性行为。可应用于集体或将该法介绍给家长。例如，孩子作业全对了，家长就在图表上挂一朵小红花，红花达一定数目，给他一个奖励（看半小时电视、一次公园游玩或给几元钱），以培养孩子认真完成作业的习惯。

3．消退技术。

消退技术是指停止对某种行为的强化，从而使该行为逐渐消失的一种技术。消退法的原理是：任何行为的产生都是强化的结果，不强化、旧的行为就会消退。注意就是强化，因此，只要对不良行为不予注意，就能使之逐渐削弱甚至消失。例如，小孩子借哭闹的方式引起成人注意，若成人对此不予理睬，孩子的哭闹即会停止。

强化的方法更适合家长运用在子女身上，您不妨尝试一下，会有益于您对子女不良行为的矫正。

七、莫雷诺与心理剧

正如马休·卡璞（Marcia Karp）所说，心理剧这是一种可以练习怎样度过人生，但不会因为犯错误而被惩罚的方法。

心理剧透过表演，使参与者把见诸行动的冲动转变成心灵的演出，在团体互动中，借着参与者身体的活动，让他们感悟到内心世界的需求与渴望，重温个人经验中许多内心层面的问题，使其获得自我了解与领悟。心理剧可以帮助当事人化解情绪冲突，发掘个体的潜能，促进其人格的发展与完善。

在团体的互动中，如何把我们丰富的经验、感觉和想象注入贫乏的生活之中，已成为现代教育和心理治疗的主要目标。心理剧是通过在戏剧参与者的互动中获得成长的形式，所以它有着团体治疗的特性。

心理剧是由雅可布·李维·莫雷诺（J.L.Moreno）于1921年在奥地利维也纳创立的。

由于莫雷诺原创性的工作，在心理剧、社会剧领域中有巨大的影响，被称之为心理剧之父。他相信人类是天生的演员，他曾将一些爱玩的青少年聚集在一起，成立一个小剧团。剧团将他们在团体中所发生的一些人际现象，包括外在的冲突与内心的挣扎演给维也纳的市民看，颇能引人入胜，也帮助了一些具有心理偏差的孩子度过人生的难关。

莫雷诺是一个不拘泥于传统的人，他相信人类进步的原动力是自发性的创造力，他相信人本性基本是善的，人具有极大的创造潜能及成长动力。在心理剧中，导演的知识架构是来自莫雷诺的角色理论。莫雷诺还相信人类是天生的演员，而且拥有自然的行动期望。这种自发性成为人格成长中非常重要的观点。他认为，所谓的"自发"是指面对一个新的情境，一种个体自然激起的反应；或是面对一个旧环境时，个体脱离过去经验窠臼，创造出一种新的方式去应对的力量。个体在自发的状态下，会获得无穷的创造能量，并有创意地面对现实的情境。莫雷诺相信自发与心理健康有正面相关；当自发受到限制时，安全感消失，个体的焦虑会增高，也势必阻碍了人创造性地自我突破，使自己陷于停滞状态，进而无法适应环境的变化和突如其来的困难。

雷莫诺深信自发的重要，他用主角一词代替患者之称，并鼓励其打开心灵走上舞台与观众分享。心理剧的核心是帮助主角在情绪、认知和行为上的充分释放，透过释放的过程，使主角能够畅快地表达情感，获得对问题的领悟，以及能以创造性的行动方式来澄清问题、面对问题。

莫雷诺认为每一个人都是天生的角色扮演者，个人所扮演的角色主宰了他的行为，成为他区别于他人的个体的心理特征。并且认为每一个人都生活在属于他的社会原子中，又与其他的社会原子息息相关。

心理剧是一个内心剧，是探视一个人内在的主观世界里的事实，了解是什么困难在阻止一个人的成长、幸福和快乐。

在金同学7岁那年，父亲离她而去，从此她再也没有见过父亲，也不知道父亲在哪里。可是，在她幼小的记忆中已永远无法忘记父亲对她的好，与父亲在一起玩耍的快乐。母亲的改嫁，金没有了生父的姓。随着年龄的增长，楚楚动人的金有了自己的男朋友。对这对恋人来说，恋爱是痛苦的，原因是金无法理解男友为她付出的一切，她怀疑、仇恨。当金的男友决定离开她时，金走进了心理剧场。

在与金的沟通中，发现金的症结是对父亲的仇恨。虽然，因为母亲的原因，金从不提起父亲，可在她心灵中常常有一个想法：父亲很自私，他不要我了，好想见到父亲，但又怕见到他。在一场心理剧中，当她演出与父亲的关系时，时光回到了金的孩童时代。金回忆起她与父亲快乐相处的片断。在角色扮演的过程中，金体验到父亲对她的爱，在导演的引导下感悟到父亲心中的爱，体会到父亲离开她的苦衷；导演让金同学学习如何面对父亲，导演让金扮演父亲的角色，从父亲的角度关爱女儿。当金走出心理剧场后，她内心充满了喜悦。

心理剧不在乎她是否真正见到父亲、获得父亲的爱，起码在她的主观世界里可以理解父亲，做好心理准备去面对父亲，而不至于因此产生对异性的怀疑。

心理剧是以现象学为基础的心理治疗。当主角回到现实的生活中，可以面对自己、男友以及母亲。不管是否与父亲相见，但在主角的主观世界里，相信父亲永远是爱她的。

心理剧实例1：寻找内心的爱

【剧情】

19岁的杨怀着冷落的心情离开了养育他的家乡，只身一人来到上海求学。原以为在新的环境下，可以重新找回自尊，忘却少儿时的痛苦。一学期的期间，让杨清晰地了解到，他无法摆脱母亲离去（自杀）的伤感，不敢面对同窗室友。终于，杨怀着胆怯的心情走进了心理剧成长团体，希望能了却他终日的不安，用平常的心态面对自己的生活，改善人际沟通的模式。

【暖身】

导演安排了热身活动，让每个人分享自己的过去。在心理剧场的热身活动中，杨带着冒险一试的心情，叙述了他的成长经历，成为心理剧场中的"主角"。

在导演的引导下，主角选择一位"辅角"做自己的妈妈，随后，杨与其母亲重逢的一幕幕在观众面前呈现。

【演出】

场景1：向母亲倾诉

杨见到离别已久的母亲，放声痛哭，嘴里不断地说着："你为什么离开我？你为什么选择自杀？"他向母亲哭诉着他是如何面对突如其来的噩耗的，没有人告诉他母亲为什么如此离开他，亲戚与乡亲们都在冷落他。杨默默地怀着痛苦回到学校，他必须要参加一年一次的高考。

场景2：角色转换

导演让杨扮演他的母亲，扮演母亲的"辅角"成为杨。让母亲（杨）重

新回到儿子（辅角）的身边，自发地对儿子说："妈妈很爱你，因为有你，妈妈才不会让婆婆瞧不起。你是妈妈的宝贝，妈妈也舍不得离开你，可是妈的命太苦了，我是无奈才这样做的，希望你谅解妈妈。"儿子对着妈妈（杨）说："妈，我也好累，我现在上了大学，可是，我总是一个人，不敢面对我的同学。"妈妈（杨）说："儿子，勇敢些，不要像妈一样，与乡邻不合，与婆婆不来往。走你自己的路，不要太苦了自己。我们家有你一个大学生真是妈妈的骄傲！"

场景3：离别告白

导演引导杨与他的母亲在校园里的大草坪上见面。

（场景布置：以绿色的纱布为草坪，深绿色的纱布裹在参与者的身上，让他们蹲下，看似小灌木）

杨依偎在母亲的怀抱中，幸福地微笑着。心中曾有的不安与退缩早已不见踪影。杨告诉母亲（辅角）：

"妈，我会时常打电话给奶奶，叔叔对我很关心，姐姐已经出嫁了，她有一对儿女，很幸福。姐夫对我也很好。"

"妈，我要学习试着与同学相处。"

【分享】

观众和所有的成员跟随着杨共同分享他在剧中所触摸到的情感体验，有的人体验到杨的辛楚，有了共鸣；有一些人说出了自己的心得。在与大家的分享中，杨获得了前所未有的力量。

【审视】

场景的安排、灯光的效果与音乐的转换，仿佛带领杨超越时间与空间的隧道。在此时空环境中，杨表达了强烈的情感需要和对人际交流的渴望。在这场心理剧中，除了杨和其他参与者的经验以外，一切都是虚无的，时间、空间是假设的，然而，眼泪和情感是真实的。借着角色的扮演与互换，让主角触及生命深处的创伤，同时，也接触到了生命中的原动力。

心理剧应用的范围很广。心理剧方法最常用到的就是心理卫生领域。如在医院、诊所、酒精和药物戒毒中心、治疗性社区及其他场所，都可以看到心理剧技术在这些方面的作用。在很多情况下，心理剧本身就是一种治疗方法，或配合其他的治疗方法，如娱乐治疗等。

在家庭治疗和婚姻咨询方面，心理剧方法在互动过程中可以提升情绪化的层面，帮助参与者对问题更深入地了解与探讨。

心理剧实例2：我家有高考生

假若家中近期有一位即将参加高考的高中生时，家庭的所有成员都将面临情感的大考验。

情境中，母子对立已到"白热化"的程度。非常明显地，双方形成"对立关系"，即母与子的任何一方均想证明自己是对的，而指责对方的不适，以取得"胜利"。在这种情境下，每一方均强调对方所做的"正是"他所不喜欢的。此时，导演通常会使用角色互换技巧，引导每个人演出对方的角色。这样可以消除彼此既有的成见，了解对方的需要，而不至于发生当父母艰辛地抚养子女，得到的却是不断的埋怨，当子女无言相对，却遭到不孝的指责。

心理剧实例3：从泼妇变温顺的芭芭拉

在婚姻咨询中，同样，可以用角色互换的方式来改变彼此的误解。曾经在莫雷诺的心理剧场就上演了一出戏，挽回了一对夫妻的婚姻。

这是发生在1921年前后维也纳的莫雷诺"自发性剧场"中的真实故事。芭芭拉是莫雷诺的一位演员朋友，她嫁给一位青年剧作家乔治。芭芭拉扮演温柔、充满希望的纯真少女，但乔治很失望地向莫雷诺吐露，她在家里就像个泼妇，她不是骂就是拳打脚踢。次日报上有报道说，有一位娼妓被她的老鸨谋杀了。莫雷诺以拓展戏路为由，建议芭芭拉扮演娼妓。她演活了这个角色，使得扮演妓院老鸨的演员被激怒了，几乎到了狂乱的地步。眼见一场谋杀案就要活生生地重现了，观众震惊地都原地站起，高声尖叫："停止！"这出戏暂时缓解了芭芭拉的攻击欲。回到家里，她变得很温柔。此后，莫雷诺仍让她继续扮演残暴的角色。她逐步地成长，而变得更加温顺。

心理剧方法在中小学教育方面运用的范围也是很广泛的。

（1）可以在课堂上讨论当前社会问题、性教育（有关早恋或婚姻关系）等，有关成长中的问题都可以用角色扮演来讨论。

（2）即兴创造性的戏剧。创造性戏剧的效果与儿童不照剧本即兴演出的程度是成正比的。

（3）特殊情境。如亲子冲突、犯罪人数剧增、外来人员的增加、社区安全方面或其他受当前社会所注意的问题。

（4）特殊教育。特殊学习障碍的或严重情感困惑的心理问题、行为问题的儿童。

（5）情感教育。如何培养人际关系的适应技巧和了解自己感觉的能力，已成为个人成长主题下的核心问题。

（6）用于发展人的潜能。心理剧方法的角色扮演在企业中，还可以被用于培养经理人员、人事管理员和推销员上。社会剧在非正式的劳资纠纷和沟通困难的情境中，也有相当大的作用。

校园情景剧实例1：恋爱困惑的大四女生小敏

【剧情】

晓敏是一位大学四年级的学生，爱自己的男友，但男友似乎什么都不能给她，与自己3位女同学的男友所给予和付出的相差太远。如何解决晓敏的内心冲突呢？

【基本五要素】

导演：经过心理剧专业培训的心理健康教育咨询工作者1~2名，其中一位可以是助理导演。

主角：在观众中选出愿意成为晓敏的主角。

辅角：愿意成为晓敏好友的3名女生、晓敏男友共4名辅角。

舞台：设计与剧情相符的场景，能容纳演出活动所需要足够大的房间（团体辅导室）。

观众：愿意参加的大学生或心理健康协会成员。

【暖身】《烦恼热座》

（1）匿名表达：每一个人都说出自己的问题。

（2）随机选择：选出愿意扮演晓敏而成为情景剧中主角的团体成员。

（3）直接表达：在暖身活动中，晓敏道出了她心中无法抹去的痛，决定在心理剧中探讨她与男友的关系。他们相恋有两年，晓敏深爱男友，可是，即将毕业时，晓敏再也无法容忍男友的不求上进。见身边好友的男友个个都有自己的专长，有的会给女友一个惊奇，用自己在外面打工赚得的钱为女友买来欧米伽手表；有的女友靠男友父亲的关系进了一家外企，每月有很高的薪水；有的有高超的篮球技术，被名球队相中，即将参加比赛。而晓敏的男友打任何球的水平都一般；在她生日时也没有一点儿表示；别说晓敏自己的工作还没有着落，男友的工作还不知在何方？因此，两人有过多次的争吵，晓敏曾想离开他，却因为自己的爱而无以选择。

（4）心灵对接：晓敏的话题引起了在场大学生的共鸣与关切，晓敏变成了这场心理剧的主角。

【演出】

（1）让晓敏与三位辅角即3名女生分别对话，澄清内在的需要。然后让3名女生辅角离开一定的距离，好让晓敏脱离情绪上的困扰。（因为她们每天在晓敏耳边夸耀自己的男友，让晓敏无法面对自己心爱的男友）

（2）选出辅角：导演让晓敏在观众中选出辅角即一名男生，作为晓敏的男友。在导演协助下，辅角渐渐进入了这场戏，并深情地与晓敏展开了对话。

（3）在彼此的交流中，晓敏听到了男友的心声，原来男友一直默默承受着晓敏无数次的数落，为了晓敏，更为了自己，他不断地努力，但每次都被晓

敏击败。男友深爱着晓敏，他愿意为晓敏默默地承受。

（4）晓敏落泪了，她体会到男友从未说出的情意。导演在此时，让晓敏坐在一旁观看，邀请团体中其他成员，以不同的方式与其男友交谈。晓敏在细细地品味中，意识到与男友要有一个会心的交流，单凭责怪与伤害，并不能解决他们的问题。只要与他一起努力，彼此扶持，就能改变。最后，导演让晓敏与扮演男友的辅角进行了交流，发现晓敏有了新的领悟，并学会用新的方式与男友沟通。

剧终时，晓敏露出了会心的笑容。

【分享】

主角：通过演出晓敏这一角色，我看到自己的影子，也体会到她内心的冲突，面对这样的现实和问题，我也会有些气愤、不满但又无可奈何。同时也学会了处理这个问题的方式，学会理解对方。

辅角1（女同学）：作为晓敏的同学，只想到自己，为顾及晓敏的感受，今后在实际生活中应注意不要伤害到别人。

辅角2（女同学）：其实自己也有一些虚荣心，看到友人们高谈自己的男友是多么的优秀时，如果不说的话，会觉得自己好没面子，现在想想是很幼稚的。

辅角3（男友）：作为男友有些累，可以感受到对方的爱与矛盾。

……

观众1：虽然自己是旁观者，但主角的问题也是我时常思考的问题：到底自己喜欢怎样的人。

观众2：很为主角的勇敢感动，她勇敢地把自己的困惑表达了出来。

……

校园情景剧实例2：我的勇气

【剧情】

一名来自贫困地区的大学生，因为家境的困难省吃俭用而被同学起了一个外号"老抠"，在日常生活中常表现出自己的无奈。一日，室友热情地期

待他在自己的生日这天请客吃饭，对于贫困生"老抠"来说，这是多么艰难的事情！

【基本五要素】

导演：经过心理剧专业培训的心理健康教育咨询工作者1～2名。

主角：在观众中选出愿意成为贫困生"老抠"的主角。

辅角：愿意成为"老抠"室友的3名男生以及主角的替身。

舞台：设计与剧情相符的场景，能容纳演出活动足够大的房间（如团体辅导室）。

观众：愿意参加的大学生或心理健康协会的成员。

【暖身】《神奇的魔幻商店》

在神奇的商店里有各式各样人类的特质，如：爱、成功、快乐、勇敢、幸福……但不以金钱来交易，团体成员可以当顾客来谈交易，以自己不良的特质或人生享受，如：懒惰、说谎、虚伪等，交换所盼望的特质。

【演出】

（1）主角"老抠"内心独白。平日里自己一个月的开销也只不过二百元左右，而请同学吃饭将要用去自己半个月的生活费。生日请客是寝室的规矩，我破了这规矩，以后和他们的友谊不就没了……

"在学校要与同学处好关系……"父亲的话在耳边响起。

（2）选出辅角。导演让"老抠"在观众中选出辅角（4名男生），3位扮演他的同学，一位扮演"老抠"的父亲。

（3）设场景。在饭店里，"老抠"与3位室友展开了对话："不管了。今天我请大家出去撮一顿，让大家开开心！"在导演协助下，辅角渐渐地进入了这场戏。

（4）展开。主角内心的挣扎与矛盾：望着菜单上的"天文数字"发呆；而辅角（父亲）：儿子，好好学，不要辜负乡亲，你能读大学有他们的支持！

（5）改变：主角拿出自己的勇气，坦然面对与他共处一室的同学。

157

【分享】

主角：虽然自己来自一个比较富裕的家庭。扮演"老抠"的角色的确让我感受到贫困生的心情，也为自己平时的"挥霍"感到惭愧。

辅角1：我是来自一个偏僻的地方，我完全可以体验到主角的心理困惑。我们来上海只是觉得能有机会好好学习，拓展自己的视野。可是，没想到我们不是被学习打倒，而是被我们的虚荣心打倒。不是我们穷，而是我们的心"虚"。

辅角2：我虽然是来自大城市的，但我的家境并不富裕。我清楚地知道，我能安心读书是因为我的父母给予了我最大的支持。我非常地感激！

辅角3：我要向我的室友道歉，昨天，我还用一种非常瞧不起的眼光看着他。我现在很后悔，我要去弥补，我并不想伤害他。

观众1：好感动。谢谢所有的扮演者，这比任何教育课都有意义。

观众2：学会勇敢地面对自己真实的一面。

【审视】

对于这出心理情景剧，导演的目的是希望唤醒身处贫困的学生，拿出勇气面对自己。在生命中，真诚地善待自己与家人是至关重要的。当有勇气正视自己的处境，让身边的人真正了解你时，相信这个世界是美好的。

空椅子技术：我该见他吗

【剧情】

21岁的女性，与母亲相依为命地生活，自7岁开始，再也没有见过自己的亲生父亲。在与异性交往上非常情绪化，还曾有自杀的经历。

【演出】

将要与自己的亲生父亲见面，不知道是喜还是悲。主角述说了自己没有父亲的日子，自从母亲再婚后，生活就开始糟透了。

主角：继父不接纳我，我知道母亲很为难，我尽量不让母亲为我担忧。假期我不想回家，否则，会打乱我母亲的生活……我无法原谅我的父亲，他根

本不爱我！7岁那年他离开后，就再也没有来看过我！

在主角的描述中，导演了解到主角对自己父亲的不满。尽管如此，已经长大的她又非常期望见到父亲。不过，相隔那么久未见面，她心里不免有一些忐忑和顾忌，甚至有些惶恐不安。

导演利用"空椅子"技术来协助主角突破心中的不安。以一张"空椅子"象征主角的父亲，请主角面对这张空椅，尽情地把对父亲的不满宣泄出来。在导演的鼓励下，主角述说了对父亲的不满，质问父亲为什么不来看她，而她却时常想起儿时与父亲戏耍的场景。主角最后还是说了一句"恨"并把椅子踢翻，然后开始痛哭。导演以双手扶住主角的肩，用身体的接触来支持主角，主角慢慢恢复平静。

导演：从刚才的情景看，我们可以了解到你心中积压多年的苦闷和怨言，借助"空椅子"来发泄一下自己，你现在觉得怎样？

主角：我现在好多了。我开始想见父亲了。

导演再通过替身、角色互换的方式，让主角清楚自己应该如何面对很久没有谋面的父亲。

具象化或雕塑技术：女儿，不要拒绝我

下面是来自《心理剧的本土经验》（王行、邓玉英著）书中的一段剧情。在这个剧中，我们可以领略到具象化的独特力量，同时，在这剧中，我们还可以了解到两位导演引导心理剧的过程和方法。

【剧情】

主角玲珠说要探讨她与女儿的关系。自从离婚后，已有9年没有见到女儿了。去年，在一位老朋友的安排下，玲珠与女儿见了面。从那以后偶尔会去看女儿或带她去看个电影，买点东西。女儿的反应是冷淡的，对她有距离。最近，女儿以优异的成绩要从音乐班毕业了，欲拒绝玲珠去参加她的毕业演奏。显然，女儿不想和她分享自己的光荣与喜悦。

选角及暖化主角：

选出了辅角，扮演亭亭玉立的女儿。导演牵着玲珠的手，绕着"女儿"走一圈儿，导演说："这十年来，不在女儿身旁，说说你的心情好吗？"

【演出】

（1）引发主角与女儿的对话。

主角开始哭，说自己满怀愧疚，那么小就丢下她，自己虽然得到了自由，但对孩子是做了一件很残忍的事。

导演甲要主角直接向女儿说当年是怎样离开她的。

主角（转向女儿辅角）：我受不了你爸爸的气，我实在没有办法再跟他生活下去。你爸爸逼我向娘家要钱，我很生气也很失望。他并不是真的爱我，只是觉得我家对他的事业有帮助。我和他生活了五六年，觉得好委屈，没有人可以倾诉，连对我的父亲都不敢讲。之所以会狠心把你丢下，是因为我没有办法照顾你。或许你认为我抛弃你，但是我实在很为难。之所以八九年都没有去看你，是因为大人之间的恩怨说也说不清。我对你很歉疚，希望你能谅解我。

导演甲：对女儿说这些话的时候，你的感觉是什么？

主角：讲出来以后，舒服了许多，这些话从来没有跟女儿说过。

（2）引入目前困惑。

导演乙把辅角（女儿）带进来，要主角告诉女儿目前见到她时的困惑和不满是什么。

主角：我对你最不满意的是每次我去看你，和你谈事情的时候，你总是回答"随便、不要、不知道"，让我觉得好无助、无奈。我很想关心你，你却像在拒绝我。

导演乙：上一次你们见面的时候，聊些什么？

主角说上次是带女儿去看电影，导演甲让主角和女儿演出这一景。在导演乙的指示下，女儿对妈妈的每一句问话都不回答，只是浅笑，或是回答："随便。"

主角：我好想多跟你聊，可是你都用单字回答，我不知道怎样继续下去，非常难过。

导演乙：你们的关系像是这样吗？

（3）让主角看到"拒绝"的具象化。

导演乙用替身和辅角女儿摆出妈妈热切想接近女儿，而女儿举起双手拒绝的姿势。主角说："我觉得就像是这样。"

导演乙要主角自己进入雕塑中去体会一下其中的感受，要她在其中对女儿说一两句话。

主角：你为什么会对我这样冷漠？

（4）使主角体验女儿冷漠的心理。

导演乙要主角进入到女儿的姿势中，替身则仍然摆出主角的姿势。

替身：你为什么会对我这么地冷漠？我好想抱抱你。

女儿（主角）：我知道她很想和我接近，可是我想拒绝，我有点儿故意。

导演甲：说说你的故意。

女儿（主角）：有点儿故意要她生气。

（5）"故意"的具象化。

导演乙：这里有一个故意，那个故意让这个孩子的头不肯转过来，让她的身体往后倾，伸直手拒绝妈妈，是吗？（导演甲一面说，一面调整女儿主角的姿势）

女儿（主角）：那种反叛的心态蛮强的，也蛮得意的。

导演甲：说说你的得意与反抗，如果那个姿势可以化成语言，用一句话说出来！

女儿（主角）：活该，谁叫你当时不理我！我为什么要这么快就跟你在一起？

替身：我什么时候不理你？

女儿（主角）：我小时候你就不要我嘛！

161

替身：妈妈有妈妈的苦衷，妈妈是不得已的。

女儿（主角）：你也可以带我走。

替身：我没有办法，请跟我说话好不好？

女儿（主角）：我不要！

导演乙：你有权利不愿意。让我们回到过去吧！

（6）回到过去。

导演：让我们回到9年前。

导演乙要主角继续扮演女儿，辅角扮演母亲抱着女儿（主角）。导演乙对女儿（主角）说："这个怀抱曾经是你的天堂，这是你的母亲。前5年里，这是你的乐园，而此刻妈妈做了一个决定。"

导演乙要辅角说："我得到自由了！"辅角说这句话的时候，声音哽咽，眼眶含泪地离开。

（7）在扮演女儿时体验儿时的分离。

导演甲拿出长布条，连住辅角和女儿（主角），导演对女儿说："那一天妈妈走了，但妈妈的心从来没有一天离开过你，看看她。"

导演乙要辅角把长布条从女儿（主角）的手里抽出，一面说："我找到自由了！"

导演乙：妈妈，说说你的感受，找到了自由，可是你的眼眶却充满眼泪。在你走之前对女儿说了哪些话？

妈妈（辅角）：……我是被逼得，我不得不这么做，要不我的娘家会垮掉的。

导演乙：到你女儿的床边，跟她说再见。告诉她你明天就要离开了。

辅角在导演乙的指导下向女儿（主角）说："我要走了，这是我的决定。"

导演问女儿（主角）：你还很小，可能不会讲很多话，可是你的心里会有感觉，试着把那种感觉说出来。

女儿（主角）：害怕，妈要走了。

导演乙：告诉她。

女儿（主角）向着妈妈（辅角）：我很害怕。

导演乙：告诉她你才5岁就没有妈妈，你有多么害怕。

女儿（主角）：我好害怕，没有人照顾我。妈，我想你！（哭）

（8）重新经历离开女儿的经验。

导演乙又问主角：那天你是怎么离开她的？

主角：在她睡着后，我悄悄离开的。

导演乙：当时你没有跟她说再见，就悄悄地走了。如果在心理剧里有个机会再回到这5岁孩子的身边，你会怎么对她道别？

在导演乙的引导下，主角到女儿（辅角）面前，泣不成声。

女儿（辅角）：请妈妈不要走，你走了以后，我就没有妈妈了。

主角：再不走，我会受不了的。

导演乙：玲珠，做你的决定，站起来，走。

女儿（辅角）（拉住妈妈，一再苦求主角不要走）：妈，你不要走，你走了，我就没有妈妈了。

主角抱住女儿（辅角），两人哭成一团。

主角向女儿说她不走不行，要女儿原谅她。

导演乙：走吧！妈妈，放下她，你只知道那个决定是必须的。走吧！带着你的自由和你的决定。那不是个贸然的决定，你考虑很久了，不是吗？走吧！

主角在导演乙的要求下，离开女儿。

导演乙：玲珠，看看前面，路还很长，你有自己的生命，过你自己的生活，你知道不能留下来。

在女儿的呼唤声中，主角肯定自己没有办法留下来。

导演乙：8年之后，在怎样的情况下，在什么地方你跟你的女儿再见面？

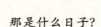

那是什么日子?

主角: 去年5月19日。

导演乙: 在什么地方?

主角: 在朋友家里。

导演乙: 你是怎么去的?

主角: 我跟两个朋友一起开车去朋友家会见的。

(9) 暖化进入另一时空。

导演乙找了两位观众,用一条长布条把两个人和主角一起围起来当成一辆车,导演乙安排了每个人的座位。3个人在场地中走,代表行进在见女儿的路上。导演乙要主角说说她的心情。

主角: 既兴奋又担心,待会儿见面的时候不知道是怎样的场面? 她还记不记得我? 会有怎样的举动? 我该怎样应付?

导演乙: 带着这样矛盾又复杂的心情,好兴奋又很紧张、很害怕的心情下了车。在那个客厅里,你是怎样看到你女儿的?

导演乙要主角扮演女儿。

导演乙问女儿(主角): 马上要见到妈妈了,你的心情如何?

女儿(主角): 有些被动和无奈。

导演乙: 你曾梦到过妈妈吗?

女儿(主角)愤愤然: 梦到又怎样?

导演又问: 你有点儿生气吗?

女儿(主角): 既高兴又生气。

导演乙: 说说你高兴又生气地感受。

女儿(主角): 高兴的是马上要见到妈妈了,生气的是为什么这么久才来看我!

导演乙: 带着这种心情看着妈妈走进来了。

导演乙指导替身去和女儿(主角)说话。

替身：小文，妈妈很想你，你长大了，长得好漂亮。

女儿（主角）低头无语。

导演乙：小文，抬头看看妈妈的眼睛，你在里面看到了什么？

女儿（主角）低声地说：看到她的关心与盼望。

导演乙：她的关心与盼望。她等了9年。

这时，导演乙在替身旁边，导演甲在女儿（主角）旁边。

导演甲：你也等了9年，这对你来说是一个盼望很久的日子。

女儿（主角）：我不知道说什么。

导演甲：9年不见，也许你发现妈妈很陌生？

女儿（主角）：不晓得，她那么久都没来看我。

导演甲：所以多年来，你也没有机会对她说话。

女儿（主角）：以前阿公骗我说妈妈死了，后来我要阿公带我去扫墓，才知道妈妈没有死，邻居也告诉我说妈妈在，而我也不能做什么。

导演甲：那个你认为死掉的妈妈又回来了，实在叫孩子很为难哪！

（10）激发情绪宣泄。

导演乙：小文，告诉妈妈你很想念她。

女儿（主角）：妈，我很想你。（号啕大哭）

导演乙：什么东西哽住你的声音？什么让你不能理直气壮地跟妈妈说："我想你？"

女儿（主角）：我也搞不清。

导演乙：察觉一下，也许你心中有很多复杂的心情。试着大声对她说出来："妈妈我想念你！我真的想念你！"试试看。

女儿（主角）（仍小声地说）：我好想你，我好想你。

替身：我也想你。

女儿（主角）：可是我又不晓得怎样来看你，我想你，但不能自己出门看你，所以都待在家里！（哭）

（11）体验女儿对母亲的思念。

导演甲：告诉妈妈，想她又看不到她的心情是什么？

女儿（主角）：我什么事都要跟奶奶讲，因为新妈妈不住在这里，什么事都要自己处理。

导演甲：很多事情都要你自己处理。没有妈妈的日子，你很孤单吗？

女儿（主角）：有妈妈比较好。

导演甲：有妈妈有什么好？

女儿（主角）：有妈妈的话，我有事可以跟妈妈讲，爷爷、奶奶年纪这么大，有些事情他们听不懂，弟弟又比我小，也听不懂。

导演甲：你想念妈妈，有时候会因为想念妈妈而不安吗？如果你想去看妈妈，会有人阻止你吗？

女儿（主角）：我根本不敢说想妈妈。

导演甲：小文，有些时候你很想妈妈，有些时候你也很生妈妈气吗？

女儿（主角）：嗯！

导演甲：告诉她，你很生她的气。

女儿（主角）：我很生你的气。害得我没人照顾。（声音软弱无力）

导演甲：你很生气当年妈妈没有跟你说再见就走吗？

女儿（主角）：对啊！觉得莫名其妙，搞不清楚。

（12）主角回到自己的角色里。

导演乙对主角说：你愿意坐下来，听听女儿说说她的感受吗？

导演甲指导女儿（辅角）说：我很害怕，可是我真的想告诉你，我想你想得很久，我早就知道你在哪里，你为什么现在才来？

主角：很担心有些事情会发生，所以我就没有办法来。

女儿：我有好多话，不知道要怎样跟奶奶说，也不能跟爷爷说。知道你还活着，距离也不遥远，可是为什么你不能来看我？我一直觉得很孤单。我实

在很生你的气，9年了，你都不来看我。

主角：你有资格生气。

女儿：你连电话都不打，你只是知道我的名字。你在过你的日子，你不知道我每天早上吃什么、喝什么，我喜欢什么，我穿什么，你是个遥远的妈妈。我很生你的气，你没有照顾我，可是我还是很希望你能照顾我，能够打电话告诉我，问问我。而且你离开都没有跟我讲，你离我好远。你走开好不好？你走开！

导演乙带主角转身，对她说：你的女儿见到你时，虽然只是沉默，可是她的沉默像是一股力量，想把你推开的力量。即使不讲话，但她的眼神具有这样的一股力量。

导演甲指导女儿大声说：走开，走远一点儿！去过你的日子，我是你的女儿没有错，可是你根本没有照顾我。

(13) 拒绝的具象化。

女儿（辅角）用垫子把主角推得远远的，一直推到墙角。

导演乙：有时候你女儿的沉默就像是这样的拒绝，是吗？

主角：是的。

导演乙：你在其中觉察到的心情是……

主角：我也很想放弃。

导演乙：你也很想放弃。令你想放弃的感觉是什么？

主角：很心痛。

导演乙：很心痛。

导演甲：带着这样的心痛，这样的丧气，可是，你并没有真正地放弃。你还是每隔一段时间，又鼓起勇气，又站起来，你又回到她的身边。

在导演乙和导演甲的鼓励下，主角再度去看女儿，仍然被女儿推出来。如此一而再，再而三地被推出来。

（14）剧终：毕业典礼——又一次被拒绝的压力。

导演乙宣布女儿的毕业演奏会快到了，母亲要再次去庆贺她。女儿仍然拒绝，这次主角比较坚持，没有退走。

导演乙：闭上你的眼睛感受到那股力量，和你心中想要去接近她的力量。在毕业典礼这个大喜日子里，你想去祝贺她，分享一点儿她的光荣。你接受到什么信息？玲珠，这个时候你想做什么？

主角：我不一定要去参加你的毕业典礼，你不要这么推我。

导演乙：告诉她，不要拒绝我。

主角：你不要拒绝我。

导演乙：大声告诉她，不要拒绝我。我是生你的母亲，不要拒绝我。

心理情景剧：面具

【剧情】

主角丹来自一个双亲死亡的家庭。在大学的校园里，他似乎找不到自己的位置。他以为只要把自己放在盔甲里，一切都会很平静。常戴着面具生活的丹，厌倦了大学生活，把自己紧紧地困在一个角落里，看不到真实的自我。"一个冷酷的男孩，冷酷的面具下，孤独的心如空中的浮云"。

在这出心理情景剧中，导演运用了具象化的技巧，让主角清晰地了解自己的真实需求，唤醒他的自我感知。

导演：经过心理剧专业培训的心理健康教育或咨询工作者1～2名。

主角：在观众中选出的愿意扮演丹的同学。

辅角：愿意扮演丹的同学的数名同学。

替身：选择4名替身。

舞台：设计与剧情相符的场景，能容纳演出活动所需的足够大的房间（如团体辅导室）。

【演出】

场景1：在校园的路上，丹一个人走着，离他不远的地方是一群同学有

说有笑地走着。

同学甲：那不是丹吗？

同学乙：瞧他一副臭德行，好像谁欠了他似的，别管他。

此时，丹的替身Ⅰ按照导演的要求"雕塑"成一副盛气凌人的样子（定格）。旁白（主角丹）：为什么？每一次我想努力的时候都只是徒劳，没有人看得起我。呵呵（无奈地冷笑）。

场景2：在画室里，摆放着许多非常有灵性的画。同学们一边画着画，一边闲聊。丹还是一个人独自欣赏着自己的画。

同学甲（指着丹的画）：瞧，画得挺不错的。

同学乙：构思很特别，亏你想得出，不错不错。

同学丙走过，不小心碰到丹：啊！对不起，这么美的画让我给破坏了，真的对不起！同学丙道歉地走开。

主角丹：为什么倒霉的总是我？现在就连我的画也难逃厄运。（冷笑着撕去画走开）

替身Ⅱ则是"雕塑"出一副无所谓的样子。（定格）

场景3：课间休息教室里热闹非凡，有的同学在闲聊，有的在画草稿，有的在发短信，主角丹独自一人望着窗外发呆。

同学甲（兴奋地）：我有一个好消息，下周我们将组织去周庄写生。这是集体活动，请大家一定要参加。

同学甲（对着主角丹）：怎么样，一起去吧？

主角（微微抬起头）：我，我……可能有事。

同学甲：克服一下了，难得的机会。

主角（内心挣扎，犹豫地）：那我再考虑考虑。

同学甲：你就配合一下吧，你看其他同学热情都那么高，不要缺你一个啊！

主角：我……

同学乙（不耐烦地）：算了，算了，少一个也没什么，别劝他了。

主角：是，我没空。少我一个你们照样玩得很开心！

替身Ⅲ身体蜷曲成一团，双手紧紧抱住自己。（定格）

场景4：在画室里，画室空无一人。在墙角处，一副凌乱的画摆在画架上。

同学甲匆忙跑进画室，在寻找自己的画具时，一不小心碰倒了放在角落里的一副凌乱的画，拾起画，猛见该画背后写着："天黑了，孤独又慢慢袭来，有个人的心又开始疼了……。"

主角（突然出现在面前）：你……你为什么偷看我的画？

同学甲：我不是故意的。你，有什么困难吗？我可以帮得上忙吗？

主角（愤怒地）：帮我？你能帮我什么！能让我的父母死而复生吗？能帮我和弟弟重新找到家庭的快乐吗？

替身Ⅳ双手高举，紧紧握住拳头，痛苦地呐喊！（定格）

主角（低下头）：朋友？我没有朋友。一个人，可以享受孤独。我不像你，永远不知道伤心的滋味！

同学甲（严肃而伤感地）：我也有过伤痛，我从小在孤儿院长大，从来没有见过我的双亲！

主角（惊诧地，哽咽着）：你，你……

同学甲（微笑着）：我相信只有自己乐观地面对自己，生活才会精彩。我们是你永远的朋友。

主角：朋友！我愿意！

剧终：所有扮演者"去角"，在舞台上，呈现给观众的是4位替身的具象化。

（李百珍 郝志红 王继锐）

做／孩／子／的／心／理／医／生

实战实用术3——当事人中心疗法

◎当事人中心疗法的基本观点

　　人本主义心理学家中有几位不仅提出有关心理健康的观点，还提出了心理咨询（治疗）的理论和方法。在人本主义心理学家中，对心理咨询与心理治疗最有贡献的人是罗杰斯。他在心理治疗实践中，总结出自己的经验，提出了当事人中心疗法。家长朋友，你们不要以为这些理论和方法有多么艰深难懂，只对专业人员有用。其实，您也是能够理解的，对您和您的孩子的心理健康也是有益的。

　　近年来，罗杰斯的当事人中心的思想，已发展为以孩子为中心的教育和当事人中心（Person-centered）解决各种社会问题的指导原则。其传播的广泛和迅速正像20世纪初期精神分析的传播一样，遍及世界各地，如美国、英国、法国、德国、西班牙、比利时、荷兰、挪威、澳大利亚、新西兰和日本等国家。

　　当事人中心治疗中，有三种促进来访者心理成长的条件，它们是：感情移入的理解、真诚相待以及无条件的积极关注——尊重。这三个条件还是当事人中心治疗方法的主要技术呢。

◎当事人中心疗法在家庭中的应用

下面我们向家长朋友介绍一些案例，使您在实际的案例中理解当事人中心疗法的技术。通过这些技术，家长朋友可以尝试应用此疗法对孩子进行心理健康教育。虽然目前家长朋友不一定能当一名真正的心理咨询师，但是作为家长的您学习心理医生（或者心理咨询师）的一些谈话的技能，今后在与孩子交往的过程中，就能够很好地与子女交谈，沟通比较顺畅，获得良好的亲子关系，还会对对方有一定的心理帮助。为什么我们不学习学习，试着做一名子女的"心理医生"呢？

另外从一些孩子在心理咨询师的帮助下，获得进步、健康的成长过程的案例中，您可以认真思考，将您的孩子"对号入座"，也会对解决子女的心理困惑、促进他们顺利成长有帮助的。这是过去许多较早接触心理学，较早阅读心理咨询书籍的孩子的学习经验体会，我想你们也能够从中受益的。

案例1：我很孤独

家长朋友们，您的子女是否出现过不喜欢与人交流，在您与其谈话时，孩子也不愿向您讲自己心里话的情况？如果有，您不妨仿照下面这位咨询师的谈话方式，尝试着与子女进行交流，使他们敞开心扉。

李×，12岁，男孩。

李×是一个六年级学生，很胖，很爱吃糖，并且成瘾。这是一个当事人中心治疗的独特病例。

李×：（坐在椅子上，佝偻着背，低着头，眼睛盯着地板，既不看治疗者，也不说话）

咨询师：喂，李×，我想知道什么事情使你感到烦恼。

李×：（没有讲话，没有抬头，耸了耸肩膀）

咨询师：我很希望能知道这里的含义——当你耸肩时，你真正想对我说的是什么。

李×：（没有抬头，也没有动）没有什么事，不会有人真正感兴趣的。（声音很低，嘟嘟囔囔）

咨询师：你感到很孤独，而且你觉得说出来也没什么用——没有人愿意关心这些事情。

李×：（抬头看了一下，短暂的目光相接后又低下了头，仍佝偻着背）我根本就不想到这儿来。他们为什么不让我一个人安静的呆着。（声音仍然很低）

咨询师：你不想到这儿来，你想让大家都忘了这件事——而且也忘了你。

李×：（又抬头看了一下，短暂的目光相接后又低下了头，佝偻着背）记得我有什么用？没有人关心我。

咨询师：你感到很孤立，也没有人关心你，你相信如果这个世界上只要有一个人关心李×，那么事情也不至于这么糟。

李×：（抬头，这次时间长了些，然后低下头）我没有朋友，所有的人都恨我。

咨询师：你确实感到了孤独和被抛弃，你希望能有一些朋友。

李×：……（没有抬头，眼中出现泪痕，长时间的沉默）

咨询师：孤独对于一个人是很不好受的，一个朋友也没有，也希望别人能善待自己。

李×：（很快地抬了一下头，又低下）每个人都在笑我，他们拿我开心。

咨询师：而这使你自己感到很难过。但是你心目中想得到的还是能有人关心你，他能接受你现在的样子，不会让你难堪，也不会以任何方式对

你说长道短。

李×：（抬起头，短暂的目光接触后又把目光移开，这次没有低头）他们总是叫我的外号，而且总叫外号。有人叫我"胖子"，有人叫我"肥肥"，有人叫我"河马"。他们在澡堂子里这么叫我，在礼堂里这么叫我，在饭厅里这么叫我。他们都在笑我，这使我伤心极了。

咨询师：看来你对那些叫你外号的人很生气，而你可能也对自己这个样子有点儿不太满意。说老实话，他们那么对待你，我也很生气。让你和我一起来看看，有什么办法可以改变人们对你的看法。

家长朋友们，在这个案例中，我们看到了这位咨询师如何对待不愿意交流，而且一开始不说话的李×。这个案例有以下几个特点：①在这里可以看到咨询师在努力形成一种有利于成长的气氛。②咨询师坦诚、接受的语言："说老实话，他们那样对待你，我也有点儿生气。"并没有对李×及其学校里的人进行判断和评价。仅仅向李×表明咨询师对此事情是关心的、投入的。③咨询师对李×受到的不公正待遇所产生的愤怒认为是他们咨询关系的一部分，应该对此公开承认，即咨询师是坦诚的、设身处地的；而且这些情感的表达能作为李×的榜样，也是促进李×成长的有利因素。④设身处地与同情不同，同情对李×是没有什么帮助的。如果咨询师说："这太可怕了！他们不可以这样对待你！"这样的同情表述会鼓励李×继续为自己感到难过和伤心，而且也使李×继续探寻可能的解决办法。

案例2：设身处地替他人想

田×，女，15岁，某校中学生，住校。

背景材料：父母均是工人，文化程度不高，心地善良、坦诚，多次带田×来心理门诊，说明很关心其女的成长。

父诉：田×从小聪明，活泼可爱，自尊心强，总希望自己比他人强，常认为自己的言行全对，错了也不承认、不改变，与同学交往很困难。

自述：总处理不好与同学的关系。初中时走读，与同学关系好坏间

题不大；升入高中住校以后，同学间交往频繁了，常有矛盾。为此情绪低落，有时甚至不愿意去上课。

（第一次咨询）

田×：我说话特认真，觉得谁都对我不好。他们都不念书，光想玩。他们说的我打心眼儿里不喜欢，和我意见不一致的时候，不爱听就想摔东西，想打架。（说话时一直撅着嘴）

咨询师：打过、摔过吗？

田×：打过。

咨询师：举个例子。

田×：李滔说话时气势汹汹的，我不爱听，他们说话都挺牤的。还有我平时帮他们，也惹气儿。（撅着嘴）

咨询师：比如……

田×：我们宿舍值日，每两人一组，跟我一组的那个总干别的，洗衣服、洗头什么的。我想她洗她的，我就干了呗。我擦桌子、扫地、收拾床单。她却说："你别都干了，显得我不干活似的。"我特不高兴，甩手就走了。

咨询师：为什么不高兴？

田×：我本意是快点儿干完了上课去，我没那意思。

咨询师：没什么意思？

田×：没认为她不干活。她那样说好像我剥夺她干活的权利了。

咨询师：田×，你是一位不奸不滑，愿意为同学服务的好女孩。你本意是自己多干点儿活，干完了好快上课，而你的同学却说了那样的话。你觉得她误解了你的好意，觉得自己费力不讨好，挺委屈的，是吗？

田×：是。

咨询师：你想想那位同学说那样的话，是别人干了活，而她却心安理得承受吗？

田×：不是，我干活多，她不落忍。

咨询师：她比那些别人帮忙干活，自己却心安理得承受的人怎么样？

田×：她比他们好。

咨询师：你从她的角度体会，她说那话的本意是什么？

田×：是我把两人的活都干了，她不落忍，内心有愧。

咨询师：那你现在还生她的气吗？

田×：不生了。（脸上露出些许微笑）

咨询师：你回忆一下，当时听了她的话，你是怎么做的？

田×：我摔门就走了。

咨询师：你这样做，她怎么了？

田×：她哭了。

咨询师：以后你们的关系呢？

田×：我们不说话了。

咨询师：这结果是你希望的吗？

田×：当然不是。

咨询师：以你现在的心态，设想当时怎么做更妥当？

田×：我应该向她说，我不是夺你的功，我只想早早做完了值日去上课。

咨询师：这很好。这是你主动与对方沟通，坦诚地表达了自己的意思，让对方理解你。如果你站在她的角度，理解了她的好意，你看怎么说更好？

田×：我应该说：“你心眼真不错，别人替你多干了点儿活，心里那么不落忍。其实，你不必那么过意不去，谁多干点儿、少干点儿有什么的。”

咨询师：好极了。我要是那位同学，听了这些话，会觉得你是一位善解人意、厚道的好女孩。

177

【案例分析】

这是一例典型的发展模式、教育模式的咨询案例。

从田×与其父亲提供的信息来看，父亲叙述她"自尊心强，总要拔尖"、"总认为自己的对，错了也不改变"。自述："他们都不爱念书，光想玩。""他们说话都特犟，我不爱听。""他们说的我打心眼儿里不爱听。和我意见不一致时，就想摔东西，想打架。"

田×虽然不良情绪较严重，但其在父母的鼓励、支持下，主动要求来心理门诊咨询，期望得到帮助、改变自己不良心态的愿望较迫切。她心地坦诚、直率，心理防御机制较少，对心理咨询的阻抗也较轻，另外她的悟性也好。这均是能在短时间内取得良好咨询效果的条件。

该心理咨询师采取"当事人为中心"的心理治疗理论和方法。"当事人中心疗法"的观点基于相信来询者积极向上，不断改变自己，使自己不断完善、进步的本性和潜质。咨询师坦诚、不掩饰，不做作，以接受、关心、鼓励的无条件地积极关注和感情移入的理解，作为促进田×成长的条件，并以此为心理治疗的主要技术。

为田×制定的咨询目标是：帮助她改变只从个人角度思维的习惯方式，并进一步改变其负面情绪体验，恢复其活泼开朗的性格。

采取的基本方式是启发诱导式的询问技术。通过咨询师提出一系列由表及里、循序渐进的问题，充分调动田×内心奋发向上的积极动机，挖掘其内在的理解力、省悟力。

咨询中的帮助不是抽象的、概括的，而是具体的、可操作的。否则，抽象概括的帮助便流于形式和说教，是没有用的，还特别容易引起来询者的心理阻抗，也会降低咨询效果。咨询师是在具体事情上帮助田×，在咨询中咨询师常用"举个例子"、"比如说"等具体化的技术，要求田×谈出使自己产生不愉快的具体事例，对于田×与他人在具体交往中遇到的挫折，咨询师给予应付对策上的帮助。

　　在咨询过程中，咨询师以本人对田×感情移入理解的行为——设身处地替他人想，如："你本意是自己多干点儿活，干完了好快上课，而你的同学却说了那样的话。你觉得她误解了你的好意，觉得自己费力不讨好，挺委屈的，是吗？""我要是那位同学，听了这些话，会觉得你是一位善解人意、厚道的好女孩。"给田×树立了感情移入——设身处地替他人想的榜样，然后帮助田×获得了人际交往的最佳应付策略：对他人的感情移入——设身处地替他人想。用"你想想那位同学说那样的话，是别人干了活，她心安理得承受吗？""你从她的角度体会，她说那话的本意是什么？"帮助她学会设身处地替他人想。

　　另外，咨询师启发田×从结果看自己的动机：分析自己行为由于没有站在他人的角度，仅仅从个人的意愿出发进行思维，结果因为冲动性的行为产生了不良结果："当时听了她（对方）的话，你摔门走了"，其结果"她哭了"、"你们不说话了"，影响了同学关系，这不是"自己希望的结果"。让她体会到，只有良好的动机，如没有设身处地替他人想的能力和素质，是不会获得良好的人际关系的。这种启发不仅改变了她的不正确的认知：在人际交往中"好心没好报"、"费力不讨好"，进而认为同学们对自己不好。由于改变了不正确的认知，也改变了由此产生的委屈、气愤、怨恨、痛苦等负面的情绪，逐渐恢复了原先活泼开朗的性格。

　　在启发改变认知和不良的情绪，建立了正确的认知后，启发她通过独立思考，找出较适宜的人际交往的应付措施，以实现咨询中的践行性原则。这一应付对策有两个层次。第一层，主动与对方沟通，坦诚地表达自己的意图，让对方理解自己："我不是夺你的功，我只想早早做完值日去上课。"第二层，设身处地替他人想，站在对方的角度，理解对方的好意："你心眼真不错，别人替你多干了点儿活，心里那么不落忍。其实，你不必那么过意不去，谁多干点儿、少干点儿有什么的。"这是更高层次的对他人的感情移入的理解——设身处地替他人想。

（第二次咨询）

10月9日交来作业，作业是这样写的：

通过这次咨询，我发觉以前办事情的方法还有些不妥的地方。譬如说，教师节前，我们全班女生每人要做一张贺卡送给老师。由于我是初次学着做，手艺不精，做得不好。班干部李××认为有的贺卡做得不合格，要求做得好的同学再重新做几张。于是，她们几个女生就做起来了。我看大家挺辛苦的，就主动要求帮助做。李××却没好气地说："要做的话，就得做好了，要么就别做，省得还得重做。"当时我就掉脸了，甩了一句："好心当成驴肝肺！不做就不做，我还省事了呢！"说完一摔门就走了。

按照这次咨询，我和您一起探讨的与同学交往的对策比较，显然我这次的处理方式是不妥当的。我应该这样想：李××眼看做不完，已经很着急了，如果我真的又做坏了，不但帮不了她，反而会给她忙中添乱的。我应该说："那好吧，我就不做了。我做不好，我给你们递剪刀、胶带吧。"或说："我做个试试，如果真的做不好，那我就不做了，行吗？"我最不该的是摔门后一走了之。

【案例分析】

这是田×通过前次咨询中学到的设身处地替他人想，对自己过去做的不妥的地方进行的反省思过："我的处理方式显然是不妥的。"并且能以自己今天的心态，思考自己"应该"如何设身处地替他人想："我应该这样想：李××眼看做不完，已经很着急了，如果我真的又做坏了，不但帮不了她，反而会给她忙中添乱的。"并且提出自己"应该"如何"做"："我应该这样说：那好吧……我给你们递剪刀、递胶带吧……"说明她对前次的咨询结果确实做到了举一反三，反省思过，已经比较正确、清晰地理解了感情移入——设身处地替他人想，并付诸行动，有了质的变化，可喜可贺。

案例3：从"厌学"到"爱学"

家长朋友，下面是一例因偶发事件而厌学的中学生的心理咨询案例，具有典型性。

由于外貌不出众、学习成绩又落后，在集体中威信不高，丽丽常常受到同学的奚落，自尊心受到伤害，内心十分痛苦。为此，她采取送东西给同学的办法来提高自己在班上的地位。其效果不佳，还出现了新问题，进一步产生了厌学心理。

咨询师通过对这个孩子的尊重、信任和共情（设身处地）地理解，与其建立了坦诚的、相互信任的人际关系。咨询师还通过启发诱导，改变了她的错误认知，并且争取到老师的帮助，使其放弃了不愿意去上学的想法。

咨询师并不是就事论事，仅仅停留在解决来访者最初的问题上面，相信她有无限成长的潜能，而是进一步调动来访者的主观能动性，帮助她恢复自信心，树立起强烈的学习兴趣，改进学习的方法。使来访者在短短的一个多月里，学习积极性大大增强，学习成绩获得了长足的进步。

当然，这也要感谢她的明智的母亲，是她的母亲选择了最佳的时机——在孩子刚刚升入中学，从对孩子健康成长具有重要意义的偶发事件显现之初，就试图及时地解决。当母亲感觉自己力不从心、自己所做的努力成效不大时，就及时、虚心地求助于心理咨询师，取得了事半功倍的效果。这比那些影响孩子的偶发事件时过境迁，已经形成了心理障碍、甚至心理疾患，严重地影响了孩子心理健康成长之时才去求询，甚至根本不争取社会支持，效果会好得多。

丽丽的进步最最要感谢的是她自己！虽然不是她自己主动来咨询的，但是她确实如人本主义心理学家们所预想的那样，在自己的成长中，她有主动性，这种主动性、积极性一旦被调动起来，她就会有无限成长的潜能！

家长朋友，请相信您的孩子，帮助子女树立自信心要越早越好！

求询者：丽丽，女，13岁，某中学初一学生。

背景资料：父母均系知识分子，很关心女儿的成长，对女儿有很高的期

望值，多次带丽丽来心理门诊。

母亲叙述：丽丽从小很聪明，可是最近发现她经常撒谎，还拿家里的东西。她学习成绩很差，并且与同学关系处理不好，最近有厌学倾向。

自述：总处理不好与同学的关系，并且学校的学习风气不好，不想上学了。

（第一次咨询）

丽丽：我不想上学了，因为在学校里，有个同学对我不错，最近因为有些事情学校给他处分了，我觉得没法去学校了。跟我妈说了，我妈又批评我。

咨询师：什么事情？能说给我听听吗？看看是妈妈有道理，还是丽丽有道理。

丽丽：在学校里，我和一个同学俩人的关系不错，他让我给他买个传呼机，我又没有那么多的钱，所以，我就拿了家里的钱。本来不想让妈妈知道的，结果我妈还是知道了。我妈找到学校，所以学校给他处分了。

咨询师：丽丽是一个与朋友交往挺讲义气的孩子，朋友的要求不好拒绝。可自己的经济又没有独立，又不好意思开口向妈妈讨要，所以，就没经过妈妈的同意，拿了钱给同学买了传呼机，是吗？（丽丽点点头。）你觉得是因为妈妈把你朋友向你要钱的事告诉了老师，你的那个朋友才受处分的，为此你觉得对不起那个同学，才"觉得没法去学校了"，是吗？

丽丽：（笑笑，又点点头。）

咨询师：丽丽，你自己想两个问题，一是妈妈把你朋友向你要钱的事告诉了老师，对你的朋友有益还是有害？二是不经过妈妈的允许，拿家里的钱，这样的做法对吗？

丽丽：当时觉得是因为妈妈把要钱的事告诉了老师，我的朋友才受处分的，现在想一想，要是老这样（指给同学钱买不必要的东西），就会给他惯出毛病来了。（笑笑，摇摇头。）嗯，可我妈也太小气了。

咨询师：我想，妈妈花钱是有她自己的原则的，但你不经过妈妈的允许拿家里的钱的做法肯定是不妥当的。以前还有过这样的事情吗？

丽丽：以前都是5块10块，学校说要交钱，没征求妈妈的同意，我拿了就交了。这次是上百块钱，所以妈妈就找到学校去了。

咨询师：这些钱你都用来买什么了呢？让我们听听你买的东西有没有用。

丽丽：这次是帮他买了个呼机，以前买过钥匙链和娃娃，买了都给同学了。

咨询师：为什么要这样做呢？你应该知道妈妈挣钱也不容易呀！

丽丽：如果我不这样做，不买东西给他们，他们就说我，给我起外号，叫我馒头脸什么的。（头低下，脸红。）他们都笑我，我伤心极了。

咨询师：看来，你对那些叫你外号的同学很生气，而你可能对自己这个样子不太满意。说老实话，他们那么对待你，我也很生气。让我们一起来看看，有什么办法可以改变人们对你的看法。你给同学买东西，是你心里愿意的吗？

丽丽：有时愿意，有时不愿意。我平时在学校里没有什么朋友，我给他们买东西，他们就跟我好，也不给我起外号了，所以，有时候也愿意。

咨询师：傻孩子，想通过这样的方式博得同学的好感，绝对不是长久之计，而且也不是一个中学生应该采用的方式。我们是不是应该通过改变自己的内在素质，来真正改变人们对你的看法和与同学之间的关系？

丽丽：这可能吗？（怀疑的目光，似乎在说我能改变自己的内在素质吗？）

咨询师：直觉告诉李老师，丽丽是一个非常聪明的孩子，过去对一些事情的看法有些糊涂、幼稚，所以一个聪明的孩子尽干傻事。李老师相信，丽丽想明白了一些事，知道一个中学生该干什么，找到了目标、方向，一定能向好的方向前进的。

（请丽丽出去，请妈妈进来。）

咨询师向妈妈建议，为的是克服妈妈因把同学要钱的事告诉了老师，使丽丽的朋友受处分，而产生恐惧上学的心态。要求妈妈要与老师沟通，希望老师能够关心丽丽，证明妈妈的做法没有错误，她没有必要为此事而内疚、自责，更没有必要为此事而恐惧上学。为了克服丽丽恐惧上学的心理，必须要做的社会支持——老师的理解和表态。丽丽的妈妈答应了。

（第二次咨询）

咨询师：上周过得怎么样？看上去应该是很不错的！

丽丽：上学没人说我，我就去了，老师还让同学给我补课。（看来妈妈与丽丽老师的沟通奏效了，可喜。）而且，我不想再与那些不学习的同学混在一起了，他们喊我去玩，我就没去。

咨询师：太好了，李老师真的为你（为了自己的健康成长）学会必要的拒绝而高兴！再说说这周有什么进步？

丽丽：这周老师出的几何题我都做对了。过去，上课时有几个人吵吵，我也听不清楚老师讲的课。听不清，我就不听了，回家作业也不写，就跟我妈说没有作业。这周同学帮我补课，我就自己写作业了。

咨询师：这件坏事变成好事了，丽丽自己知道要学习了，这很好，但要保持下去。想想这周都有什么收获？

丽丽：两个收获。一是没有跟不爱学习的学生混，出去玩；二是去上学了，学习有进步了。

咨询师：太好了。我记得上次你说妈妈小气，那你说说妈妈的优点多，还是缺点多呢？

丽丽：优点多。

咨询师：你用成熟孩子的眼光看待这件事情，没有得到妈妈的同意就拿了妈妈的钱，这样做对不对？你以前有过这样的问题，今天你怎么看待呢？

丽丽：（微笑，摇头。）我过去拿妈妈的钱，把妈妈的钱都花光了，就找爷爷要。

咨询师：我看你现在已经知道这样不好了，是吗？

丽丽：（点点头。）我不跟不爱学习的学生混了，做完作业，我又不知干什么了。

咨询师：那我建议你多买些书，如《十万个为什么》等好书看看，好吗？想想这周回家的任务是什么？

丽丽：别总跟不爱学习的同学混在一起，另外，给妈妈讲《十万个为什么》里的故事。

咨询师：这很好。这样有两个好处，一是督促自己多看课外书，增长知识，二是增加了母女的交流。李老师再给你留个作业：①写写自己的收获；②做些家务劳动，如：自己整理文具、自己叠被子。

（第三次咨询）

咨询师：看上去，这周的收获又不小！

丽丽：这周上学和上课都挺好，上课能听进去了，作业也能主动做了。

咨询师：经过前两次的咨询，我发现丽丽的进步特别大。那么，这周又有什么进步呢？

丽丽：叠被子了，只有一次，爸爸说一次也是进步。因为怕收拾文具，就没有乱放东西。还有一件事情就是，周日那天，作业做得特别快，代数和几何一共十多道题，用了不到一个小时就做完了。过去五道题要用两个小时。

咨询师：想想为什么呢？

丽丽：过去上课的时候听不进去，回家一看见题目就头疼。

咨询师：再想想现在呢？

丽丽：现在上课能听进去了，回家看见题目会做，所以也就愿意做作业了。

咨询师：太好了，你能够看到自己的进步和原因，才是以后取得更大进步的基础。这次李老师再给你介绍一种学习方法：先预习后听讲，带着问题去听讲；先复习后做作业，巩固课堂知识，然后做作业；先思考后提问，有了问题，先自己思考，然后提出问题。把这种好的学习方法用到自己的学习中，然后下次给我写一个关于这种学习方法的认识。

（第四次咨询）

交来作业，作业是这样写的：

老师教给我们的学习法

第一轮，预习，查出障碍。

老师讲题目和课文之前，学生在复习旧知识的基础上自学新课内容。先粗读一遍，了解总体后，再仔细读，充分发挥独立思考的能力。

第二轮，听课破除障碍。

预习中形成的"求知"、"求解"心理定势，在课堂上强化了注意力的集中，"注意"指向老师，指向"障碍"，指向板书，指向老师的每一句话，在笔记上记下要点。

第三轮，复习，破除障碍。

由于听课质量的提高，进一步强化了"求知"的心理定势，在这种热情的鼓舞下，便产生了急于复习、巩固、记忆已经学习过的知识的心理定势。

第四轮，作业，学会应用。

经过三轮的学习，达到了理解和记忆，便产生了"求解"的心理定势，再通过作业达到会应用的程度。

咨询师：看了你写的"学习法"，我好高兴。丽丽进步真大，现在丽丽的心思全放在学习上了。

丽丽：（不好意思地笑了。）这一周过得挺好的。原来看不进去书，现在能看进去了，而且，妈妈对我的态度也有变化。原来都是妈妈说什

么，我必须做什么，从来不征求我的意见；现在，妈妈总是征求我的意见，比如，买衣服、买书，这样一来，花钱也节省了不少。

咨询师：真好。妈妈能听取你的意见，你也不再跟妈妈对着干了，这样才是成熟的丽丽呀！李老师太为你和你的妈妈高兴了！这周还有什么事情想跟李老师说的吗？

丽丽：这周我们年级组长老师给我们讲了一次话，感触挺深的。（情绪特别高昂，滔滔不绝地重复老师的话。）

咨询师：太好了。现在你对老师的话那么感兴趣，听得那么仔细，记忆得那么牢，说明你十分认真地听老师讲了。我们现在看到的是一位精神面貌焕然一新的丽丽了，是一个求上进、积极进取的丽丽了！我真的由衷地为你高兴！（咨询师和丽丽、妈妈都会心地笑了。）年级组长老师的话，让丽丽感触那么深！为了让自己牢牢地记住，是不是把你的感想写下来，下次和李老师一起探讨探讨，好吗？

（第五次咨询）

交来作业，作业是这样写的：

感想

星期五听了年级组长张老师的讲话，我的感触很多。张老师说：现在正是你们转折的时候，小学三、四年级是个转折点，中学初一下学期和初二上学期也是一个转折点，要我们好好把握第二个转折点。她说，如果我们把握不好，学习不好，（中考的时候）就是考本校也可能考不上，因为现在学校录取学生，学习成绩的好坏占很重要的位置。所以，应该从现在开始抓紧时间好好学习。

张老师还说，学习是一种艺术，在学习的过程中，学生占主体地位。学习是一种个人行为，在相同条件下，学习成功不成功，全在于个人是不是勤奋，在于是否科学地使用时间、采用的方法是否有效。成功不仅要靠能力和勤奋，还要靠有效的学习方法。

听了张老师的话，我对照检查自己，我学习成绩不好的原因：① 缺乏明确的目标，自信心差，对学习缺乏兴趣；② 学习不得法；③ 不能科学地使用时间；④ 只注重了"学会"，而忽视了"会学"，忽视了平时每一课的预习、听课、复习和作业等。

有些学生认为随心所欲地想干什么就干什么，才能发挥自己的聪明才智。而实际情况则是，任何一门课程的学习，都不能一蹴而就，不是一时就能学好的，这都要求学习的人要有恒心、踏踏实实地努力。

咨询师：（喜悦地高声朗读丽丽的作业。）

妈妈：你不向李老师汇报汇报你的学习成绩？

丽丽：（不好意思地笑了。）

妈妈：本来今天我有事，请不下来假，我说下星期再来，她说什么也要来。早晨五点钟就醒了，说一定要和李老师说说。（微笑地看着丽丽，丽丽不语。）你不说，我说了？

丽丽：不用，不用。（停了停）自打上了中学，我的成绩就总见红字，常常五门课程只有一门及格。有一次，我的一个同学和我开玩笑说，你也可以呀，也得了98分。那是我三门成绩加起来98分。这次月考，考五门，只有一门不及格，得了50多分，其他都及格了，数学还得了70多分呢。（喜悦之情溢于言表。）

咨询师：真的替你高兴。看到了一个全新的丽丽了，我和妈妈都看到你的突飞猛进的进步了。我相信丽丽一定会越来越好的！

从该次丽丽的SCL-90（精神卫生量表）测验与第一次测验相比，总分与各项因子分都降低了，说明各项症状指标都有所下降。综合丽丽的临床情绪、行为表现以及学习成绩的明显提高，说明经过6周的咨询，丽丽的成长有了长足的进步，可喜可贺！

案例4：是素质教育，还是应试教育

案例介绍：本案例是运用当事人中心疗法与人本主义心理学家弗兰克的

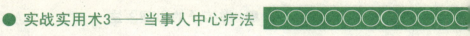

意义疗法，对一位中学生在进行素质教育与应试教育问题的思考中，产生了心理困惑、进而情绪低落进行的心理咨询。因为这位少年患轻度抑郁症，所以，对他的心理咨询具有心理治疗的性质。

有不少孩子因为对应试教育不适应而产生了心理问题、甚至心理障碍，所以该案例具有典型性。家长朋友，您的孩子有与李×类似的想法吗？我相信任何有头脑的家长，对目前许多学校实施的应试教育，都会有不同程度的想法。李×在心理医生的帮助下，而产生了认识和情绪上的变化，对有想法的家长和孩子会有一定的启发。

李×*，中学生。

主诉：头晕，曾做微循环检查，未发现器质性病变；心理测试，表明，轻度抑郁症，服中药后稍好。

父诉：他挺聪明，初中曾是某重点中学的学生，初一时学习成绩名列前茅。不知什么原因后来学习成绩落后了，中考时没留到原校，现在他情绪挺低落。

SCL-90测试结果表明他抑郁分高，再根据临床表现进一步确诊为轻度抑郁症，曾经服抗抑郁药，症状有所减轻。因为心理困惑没有完全解决，情绪仍然高涨不起来，主动要求看心理门诊。

（第一次咨询）

咨询师：有什么需要我帮助的吗？

李×：活着没意思。

咨询师：平常感觉不愉快，情绪挺低落的，是吗？

李×：经常。我感觉自己与别人的性格不一样，与别人在一起格格不入。我喜欢听音乐，觉得这是一种精神寄托。特别爱听有点消沉的音乐，情绪不好时，听了感觉不错，可听多了觉得情绪更不好了。

咨询师：好的音乐是精神享受，使人舒畅、振奋。长期听消沉的音乐，会不会使人的情绪抑郁、精神萎靡？

李×：可能是这样。

咨询师：所以，欣赏音乐作品是不是要有所选择？

李×：是。

咨询师：你与同学交往怎么样？有朋友吗？深交的有几个？

李×：不错的有一两个……三四个深交的朋友。平时在学校还可以，一放学回家就想摔东西、撕书，当然撕的是没用的书。（微笑）

咨询师：你挺害怕寂寞、孤独的，是吗？

李×：是。

咨询师：你有努力的方向吗？比如，想达到什么程度？争取到什么？

李×：希望学得不错，能上大学，多交朋友，再以后从事自己喜欢的事情，那就最幸福了。

咨询师：人本主义的心理学家弗兰克有一种观点，认为人生活的动机应该探索意义。他引用尼采的一句话："懂得为什么活着的人，不论什么样的生活他都能忍受。"他提出，幸福和快乐不是追求来的，生活定向为追求快乐，就永远不会感到快乐。具有健康人格的人，生活的动机应该指向未来，是由远景目标和任务指引的。人生活总得有目标，已达到的与未来的目标之间保持距离，这就是人应努力的方向。这目标会促使你不断努力，不断进取。你生活得充实了，就会过得很愉快；如果没目标，没方向，生活没兴趣，当然就会不愉快，情绪低落了。你说，是不是这个道理？

李×：（认真听、点头，沉默）我初中在××学校学习成绩非常优秀，学习有目标，生活很紧张，也很愉快。后来没把握住自己，无限制地听音乐，就这样滑下去了。中考时把握了一下，才考上了另一所重点中学。

咨询师：你是否对自己的现状不太满意，觉得自己不应该是这样的，应该比现在好，为此你不甘心？

李×：对。想往上走，可又觉得自己不成。

咨询师：你对自己目前的状况不满意，有上进心，可又对自己缺乏信心，是吗？

李×：嗯，有自信的基础才会有自信。

咨询师：自信的基础是什么？

李×：通过努力学习，成绩提高了，才有自信。

咨询师：自信来自"想"，还是"做"？

李×："做"。（肯定的，目光注视咨询者）

咨询师：说得好。怎么做？

李×：保持良好心态，少听消沉的音乐，融合在集体中，多与人交往，与精神愉快的人在一起。

咨询师：好极了！融合在集体中，与人交往，一个快乐会变成两个，一个痛苦会变成半个。多与乐观的人进行交往，你可以受到感染，也会变得愉快。这都是你自己"悟"出来的。我再提醒你一下，从弗兰克的"意义意志"的理念里还应该学到什么？

李×：有生活目标。

咨询师：对。有了目标，就会增加紧张感。比如有个学生不懈地努力，复习了3年才考上大学。别人认为他太苦了，他没觉得苦，认为那时有个目标指引着，生活得很充实。

李×：我也有那种感觉，最紧张时，生活得最充实，也最愉快。

咨询师：今天有收获吗？

李×：有。（喜悦状）

咨询师：什么收获？

李×：明白了今后的路该如何走——生活、学习要有目标，还要行动起来。

（第二次咨询）

李×：上次谈得挺好的，但考试的时候，心里还是挺烦恼的。

咨询师：是情绪低落？

李×：不是低落，是感觉进不了那个圈儿。

咨询师：你说的没进那个"圈儿"指的什么？能说得具体一些吗？

李×：比如，学英语、计算机，目的是应该怎么用，结果学校里设的这些科目又有许多笔试的东西，需要记、背的很多；英语过多强调语法什么的，实际应该重视口语应用。又比如，政治课应该有利于提高我们学生的思想觉悟，可实际上，为了考试又要记、背很多东西。我自学的几科，比在学校里学得还好，比如外语、计算机等科，我喜欢，就自己主动学。我常常思考：我们现在接受的教育，到底是素质教育还是应试教育？我认为目前还是应试教育，就是为选拔人才。现在素质教育喊得多，但实际改进得并不多。刚上初中时，我什么也不想，就是根据老师的要求按部就班地走；长大了有点儿阅历，思考了些问题，后来就不太按部就班地走了。

咨询师：你成绩的变化（初中时学习成绩名列前茅，高中落后了）与你的这些想法有关系吗？

李×：（思考，顿悟）有吧。跟着走时成绩就好，不跟着走了，自己有点儿想法，学习成绩就下降了。

咨询师：你关于教育问题的想法，比如英语、政治应该强调应用，是你听谁说的，还是自己思考的？

李×：是我自己经常想的。

咨询师：看来你是一位勤于独立思考的学生，你的想法不是没有一点儿道理。目前教育的问题是不少，你希望教育要迅速改革的想法也是可以理解的。但是，目前教育的状况，能不能如你的意愿很快就有大的改观？

李×：我看在短时间内很难。

咨询师：为什么？

李×：积重难返呗。

咨询师：是啊。你希望我们目前接受的教育更先进，真正有利与学生德智体全面发展，你的这种愿望是有道理的。但是，目前的实际情况又不能很快有很大的变化，你也不能等教育完全改变好了，再接受教育，是不是？

李×：是啊！我也是这么想，我不喜欢目前的教育现状，可我又不得不接受这种教育，时不我待啊！

咨询师：请你看看我编著的一本书《青少年心理卫生与心理咨询》，其中的理性情绪疗法一章有一段话，请你大声地朗读出来。

李×：（大声朗读）RET（即理性情绪疗法）理论认为："非常不好的事情确实有可能发生，我们也有许多原因不希望它发生，但我们却没有理由说这些事情不该发生。因此，面对这些不好的事情，我们应该努力接受现实，在可能的情况下去改变这种状态；而在不能改变时，去学会如何在这种状态下生活下去。"有道理，有道理。（忽然明白，点头）

咨询师：你不喜欢目前的教育现状，可又不得不接受这种教育。在这种情况下，你是不是应该思考一下，怎么做才既能够真正全面发展、提高自己的素质，又能应试？

李×：把握自己？（思考状）不太清楚。

咨询师：你现在心里很烦，跟你头脑中有这么多的问题有关吗？

李×：有点儿关系。（思考状，点头）

咨询师：有志向吗？

李×：想学计算机。

咨询师：还是上次谈的人生目标问题。既然你已有自己的志向——想学计算机，这很好嘛。目前，你接受的教育又不是最尽如人意的，但又不能不接受这种教育。为了实现自己的理想、志向，能不能自己找到你目前所接受的教育与自己主观努力的结合点？

李×：不好找。还得在学校好好学，没想到那么多。

咨询师：恐怕你还得思考着找。因为你已经发现了问题，不找出解决问题的对策，你头脑里还会有好多矛盾，不是还会很"烦"吗？

李×：是啊。

咨询师：有许多中学生，特别是喜欢理科的学生，对记、背的科目没兴趣，不爱学，但是中考、高考还要考。有的老师不仅告诉学生学习这些科目的重要性，还说即使你不喜欢这些科目，它们也是你考试拿分的科目啊。你觉得这些老师说得有道理吗？

李×：明白了。为了自己的发展，还得上大学，还得通过考试达到目的——实现自己的志向、理想。为了这，许多科目还得跟着老师认认真真地学，争取考出好的成绩。有的科目如数学、物理、化学等科，对自己将来想干的事有好处，就要特别好好地学。您一点我就明白了。

（李百珍）

做／孩／子／的／心／理／医／生

实战实用术4——认知疗法

◎ 理性情绪疗法的应用

一、什么是理性情绪疗法

　　理性情绪疗法是美国临床心理学家阿尔伯特·艾利斯（A.Ellis）在20世纪50年代首创的一种认知心理治疗的理论和方法。这是一种独特的、指导式的心理咨询和心理治疗方法。它是通过理性分析和逻辑思辨，改变人的非理性的观念，以帮助解决心理问题。人们都认为它具有特殊的魅力呢！

　　特别有趣的是艾利斯身体力行，对自己的非理性的观念进行辩论获得了好的效果。他曾经是一个很羞怯的人，特别是与异性接触的时候表现得非常焦虑。他发现自己的焦虑情绪来源于本人头脑中的一些观念：自己不能在社交中失败，否则，自己就是一个命中注定在这方面永远会失败的人。于是，他通过理性分析和逻辑验证来驳斥这些信念，并通过实际行动加以改正，他逐渐发现自己的焦虑情绪大为减轻了。

　　RET的理论是来源于什么观点呢？它来源于艾利斯对人性的看法。艾利斯认为，人即有理性的思想，又有非理性的思想。当人们按照理性去思考问题、行动时，他们就会与别人建立亲密的关系，使自己在快乐中成长，并最终实现自己的理想、目标；当人们用不合理的、不合逻辑的思维去行动时，就会使他们逃避现实，缺乏忍耐，或苛求自己十全十美，或自怨自艾。如果一个人陷入这些非理性的思想而不能自拔的时候，就会产生许多负面情绪、心理的困扰和适应不良。

　　艾利斯对人性的看法是与弗洛伊德截然不同的。他同意人本主义对人性的看法，认为人是有主动性，有能力和有责任的。他还认为人绝不能放任自己，人不能使自己成为早期经验或本能的俘虏，人类能够、也应该积极主动地利用自己所拥有的巨大的潜能，来进一步改变自己与社会的命运。

　　RET有什么重要的观点呢？ABC理论是RET的核心。什么是ABC理论呢？它的要点就是：情绪或者不良的行为并不是由某一外部诱发事件引起的，而是由于一个人对这个事件的解释、评价所引起的。艾利斯常常借助古希腊哲学家埃皮克迪特斯（Epictetus）的一句名言表达自己的观点："人不是被事物本身所困扰，而是被其对事情的看法所困扰。"——这被称之为ABC理论。

　　ABC来自三个英文词的字首。在ABC理论中，A指诱发性事件，（activating-events）；B是指个体在遇到诱发事件之后，对该事件的看法，解释和评价，即信念（beliefs）；C是指这事件后，一个人的情绪及行为结果（consequences）。通常，人们都认为是A直接引起的C。但是艾利斯认为A不是引起C的原因，而认为B是引起C的直接原因。换句话说，抑郁、焦虑、沮丧等情绪导致结果C，并不是由所发生的事件A直接引起的，而是由想法B所引起的。例如：一个人走在路上，迎面碰到一位认识的人，没与他打招呼（A），他就想（B），故意不理我，这是看不起我，因而郁闷、耿耿于怀（C）。对于这件事（A），另一个人可能这样想（B），他可能正在想事情，没注意到我；或是看到我没理我，可能有其他的事情。这人可能无所谓，照样平静地生活（C）。从这个实例可以看到，对待一些事物、事件的想法，可能有的人持有"别人绝不能不公正地对待我"的信念，第二个人可能持有"要设身处地地替他人想"的信念。前者是不合理信念，后者就是合理信念。合理信念会引起人们适当、适度的情绪反应；而不合理的信念则会导致不适当的情绪和行为反应，长此下去，将最终导致情绪障碍和各种类型的神经症的发生。

艾利斯在1962年，通过临床观察，总结出日常生活中通常会导致产生情绪困扰，甚至神经症的10种主要的不合理信念。您了解这10种不合理的信念都是什么吗？下面，我们将向您逐一进行介绍：

第一种不合理信念："我要做老好人。"

"老好人"，顾名思义，就是那些坚持"谁也不得罪，大家你好我好"观点的人，他们委曲求全、想方设法地来取悦他人，希望给每个人都能留下"好人"的印象。

例如：初一年级的姚远是班上同学称道的好"哥们"。班上同学今天有谁不想做值日了，说一声："姚远，你帮我做值日。"就可以放心地走了，因为姚远会帮你做好值日；谁的作业来不及完成，给姚远说上一声就行，因为姚远会替你把答案写好。他不拒绝班上同学对他的各种要求，因为他不愿自己的"好人"形象遭到破坏。好友想听听姚远对自己的一些想法，姚远都会说"你不错，不错"。好友感到很失望。一日，好友与班上其他同学发生了口角，好友把姚远拉来，让他评理。姚远既不想得罪好友，也不愿意得罪那位同学，他在两个人你一言我一语的争吵中一个劲儿地点头称是。两个吵架人看姚远只会哼哈，帮不了什么忙，都离他而去。事后，有的同学叫姚远是"可怜虫"，有的同学称他是"没立场的家伙"。姚远很失落：为什么自己所做的一切得不到大家的认同？

我们都知道，迎合不同人的需求，是很难的。我们的精力和时间是有限的，不能时时刻刻地对周围人进行察言观色，去满足他们对我们的不同要求。对我们来说，要获得周围每个人的欣赏，是不可能的事，更何况社会阅历不足的孩子了。因此，当您发现子女存在这种不合理信念时，要对其进行正确的引导，告诉子女没有必要让自己深深地陷入令人失望、沮丧的泥潭里。

第二种不合理信念："我要永远第一。"

小惠聪明好学，多才多艺，不仅是父母的掌上明珠，更是学校老师眼里的好学生。因为小惠多才多艺，所以，她总能在学校组织的各项比赛中，为班级争得荣誉。在父母、老师看来，小惠什么都好，但就有一点使父母、老师对小惠放心不下，那就是小惠的好胜心太强了，她甚至不能忍受被别的同学超过的事实。这不，班上新转来一位同学，在期中考试中，总分多小惠半分而排名第一，小惠的心里就堵得慌。回到家，抓起心爱的玩具小熊就乱扔，在班上也少了笑容。

家长朋友看了上面的事例，是否能够分析出小惠为什么只因为半分的差距，就出现情绪上这么大的波动呢？其实，就是"我要永远第一"的不合理信念在小惠头脑中作祟。如果您的子女也存在类似的情况，就需要您给予科学的指导了。家长应该让子女懂得这样一个道理："山外有山楼外有楼"，在激烈竞争的社会中，人处于前列是相对的，不可能事事时时永远第一。

第三种不合理的信念："犯过错误的人是永远不可以原谅的。"

这个不合理的信念为什么会使我们产生不良的情绪反应呢？让我们试想一下，如果我们坚持这种信念，我们就会非常厌恶、憎恨那位伤害了你的同学，我们会坚持认为，他心中只有自己，没有他人，是个自私自利的人，应该永远受到他人的唾弃与歧视。于是，你就会希望大家和你一样，都来排斥他。可是，你对他的厌恶、憎恨、排斥只增加了你的烦恼，并没有让你的心里好受一些。因为，每当你见到他的时候，你的气愤和怨恨就会涌上心头。在这种心态下，你的心情怎么能好呢？

　　家长朋友，先从我们自身考虑。当我们在生活工作中果真遇到这种情形时，我们怎样才能让自己从愤懑中解脱出来，使我们能够拥有好心情呢？办法当然很多，可是一个最根本的信念不能忘记：我们每个人都可能会犯错误，所以，我们不能将他人一时的错误作为他一世的错误看待，永远去排斥和歧视他。我们应该给他人一个改过自新的机会，不仅使他人获得新生，也使自己的心情舒畅许多。想想看，是不是这个理？

　　因此，您如果发现子女存在这种不合理的信念，同样可以用上面的道理耐心地指导孩子，消除他对伤害自己的人的气愤、怨恨。

　　第四种不合理的信念："遭遇挫折是一件极可怕的事。"

　　家长朋友，您的孩子是否向您透露过这种想法：当他们面对不及格的数学考卷时，当他们请求暑假去旅游而被您拒绝时，当他们的好朋友突然有一天对他说"与你做朋友，真没意思"时，当他们面临中考落榜时……他们是否向您说过或者您是否感觉到这些挫折已经把您的孩子击垮了，从此他们认为周围的世界都是黑色的？

　　家长朋友，对《聊斋志异》相信您一定不会陌生。它的作者是一位在科举中屡考屡败的人，这个人就是蒲松龄。当他在科举中失败后，他给自己写下一幅自勉联："有志者，事竟成，破釜沉舟，百二秦关终属楚；苦心人，天不负，卧薪尝胆，三千越甲可吞吴。"在挫折面前，蒲松龄没有丧失奋斗的信念，他坚持不懈地从事文学创作，终于写出了这部不朽的杰作《聊斋志异》。

　　从我国这位著名的文学家身上，我们每个人都可以看到，遭遇挫折并不是可怕的事，可怕的是我们不能正确地对待挫折。当您的孩子遭遇挫折一蹶不振时，您可以应用名人的例子去启发他，引导他认识到自己的不合理信念。

　　第五种不合理信念（艾利斯提出）："我的不愉快都是外界引起的。"

　　"一起床，心情就不好，你看，今天的天气多阴沉。洗漱完毕，急忙扒拉几口饭，唉哟哟，烫死我了！妈妈怎么烧那么热的粥？还让我吃吗？真烦人。赶紧背上书包，冲出家门，准备骑车上学，可爸爸还没有把车推出来。怎

么这么慢呀！急死人了。一见爸爸推着自行车走过来，赶紧抢过来，踏上自行车就飞奔起来。真要命，怎么总遇到红灯？大清早就和我过不去。总算赶到了学校，可还是迟到了。课代表早已经把家庭作业交到办公室了，我又要挨老师的批了。这不是课代表存心害我嘛。气死我了！今天早上我倒大霉了。"

从上面这个孩子的埋怨里，我们清楚地知道，她把自己的不愉快全都归结为外界因素所致，如天气的阴沉、妈妈做饭做得太烫、爸爸推车太慢、红灯总是亮、课代表交作业太早。其实，只要她稍微早一些起床，这种不愉快就消失了。看来，她的烦恼是自己寻来的。您的孩子是否也存在同样的不合理信念呢？

第六种不合理的信念："遇到困难就该逃避。"

卧室挂钟的指针已经指向了晚上11：30，李明仍在写作业。"又是物理作业！"李明瞅着桌上的物理课本，嘴里不由地嘀咕道。今天的物理作业是有关浮力的运算。在今天的物理课上，老师讲解浮力时，李明就不太清楚。看着这些作业，李明暗自思忖："实在做不出来，明早抄同学的去！况且浮力也太难学了，我学不会，其他同学也未必都会。"这样想着，李明心安理得地去睡觉了。自从那以后，李明碰到不懂的问题就绕着走，不去解决它们。日积月累，李明感到学习越来越吃力了。看着以前比自己成绩差的同学都赶上了自己，李明心里特别不是滋味。

李明所以产生这样的情绪反应，是自己遇到学习上的困难就逃避，一个个问题没有解决，长此以往，不明白的问题积累得就太多，以致使自己在学习的道路上寸步难行。从李明身上，我们又能吸取到什么教训呢？遇到困难就该逃避的信念是不合理的。

第七种不合理信念："我们应该时刻警惕并注意那些危险和可怕的事。"

我们对危险和可怕的事物保持应有的警惕和关注是正确的，但是，我们

过分地对此事担忧则是不正确的。因为坚持这种信念，我们就会夸大这个事物的危险性，就不会使我们正确、客观地对待这件事，而我们本身也只会整日忧心忡忡，焦虑不已。

您还记得2003年的"非典"时期吗？当"非典"肆虐时，人们出门戴口罩，在家里煎药汤，一天要在水龙头前洗无数次手。人们这样做都是为了防止"非典"病毒的侵入，这是无可厚非的。然而，当我们一听到别人咳嗽，就迅速躲闪到一边；当我们在水龙头前洗了20多分钟的手，却仍然不放心的时候，我们的过分忧虑就出现了。在这种忧虑充斥的心境中，我们的好心情又怎能找到立足之地？

第八种不合理信念："依赖他人，我才能生活得好些。"

丁薇就这样认为。虽然丁薇已经是初二年级的学生了，可她还是不能料理自己的事物。但是，她认为她生活得很幸福，很快乐。她说："衣服脏了，我妈就给我洗；我不愿骑车上学，我爸二话不说，骑着车子带着我就奔向学校，准时准点；我想吃炸糕，给我奶奶打个电话，第二天中午，奶奶就会拎着还冒热气的炸糕来了；我爷爷不时地给我零用钱，我可以去逛商场，买些我喜欢的衣服。看我多快乐！"

您的子女是否和丁薇有同样的想法呢？不可否认，我们需要他人帮助才能在社会上生存下去。但是，如果像丁薇那样，把自己的快乐、幸福完全建立在过分依赖他人的基础上，这种快乐、幸福是不能长久的。因为过分的依赖会使子女丧失独立性。当他们需要离家独立学习、生活时，甚至在可以依赖的父母亲相继去世的时候，缺乏独立性的孩子就将无法找到幸福快乐了，而留给他们的只有心理上的不安全感。

第九种不合理信念："我无法掌握和改变自己的命运。"

"我们无法掌控和改变自己的命运"，果真如此吗？研究黑洞而出名的霍金，用自己的行动驳斥了这个不正确的信念。英国剑桥大学教授霍金，被认为是继爱因斯坦以来人类最伟大的物理学家之一。30年前，20多岁的霍金患

了一种肌肉退化病，患这种病的人平均只能活两年半，他在一年内就由能骑自行车退化到要靠手杖而行。渐渐地，他又全身瘫痪，能动的只剩下右手3个指头，可霍金却奇迹般地活下来。霍金写作，全凭这3个指头在电脑键盘上敲击，造一个句子要几分钟，然后再通过"声音合成器"变成讲稿，完成一小时的讲稿往往要花十几天工夫。但霍金凭着坚定的信念苦干几十年，在天体物理领域取得了惊人的成就。他所著的《时间简史》一书，被译成了31种文字，畅销至600万册。他坐着轮椅走遍世界进行讲演，前几年曾到过中国。霍金干瘪的身体像个木乃伊，然而有人说，他是"轮椅上的巨人"。

这位"轮椅上的巨人"，使我们有信心对自己说："我们可以掌握和改变自己的命运。"

下面，让我们看看，艾利斯为我们讲述的第十种不合理信念是什么？这条不合理信念是："我不仅要关心他人，还要与他人共同悲伤难过。"

关心他人，富于同情心，这是有爱心的表现。但是，如果我们过分地投入到他人的问题里，我们就可能忽视自己的问题，从而使自己陷入他人和自己的问题都不能解决的境地。这时，我们的情绪就会失去平衡，只能独自在一团糟的局面里扼腕叹息了。我们有爱心固然重要，可是，有效地利用自己的爱心去帮助他人却是更重要的。

第十种不合理的信念："做事应该力求完美。"

我们把事情处理得尽善尽美，难道不好吗？老实说当然好了。可是我们也不能忽略这么一个事实：我们的人生要经历一个复杂的过程，其中有坦途也有荆棘，而我们每人的能力是有大小之分，潜力是有强弱之别的，所以，要将每一件事都做得完美无缺是不可能的。如果我们持有这种信念的话，不仅会使自己，也会使他人都生活在压抑之中。

小义的妈妈在每件事上都力求完美，她对小义的期望和要求也很高。不知妈妈从哪里知道了学校即将举行英语演讲比赛，她问小义参加了没有，小义说没有参加。妈妈不由小义解释，劈头盖脸就一阵数落。第二天，她领着小义

到学校把名补报上。从那以后，小义的妈妈一下班就回家督促小义大声朗读英语，背讲稿。比赛如期而至，在比赛中小义得了全校第一名。当他拿着奖状和奖品回到家时，妈妈欣喜若狂，一个劲儿地夸奖小义。可是此时的小义却没有一丝的喜悦，他感觉活得很累。

小义的妈妈那力求完美的信念，使小义对生活失去了往日的兴趣，这是一件多么让人叹息的事。您曾经是否有过与小义母亲类似的举动呢？如果我们从完美主义的思想中走出来，我们不仅能给自己一个欢快的心情，也能给他人一个喘息的机会。

读到这里，我们是不是有了这样的感触，那就是艾利斯想要通过他的理性情绪疗法告诉我们这么一个道理：只要我们能坚持正确合理的（即理性的）思想和信念，我们就能让自己高兴、愉快。否则，那些痛苦、焦虑不安等坏的情绪就会不请自来。可见，帮助子女树立正确的信念和思想是非常重要的。

那么，如何帮助子女树立正确的信念和思想呢？除了在日常生活中，我们要特别注意指导子女克服上述那10种不合理的信念外，还需要指导子女掌握一些树立正确信念和思想的具体方法。在下面的篇章里，我们将向您形象、具体地介绍，如何指导子女树立正确的信念和思想，从而使子女获得真正的好心情，心理健康地成长。

心理学家韦斯勒等对上述不合理的信念加以概括和简化，总结出以下三个特征，即绝对化要求、过分概括化和糟糕至极。

（1）绝对化要求。

这是日常生活中最常见的不合理的信念。对事物的绝对化的要求，是指个体从自己的意愿出发，认为某一事情必定要发生或不会发生。该信念常以"必须"、"应该"这类词联系在一起。比如：我必须获得成功、他人必须友好地对待我。怀有这样信念的人极易陷入情绪困扰，绝对化的要求是永远不可能实现的。因为客观事物的发展有其自身的规律，不可能依个人的意志为转移。对某个具体人来说，他不可能在每一件事情上都获得成功；而对于某个

个体来说，他周围人和事物的表现和发展也不会依他的意愿来改变。因此，当某件事物的发生与其对事物的绝对化要求相悖时，他们就会感到难以接受和适应，从而极易陷入情绪困扰之中。

（2）过分概括化。

过分概括化是一种以偏概全，以一概十的不合理的思维方式的表现。艾利斯曾说过，过分概括化的不合逻辑，就好像以一本书的封面来判定一本书的好坏一样。过分概括化表现为对自己、对他人两方面的不合理的评价。一方面是人们对其自身的不合理评价。例如：当一些人面对失败结果时，往往会认为自己"一无是处"、"一钱不值"、是"废物"等。这种人以自己做的某一件事或某几件事的结果来评价自己整个人，评价自己作为人的价值，即结果。这种片面的自我否定，往往会导致个体的自责自罪、自卑自弃的心理发生，以及焦虑、抑郁等情绪的出现。过分概括化的另一方面表现为对他人的不合理的评价，即别人稍有过错就认为他很坏，一无是处，就会导致一味地责备他人，并产生敌意、愤怒等情绪。按照艾利斯的观点认为，以一件事的成败来评价整个人是一种"理智上的法西斯主义"。RET强调世界上没有一个人能达到十全十美的境地，每一个人都应该接受自己和他人是有可能犯错误的人类一员。因此，他主张不要评价整体的人，而应代之以评价人的行为、行动和表现。这是合理情绪治疗的重点之一。该治疗的一句名言"评价一个人的行为而不是评价一个人。"

（3）糟糕至极。

不合理信念第三个特征是糟糕至极。这是一种认为如果一件不好的事发生，将是非常可怕、非常糟糕，甚至是一场灾难的想法。糟糕就是不好，坏了的意思。但当一个人讲糟透了、糟极了的时候，就意味着对他来说这是最坏的事情，百分之百地坏，是灭顶之灾。艾利斯认为这是一种不合理的信念，因为对于任何一件事情来说，都有更坏的情况发生。因此，没有一种事情可以被认定为百分之百的糟糕透顶。当一个人认定自己遇到了糟糕透顶的情况时，他就会陷入极端不良的负性情绪体验之中了。

糟糕至极常常是与人们对自己、对他人及周围环境的绝对化要求相联系而出现的，即在人们的绝对化要求中认为的"必须"和"应该"的事物并不如他们所想的那样发生时，他们就会感到无法接受、忍受这种现实，他们就会认为事情发展糟糕透了。RET理论认为"非常不好的事情确实有可能发生，我们也有许多原因不希望它发生，但我们却没有理由说这些事情不该发生。因此，面对这些不好的事情，我们应该努力接受现实，在可能的情况下去改变这种状态，而在不能改变时去学会如何在这种状态下生活下去。"

合理情绪疗法的理论认为：人既是理性的，也是非理性的。因此，在人的一生中，任何人都可能或多或少地具有上述非理性信念。这些非理性信念在那些有严重情绪障碍的人身上表现得更明显、更强烈，他们一旦陷入严重的情绪困扰中，就需要应用合理情绪疗法的理论和技术对他们加以治疗。因此，您需要认识到，子女头脑中具有这种不合理的信念并不可怕，而且很常见，只要及时地发现，应用合理情绪疗法的知识，改变不合理信念为合理信念，自然子女的烦恼就可迎刃而解。下面，我们以案例的形式向您具体介绍合理情绪疗法在家庭教育中的应用。

二、理性情绪疗法在家庭教育中的应用

您一定会问："那么怎样祛除孩子的不合理信念，使他们获得合理的信念呢？"那就要引导他们与自己的不合理信念辩论了。有的家长会说，这东西是"舶来品"，做起来一定很难的吧？其实不然。

某位女学生非常在意他人的评价，总是觉得自己什么都不好。咨询师与她曾有这样一段对话：

咨询师：假如有100个人，其中30人说你不好，你是不是就不好了？

求询者：我会那样想的。

咨询师：假如另外那70人说你好呢？

求询者：……

咨询师：现在我们假定坐在一辆车上，这辆车在向南开，而车上的其他人都说车在向北开，你说它在向哪里开？

因为理性情绪疗法是一种有主动性和对自己负有责任的方法，笔者在临床心理门诊中，向许多青少年介绍并指导他们与自己的不合理信念辩论，求询者都能欣然、主动地接受，并且取得了良好的效果。

以上这段对话是很经典的，这在心理咨询实践中用得很多。因为它富有辩证的观点，逻辑性强，特别具有说服力，在临床上对帮助那些人格偏激、思维方式片面的人解除心理困扰有立显的效果。我想，这对那些在思考问题的时候爱"抓住一点不及其余"的孩子会有益处的。

案例1：我为什么爱发脾气

这是笔者临床上的因脾气暴躁，在家长的督促下被动求询的案例。咨询师提出启发性的问题使他认识到，自己发脾气并非因为自己认定的"改变了旅游计划"这一客观事件，而是因为"改变的旅游地点不合自己的心意"这个主观因素。这来源于自己头脑中"我认为这样"，就"应该这样"，就"必须这样"的非理性观念。他的这种非理性观念又是全家人以他这个独子为"中心"，什么都"顺着他"而宠出来的。

您的子女脾气是不是也很大？他的头脑也许同样存在类似的不合理信念呢！从以下对王某咨询的这个案例，或许可以给您一些校正子女不合理信念的启发。

王某，男，20岁，中专生，长相英俊，穿着整洁、得体。

咨询师：有什么不愉快的事，需要我帮助吗？

王某：其实没有什么事。不是我自己要来的，是家里人让我来咨询的，说我脾气大。

咨询师：最近有什么不愉快的事吗？

207

王某：也没什么。（回忆状）

咨询师：比如说……

王某：还是有不高兴的事。我妈说的话我就不爱听，有时回来晚点儿，我妈一说我，我一烦，就火了。

咨询师：你对你妈的做法有意见？

王某：有。

咨询师：举个实例。

王某：我总觉得我妈做事不正确。前几天说好全家出去旅游，定好了去承德避暑山庄的，后来又改去北戴河了，就吵起来了。

咨询师：是因为改变了旅游计划而吵起来了？

王某：嗯。

咨询师：为什么要改变计划呢？

王某：为了照顾我爷爷，我爷爷想去北戴河。北戴河有什么意思！本来说好了去承德，变来变去的，我就火了。

咨询师：你想想，你们家改变旅游计划有没有道理？

王某：没道理。先定好去承德，后来又说去北戴河，我就是不同意。我爷爷岁数大了就是事多。

咨询师：你想想，你发脾气的原因是什么？

王某：是改变了旅游计划。

咨询师：你认为你发脾气的原因是改变了旅游计划这件事情，是吗？

王某：那当然。

咨询师：那么我问你，如果原先定的去北戴河，后来改为去承德，这也是改变了计划，你还会不高兴吗？

王某：不会的。

咨询师：我请你想一想，同样是改变了旅游计划，先定好去承德，改为去北戴河，你就不高兴；而如果先定好去北戴河，改为去承德，你就高

兴。这是为什么？

王某：因为我从心里想去承德。

咨询师：感谢你的坦诚。那么，你再想想，你不高兴发脾气的原因是像你说的，因为改变了旅游计划呢？还是因为改变的地点不合你的心意？

王某：（思考状……）是不合我的心意。

咨询师：你很诚实，回答得很坦诚。再想想，如果我们把不高兴、发脾气的情绪称作C，那么造成的原因是客观事件——家庭旅游计划改变A呢，还是主观的认识B不合自己的心意？

王某：是主观认识B。（微笑地回答）

咨询师：是这样吗？

王某：是，是我对这件事——改变了旅游计划要去的地方不合我的心意造成的心里不高兴、发脾气。（豁然明白）

咨询师：还有其他类似的事吗？

王某：好多事，都是这样引起来的。有时说着说着就吵起来了，我的女朋友常说："什么事都得依着你。"

咨询师：是独子吗？

王某：是。

咨询师：家里经济条件不错吧！

王某：不错。

咨询师：小伙子长得挺英俊的，家里经济条件也挺好，家里人都很爱你、宠你是吗？是不是在家里什么事总顺着你？

王某：是。

咨询师：你平时是不是这样想：我认为"这样"，就"应该这样"，就"必须这样"？

王某：是。您怎么知道的？（疑惑地）

咨询师：是你（前面所说的话）告诉我的呀！（微笑）

王某：（信服地点头微笑）

咨询师：在家里，全家人都以你为中心，什么事都顺着你，你想得到的都能得到，是吗？

王某：是。

咨询师：你想过吗，是什么原因造成你的脾气大？

王某：家里人都说我的脾气大是他们宠的。

咨询师：你自己认为呢？

王某：过去我不承认，今天您给我一分析，我觉得也是（他们宠的）。

咨询师：今天来咨询有收获吗？

王某：当然有。

咨询师：什么收获？

王某：我过去想问题都以自我为中心，什么事都得依着我，稍微不合我的心意就犯脾气、发火；过去我总认为是他们做的事情让我不高兴，所以就发火，我还觉得自己蛮有道理呐。今天我明白了：让我不高兴、发脾气的原因不是客观的事情，而在于我自己的主观认识不对。

案例2：害怕在会上发言

一女学生，对在即将举行的一个会上发言感到恐惧，认为自己肯定不行，会出丑，一切都会变得非常糟。

咨询师采用合理情绪想象技术，在想象的情景中用"合理的信念代替那些不合理的东西"，帮助她克服对未来活动（发言）的恐惧。这也不失为另一种有效的理性情绪疗法的形式。

合理情绪想象技术是理性情绪疗法中最常用的方法之一。其具体步骤可以分为以下三步：

首先，使来访者在想象中进入他产生过不适当的情绪反应情境之中，体验在这种情境下的强烈的情绪反应。

然后，帮助来访者改变这种不适当的情绪反应。这常常是通过改变来访

者不正确的认识来进行的。

最后，停止想象，让来访者讲述他是怎么想的，自己的情绪有哪些变化，是如何变化的，改变了哪些观念，学到了哪些观念。对来访者情绪和观念的积极转变，咨询者应及时给予强化，以巩固他在理性情绪疗法中获得的新的情绪反应。

咨询师：好，闭上你的眼睛，想办法使自己坐得很舒服。现在请你想象你到了会场，要想得像真的似的……

女学生：……嗯……

咨询师：现在你感觉怎么样？是不是真正达到像你所说的那样恐惧，困窘了？

女学生：嗯，我已经觉得要不行了，要讲不下去了……

咨询师：对，这正是你担心的情景。现在我要求你把这个场景保持在脑海中，同时，请你把那种觉得要不行了的感觉变成只是有点儿紧张，想象你仍在会场上发言，只是有点儿紧张……

女学生：……恐怕不行……

咨询师：要坚持这样做。

女学生：（两分钟）……嗯，差不多了。

咨询师：很好，说说你现在是怎么想的？

女学生：我要是逃走会更糟，反正我得在这儿坚持讲完。

咨询师：还想了些什么吗？

女学生：我已经站在这儿开始讲了，虽然讲得不太好，人家笑话我。但是，我要是中间停下来不讲跑掉了，人家更会看不起我。不管别人说我什么，我也得讲完该讲的话……

咨询师：说得对，你现在所做的事情正是在用合理的信念，代替那些不合理的东西。这会使你的情绪不再那么坏。不管别人怎么想你，你现在要做的最关键的事，是要完成这次大会发言，而且不管别人会怎样看你，

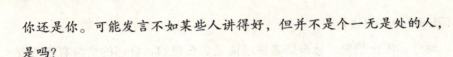

你还是你。可能发言不如某些人讲得好，但并不是个一无是处的人，是吗？

女学生：……（点头）

案例3：别人都看着我

针对社交恐怖症来访者的心理："别人都看着我"，采取夸张式的提问，这种提问方式是把对方信念的不合理、不合逻辑、不现实之处，用夸张的方式放大给他们自己看，这种方式效果很好。因为通过这样的问答，来访者也感到自己的想法幼稚可笑，不合理，这就比较容易让其心服口服。

来访者：（我不敢与别人接触是因为）别人都看着我。

咨询者：是不是别人都不干自己的事情，都围着你看？

来访者：没有。

咨询者：要不要在身上贴张纸，写上"不要看我"的字样？

来访者：那人家都要来看我了！

咨询者：那原来你说别人都看你是不是真的？

来访者：……是我头脑中想象的……

案例4：不在意别人的看法

在意别人的看法，把别人对自己的看法看得过于重要，像刘某一样"怕他人否定自己，绝不能让他人看到自己短处"——这是许多年轻人的心理，这会导致"情绪紧张，避开人群"，影响自己与他人的沟通、交流，进而影响自己与他人的人际关系的和谐。

家长朋友，您的孩子在意他周围的人对他的看法吗？别人的看法对于他来说重要吗？如果您的孩子很在意，就请看一看下面的咨询案例。在帮助刘某与这个不合理的信念进行辩论，解除心理困惑的同时，您也会从中得到教育及帮助孩子改善心理健康教育的启发的！

刘某与别人在一起，有排斥他人的感觉。

刘某：和别人在一起，常常觉得挺没意思，玩得不好，不如自己看书、睡一会儿……

咨询师：什么样的情况你觉得没意思呢？

刘某：要是能和别人谈得挺好还可以。如果别人谈的是我不熟悉的事，我就觉得没意思了。

咨询师：在这种情况下，你是怎么想的呢？是不是觉得应该得到别人的承认？

刘某：有这样的想法。

咨询师：如果情况不是这样呢？

刘某：如果不是……嗯，我不在意别人怎么看我……

咨询师：如果你真是这样想的话（指不在意别人怎么看我），你的反应会是什么？

刘某：避开人群，就对谈话没兴趣了。

咨询师：避开人群是因为你不在意别人的反应吗？如果你确实不在意的话，你的反应会是什么？

刘某：如果确实不在意，就应该在人群中很自然……我明白了，对别人怎么看，我应该不在意，要是老计较这些，心胸就会变得很狭窄。

咨询师：我的问题是如果你不在意──

刘某：我还是在意，不在意就会勇往直前……

咨询师：那么在意是因为什么？

刘某：心理上受不了，就不愿讲话了，如果别人讲的是我不熟悉的问题……还是怕过多暴露自己，怕给人形成某种印象……

咨询师：觉得"我不行"？

刘某：对，这样人家就会排斥我。如果我就先走一步，这样就形成了我排斥他，心里感觉好些。就像空城计那样，人家不知道你是怎么回事，反而会造成一种神秘感，反而会有一种吸引力……

咨询师：那么，这样做的结果会怎么样呢？

刘某：其实，我也知道我自己的情况，有时也想学学别的人那么坦率……

咨询师：你对他们怎么看？他们有什么特点？

刘某：觉得他们挺奇怪的，他们可能特别憨厚，与他们交往就像与家里人交往一样，不觉得紧张。

咨询师：那就是说人群当中还有不少人你不排斥？

刘某：但这类人只是少数。另一些人，我在他们面前就有一种想证实自己的感觉。就紧张……

咨询师：为什么紧张？

刘某：还是怕人家看不起自己……

咨询师：怕人看出你的短处？

刘某：……嗯……

咨询师：那么你是否有短处？

刘某：有。

咨询师：有没有长处？

刘某：当然也有啦！

咨询师：好，每个人都有长处和短处，是吗？

刘某：是的。

咨询师：那么，别人看到了你的短处，你的长处是否就不存在了？

刘某：不，还在。

咨询师：别人即便否定了你，你仍有你的长处，而别人即使承认了你，你也仍有你的短处，这些东西并不因别人的承认或否定而消失，是吗？

刘某：……（点头）

案例5：小楚的思考

这是笔者临床中的一个青年学生小楚在学习了理性情绪疗法之后的家庭作业。通过多次的心理咨询，小楚对多年来几个自己概括的、过去自认为特别有道理的观念，逐一进行了思考、辩论，认识了它们的非理性，主动地排解了困扰自己多年的心理问题。

完成该作业后，小楚自述本人克服了自卑心理，增强了自信心，悲观、烦恼、无望等负面的情绪大为减轻，获得了从没有过的愉悦。为此，他对心理学产生了极大的爱好和兴趣，他的生活有了目标和动力，他树立了终生以心理学为人类社会服务的专业理想。完成本科的学历以后，他刻苦自学心理学，一年后，他以优异的成绩考取了一所著名大学的硕士心理学专业。

小楚的一些不合理的想法，您的子女有吗？无论您的子女是否存在这些不合理信念，看到小楚能够自觉地对自己不合理的想法进行思辨，作为家长的您一定会有感想的。您可以将小楚的例子讲给您的子女听，子女与他们自己不合理的想法的辩论可能更精彩！在您试图纠正子女的不合理信念时，您同样可以给子女布置类似的家庭作业，看看效果如何。

青年学生小楚，认为自己少年期经历了挫折，形成了胆怯、懦弱、自卑等令自己不满意的性格特征，由此形成了"一个人童年的经历决定了他的行为、性格，且难以改变"；"如果我在一件事情上失败，就会认为自己一无是处"；"人们都在注意我、评价我，我必须得到所有人的认可"；"我必须在任何事情、任何方面都是最优秀的，必须无可挑剔"等多项不合理的信念和思维方式。

向小楚介绍理性情绪疗法理论，使其理解了理性情绪疗法的ABC理论，认识到自己的情绪（C）低落，不是由客观事件（A）引起的，而是由对事件（A）的不合理的看法、信念（B）而造成的。治疗者要求他在家庭作业中寻找自己头脑中的不合理的信念，并且与之辩论。

以下是小楚所做的家庭作业

不合理的信念：　　　B

辩论：　　　　　　　D

合理的信念：　　　B+

（1）B：一个人的童年经历决定他的行为、性格，并且难以改变。

　　D：①童年的经历确实对塑造一个人的个性和部分志趣、思维方式有重要的作用，但是这些都是可以改变的。随着一个人年龄的增长、阅历的丰富、知识的增加、环境的改变，个性会逐步成熟的。②天生的智力、创造力也不会轻易受损，只要能够相信自己、面对未来，过去的经历并不会成为你的负担；如果运用恰当，还能成为一种激励你不断进步、改造自己的动力，使你变得更坚强。

　　B+：虽然童年的经历对塑造一个人有重要影响，但作为一个成熟的青年人，只要努力提高优良人格自我塑造的自觉性，保持自己的优良人格，克服改造自己的不良人格特征，就能够培养出健全的人格。

（2）B：人们都在注意我、评价我，我必须得到所有人的承认。

　　D：①每个人都有自己的生活圈子，没有闲工夫，也没有兴趣在乎一些并非很亲近的人。②即使在意你，他们看待问题也都有自己的着眼点、利益观，获得所有人的认可，是根本不可能的事。③如果为了别人的认可而去迎合他人，抹杀自己的个性，绝对是舍本逐末。④按马斯洛的需求理论，人的最高需求是自我实现。只有具有独立性的人才能适应社会，完善自己。适当的适应别人是必要的，但要是把它当做处事态度，那就很难提高自己，也很难把事情办好。⑤获得品质低的人的喜爱和注视，也并非是一件好事。

　　B+：愿意取得别人的喜爱和认可，但是如果得不到，也不必有多大的失望。毕竟人是作为一个具有独立人格的个体在社会上存在的。何况，只要完善自己的个性志趣，就一定会获得越来越多的朋友。

（3）B：如果我在一件事情上失败，就会认为自己一无是处。

D：①大多数成功者都是在经历了无数失败以后获得成功的。爱迪生实验了几百种材料，才找到灯丝的材料，他把这些实验看做是成功，因为证明了这些材料是不能使用的。②人在某一方面会失败，而在另一方面就有可能成功，以往的一次次的成功可以证明你是个有用的、优秀的人。③人生就是用成败得失组成的，有成功就有失败。人无完人，没有人能做到在任何事情上都万无一失。因此而自暴自弃，那么天下人是否都要投河自尽了？

B+：在一件事上失败，不意味着一个人一无是处。正确的态度是对失败做积极的正确的归因，以利今后成功。

（4）B：我必须在任何事情、任何方面都是最好的，无可挑剔。

D：①人类历史上没有任何一个人达到这个境界。拿破仑有滑铁卢的失败；毛泽东被捧为神，他晚年不也犯了严重错误，伤害了许多人吗？②每个人都有各自的优点和缺点，凡事都拿自己的缺点与别人的优点去比较，当然你就会认为自己只有缺点，那么自卑就难免了。其实，每个人的先天条件和潜能都相差无几，智能超常与较低者都是少数。人应该做的是充分挖掘自己的潜能，做到不断超越自我，那么在某些方面超越别人也就是水到渠成的事了。③要接纳自己的缺点，这些正是白玉上的瑕疵，是激励自己逐步完善的原动力。

B+：每个人都有自己的长处和短处，况且长、短处是可以互相转化的。应该扬长避短，而不能因为某些事不如人就责怪自己。否则，看到的永远只能是自己的无能。

（李百珍）

做/孩/子/的/心/理/医/生

实战实用术5——森田疗法

◎ 什么是森田疗法

　　森田疗法是日本学者森田正马教授于1920年创立的心理疗法。长期临床实践证明是治疗神经症质的理想方法，因而得到了高度评价。目前，在日本东京、大阪、浜松等城市，都建立了森田疗法的医院和病房。近年来，我国的北京、天津、山东、河北等地都开展了森田疗法，并取得了一定的成效。

　　森田疗法是一种心理学的治疗方法，更是一种与自然事物和谐相处的生活态度。它的治疗核心传达给我们一种人生的理念，就是我们要用积极的态度面对生活，但不要苛求自己去控制几乎无法控制的事情。当您的孩子处在青春期时，他们会要求自主、会过度地渴望自由，好似羽毛不太丰满的小鹰，挣扎着想要飞向高空。要求自主是青春期子女成长的必经心理阶段，如果您非要抑制子女的自主行为，反而会造成子女的一些心理问题，同时会使家庭氛围变得紧张。不如我们接受森田的理念，顺其自然，尊重孩子的成长过程，也许您会有意外的收获。下面我们就向您介绍森田疗法的治疗原则，以及它传递给我们的那种超然的生活态度。

◎森田的治疗原则和生活态度

森田疗法的治疗原则可以概括为一句话："顺其自然，为所当为。"这是一种与佛教和禅宗中的义理有相通之处的、具有东方哲学色彩的治疗原则。

"顺其自然，为所当为"，可分为"顺其自然"和"为所当为"两个原则。

一、顺其自然的治疗原则

"顺其自然"是森田疗法最基本的治疗原则。这条基本原则包含着下列多层含义。

1. 顺其自然就应该认识情绪、情感活动的规律，接受不安等情绪。

森田曾提出了五条情绪、情感活动的规律：

（1）要顺应情绪、情感的自然发生、自然发展。情绪、情感过程一般构成山形曲线，一升一降最终消失。

（2）如果情绪冲动得到满足，挫折可迅速平静、消失。

（3）情绪随着对同一感觉的惯性，逐渐变得迟钝、直到无所感受。

（4）情绪在某种刺激继续存在以及对此集中时，就会逐渐强化。

（5）情绪、情感是通过新的经验、经过多次反复，在逐步加深对它的体验中逐渐培养的。

按森田的观点，情绪、情感活动有其自身的规律，是不以人的意志为转移的。神经质症患者反其道而行之，总是对自己出现的恐惧、不安或苦恼等人人都会有的情绪很反感，对其采取压抑、回避或消除的态度。例如：赤面恐惧

221

症者对自己见人脸红的生理变化和由此产生的羞涩、惧怕情绪感到苦恼而采取压抑和对抗的态度。把本身很平常的事情看得很严重，其结果使自己陷入神经质症症状的折磨。这实际与森田所述的情绪、情感规律第4点及第5点相符合。即神经质症患者由于集中注意于令其感到厌恶的情绪，并不断压抑它而使之受到强化，经多次反复而培养起他对自己见人脸红的恐惧的情绪体验。而这一过程却违背了情感活动的第1、2两条规律。"顺其自然"就要使患者认识情绪、情感活动的规律，接受自己的情绪、情感，不压抑、排斥它，它就会自生自灭。

2．顺其自然，要认识精神活动的规律，接受个人头脑中出现的各种想法和观念。

神经质症患者常常认为自己应该有某种想法，不应该有某种想法，有了就不正常，就不道德，即极端的完善欲造成了强烈的劣等感。其结果如高良武久教授所言："如果有人无论如何要祛除一切邪念，就可能产生不少恐怖的强迫观念。神经质症患者对该心理采取抗拒的态度，使他们一定保持自己心理的绝对清净，结果必然出现心理冲突。"顺其自然，就应该认识到并接受"人非圣贤"这个事实，接受我们每个人都有可能存在邪念、嫉妒、狭隘之心的事实，认识到不好的想法在头脑中闪现，是精神活动中必然会出现的事情，是一个人靠理智和意志不能改变的。

3．顺其自然，还要认清症状产生和发展的规律，接受症状。

神经质症患者原本无任何心身异常，只是因为其疑病素质，对某种原本正常的感觉看成异常了，想排斥和控制这种感觉，使注意固着在这种感觉上，造成注意和感觉的相互加强，即形成精神交互作用。这是一种恶性循环，是形成症状并使之迁延的主要原因。认清这一点，对自己的症状采取接受态度，不排斥，不压抑，逐渐使自己的注意不再固着在症状上。对症状顺其自然，采取接纳的方式打破精神交互作用，而使症状得以减轻以至消除。例如：患者见人脸红，越怕脸红就越注意自己的表情，越注意越紧张，反而使自己的脸红的感

觉持续下去了。相反，接受脸红的症状，带着"脸红就脸红吧，反正我没做亏心事"的态度与人交往，反而使自己不再注意这种感觉，破除了精神交互作用，从而使脸红的反应慢慢消退。

"冰冻三尺，非一日之寒"。由于症状的形成经历了相当一段时间，即使对症状采取接受的态度，症状也不可能在一朝一夕就消除。因此，认识症状的规律还包括对症状的改变是一个过程，需要一定的时间。认识到这一点，才能坚持长期地对症状视若平常，而不当做自己心身异常加以排斥，使症状逐渐地消失。企图在一个早晨症状全消失是不现实的。

4. 顺其自然，还要认清主观与客观的规律，接受事物的客观规律。

按森田疗法的观点，人之所以患神经质症，疑病素质是症状形成的基础，精神交互作用是症状形成的原因，其根源在于人的思想矛盾。这一思想矛盾特征就是以主观现象代替客观现实，以"理应如此"限定自身的思想、情感与行为。森田曾提出："人究竟如何破除思想矛盾呢？一言以蔽之，应该放弃徒劳的人为拙策，服从自然。想依靠人为的办法，任意支配自己的情感，就如同使鸡毛上天，河水逆流一样，不仅不能如愿，反而徒增烦恼。此皆力所不及之事，而强为之，当然痛苦难忍。然而，何谓自然？夏热冬寒乃自然规律，服从之，忍受之，就是顺其自然"。例如：恐惧、不安是常见的心理现象，非把它看成异常与之抗争，坚持认为自己就不该有不安等情绪，就是违反自然。反之，顺其自然，不以不安为异常而与之抗衡、斗争，就可以破除思想斗争，神经质症的症状便可减弱以至消失。

针对思想矛盾，森田提出了"事实唯真"的观点，意思即"事实即是真理"。他提出："人们不要把情绪或想象，误认为事实，来欺骗自己。因为不论你是否同意，事实是不可动摇的，事实就是事实。所以人必须承认事实。认清自己的精神实质，就是自觉；如实地确认外界，就是真理（实事求是）。"因此，顺其自然，就应注意不以自己的主观想法去套客观事物。任何事物和客观存在，包括每个人的感觉、情绪、精神活动以及神经质症的形成与改变都有

一定规律，不是以人的主观意志为转移的，人的主观思想必须符合客观规律。

二、为所当为的治疗原则

　　森田疗法把与人相关的事物划分为可控事物和不可控事物这样两大类别。前者是个人通过自己的主观意志可以调控和改变的事物，后者是个人主观意志不能决定的事物。森田疗法要求神经质症患者通过治疗，学习以顺其自然的态度不去控制不可控制的事，如人的情感；但还要注意为所当为，即控制那些可以控制的事，如人的行动。高良武久曾说："顺其自然的态度并不是说对自己的一切活动都放任自流，无所作为，而是要患者一方面对自己的症状和不良情绪听之任之；另一方面要靠自己本来固有的上进心、努力去做应该做的事情。"为所当为是对顺其自然原则的充实和补充。

　　1. 忍受痛苦、为所当为。

　　为所当为，就句子本来的意思是讲做你应该做的事情。按森田疗法的对症状采取顺其自然的态度，通常症状不会即刻消失。在症状仍存在的情况下，要忍受痛苦，努力做应做的事——有一定意义的、能够见成效的事情，把注意力集中在行动上，而不把注意力集中在症状上，打破精神交互作用。

　　神经质症患者都有强烈的生的欲望。生的欲望其含义包括：①希望健康生存；②希望更好的生活，希望被别人尊重；③求知欲强、肯努力；④希望成为伟大的、幸福的人；⑤希望向上发展等。他们原来的精力均投入到对症状的关注上，而影响了其正常的工作与学习，工作、学习越无成效，患者的注意力就越固着在其症状上，就越把症状当做必须排除的异物看待，从而加重了症状。森田疗法要求患者按照生的欲望所表现的上进心，去做自己认为应该做的事情。这样的好处是：①把一直向内心的精神能量引向外部世界；②因为注意力不集中在症状上，使症状减轻；③虽然仍有痛苦，不必等到症状消除才去做事。做了事，在工作、学习和生活中就有所收获。例如，对人恐怖的

人，不敢见人，见人就感到极端的恐惧。森田疗法要求其带着症状生活。害怕见人，但该见的人还要见，带着恐惧心理与人交往，把注意力放在自己要做的事情上，而不注意自己是否又恐惧了。坚持下去，恐惧就会逐渐减轻。这样做患者就会发现，想等症状不存在了再与人接触，其实不必要。过去为症状苦恼，认为症状使自己做不了事，其实是因为脑子里总是在想而不去做。而"为所当为"要求患者该做什么，马上就去做，尽管痛苦也要坚持去做，打破过去那种精神对行动的束缚。

2. 面对现实、陶冶性格。

高良武久指出："人的行动一般会影响其性格。不可否认，一定的性格又会指导人做出一定的事情。但仅仅看到这一方面，则是一个片面的认识。我们也不能忘记'我们的行动会造就我们的性格'这一客观现实。正是这一点，才是神经质性格得以陶冶的根本理由。"

神经质症患者的精神冲突，往往停留在其主观世界之中，他们对引起自身恐惧不安的事物反复进行思想斗争；但在现实生活中，对引起痛苦的事物却采取逃避或敷衍的态度。例如：因为怕自己脸红而对人恐怖的患者，一方面拼命想抑制自己脸红，另一方面却总想避开众人。实际上，只有实际行动才能提高适应现实生活的能力。

高良武久曾举例说，要学会游泳，不跳入水中是永远学不会的。神经质症患者无论怎样痛苦，也可以做到忍受痛苦投入到实际生活中去。这样就可以在不知不觉中得到自信的体验。因此，要想见人时不再感到恐惧，只有坚持与人接触，在实际接触中采用顺其自然的态度，使恐惧心理降低，而逐步获得自信。前面已经谈到，"为所当为"有助于使症状得到改善。其中很重要一点，是在实际活动中将精力引向外部世界。这是因为要做事情，就要将注意的对象由主观世界移向外部世界，加强与外部世界的接触，这一过程实际上是使内向型性格产生某种改变的过程。在顺其自然态度指导下的为所当为，有助于陶冶神经质性格。这种陶冶并非对其性格的全盘抛弃，而是对其进行扬弃的过程。

即发扬神经质性格中的长处：认真、勤奋、富有责任感等；摈弃神经质性格中致病弱点：极端的自省及完善欲。

对于森田疗法中顺其自然的原则，森田本人认为是对自然规律的服从和忍受，高良武久进一步提出"忍受痛苦，为所当为"，是对森田思想的补充。由此，高良武久认为顺其自然是对客观事物的正确认识与积极服从。因此，顺其自然，既不是对症状的消极忍受、无所作为，也不是对症状放任自流、听之任之。而是按事物本来面目行事——任凭症状存在，不去抗拒、排斥，带着症状积极生活。这一治疗原则反映了森田治疗的一个观点，即意志不能改变人的情绪、情感，但意志可以改变人的行为，通过改变人的行为来改变一个人的情绪、情感、陶冶人的性格。

三、森田式的生活态度

高良武久博士在开展森田疗法的同时，还规定了森田式的生活态度。这对于实施森田疗法，帮助患者体会、领悟森田疗法的实质，并按森田式生活态度身体力行去实践，以获得良好的疗效，具有实践意义。

1. 端正仪表。

美好的仪表与美的心灵相联系。外表衣冠整洁，有利于坚定意志。要振作精神摆脱内心痛苦和不安，焕发良好的情绪，首先要端正仪表。

2. 勿长期休养。

神经质症患者不宜长期休养。长期休养，有害无益。神经质症患者有较强的生的欲望，上进心强，他们要摆脱症状，也是为了能得到更好的工作、学习能力。患者长期休养不工作，使其沉溺于症状的痛苦体验和煎熬之中，从而使症状愈加严重，很难从疾病的观念中解脱出来。

3. 要正视现实。

具有神经质症的人，往往以"病"为借口，逃避现实生活，以躲避烦

恼。其结果便更感到现实的严酷、症状的痛苦。他们做每一件事都会表示：我有病。这是治疗中经常遇到的神经质症患者的心理阻抗，也是难以治愈的重要因素。正确的态度是：不要以"疾病"为借口去逃避现实。

4．不做完美主义者。

不少学者认为神经质患者是完美主义者。他们有极强的生的欲望，他们想工作，但又不能接受工作付出的代价。他们希望头脑永远清醒，心境永远良好，读书无杂念、学习不走神，工作不倦怠、见人不紧张……他们希望尽善尽美，事实上是根本无法实现的。现实与愿望的背道而驰，其结果处于一种完善的理想与不完善的现实矛盾之中。正确的处世态度是：不做完美主义者。

5．不急于求成。

人们遇到悲伤的事情，如亲人的亡故，会产生悲痛的情绪，这种负性情绪会持续一段时间，人们常常想尽快消除这种不愉快的情绪。然而事与愿违，越想排除越排除不开，这实际上想把不可能的事情变成为现实，势必会陷入持续的心理冲突之中。高良武久博士主张："既然对往事不能忘怀，就不要强行忘怀，而应带着这种思绪积极地去做日常生活中需要做的工作。这样就会在不知不觉中使这种思绪逐渐淡漠，以至彻底消失，即使不完全消失，也不会再严重牵动我们的感情了"。正确的态度是，对于神经质症患者的症状和痛苦的摆脱，不要急于求成，只能顺其自然，听之任之，努力将自己致力于工作和学习之中。随着时间的推移，痛苦和症状自然会逐渐消失。

6．勇于自信。

森田正马博士认为，神经质症患者一般带有劣等感。劣等感相当于自卑感。他们自觉在某些方面不如他人，低人一等，对待任何事情均不想积极去做，强调没有信心，等待有了信心再去做，结果总是一事无成。高良武久教授说："许多事情并不一定有了自信之后才去做，自信产生于努力之中。有人认为只有有了自信之后才能去工作，这好比人学会了游泳之后再下水游泳一样，是非常荒谬的。"

人们对于根本不可能实现的事情，不会贸然从事。只有事先预见到通过自己努力还有成功的希望时，才去付诸行动。有劣等感的人寻求尽善尽美，缺乏自信，做事犹豫不决，其结果将一事无成。正确的态度是，增强自信、勇于行动，通过实际行动加强自信，完成要达到的目标。

7. 使生活充实、丰富。

使生活充实、丰富，从事力所能及的劳动、工作，是预防和治疗神经质症的重要途径和可操作的措施。积极向上的进取心人皆有之，神经质症患者更强烈。充分发挥神经质症患者强烈的求生欲望，帮助他们养成劳动、工作的习惯。只有通过劳动、工作的收获，才能体味生活的意义。例如，农民一年辛苦，秋后喜获丰收，才觉生活有滋有味。遭受痛苦，也会在工作、劳动中增加信心，减轻痛苦。对于过度内向化的神经质症患者来说，通过积极工作，可逐步走向外向型。高良武久博士指出：外向化的最佳方法是从事某种工作。正确的态度是：保持充实、丰富的生活，养成工作劳动的习惯。即使带着症状的痛苦，也要凭意志努力，策励自己去做力所能及的事情。

◎家长对森田疗法的认识

森田疗法的实施包括三种类型：生活发现会、门诊疗法、住院疗法。

下面我们通过两个咨询案例，向您介绍笔者在门诊中运用森田疗法，治疗一些青少年心理疾患的具体实施过程，使您对森田疗法有一个更直接、更形象的认识。

家长朋友，在森田疗法中，心理医生（或咨询师）通过对求询者心理日记的批阅，指导他们准确地理解森田疗法的精神实质；在日常生活中，按照森田的"顺其自然、为所当为"的态度生活，使求询者的焦虑、抑郁的消极情绪和症状逐渐减轻，进而能够正常地生活、工作、学习。请家长朋友注意对日记

的批阅。

案例1：不求完美，硕果累累

许多孩子的自信心，都被父母的一句"你不成"给扼杀了。

不去控制、不排斥自己的症状、情绪；去控制自己的行动。

下面是心理门诊中，笔者运用森田疗法"顺其自然，为所当为"的理念治疗一例中学生追求完美、缺乏自信，患有强迫行为——不必要的反复检查的案例。在治疗中，该生按照心理医生的要求，坚持记心理日记。她用生动、流畅而又感人的文笔，对比自己治疗前后不同的症状、心理感受。原来求完美，"插花时因为总觉得花瓣上有瑕疵，于是便不停地往下摘花瓣，直到花枝上只剩下光秃秃的花蕊为止"，"挺聪明，也很努力，可就是成绩上不去"。现在不求完美，"摆脱了不必要的反复检查，提高了生活、学习效率"，进而使原来蕴藏在自身的潜能得到了充分的发挥，其结果却获得了累累硕果：会考成绩全优、主持人大赛进入决赛、计算机考试年级第一……

有心栽花花不开，无心插柳柳成荫——不求完美，却获得了累累硕果。这说明，森田心理治疗的理念虽然博大精深，但是只要理解了其精神实质，您和您的子女就可以做到运用自如，从中获得丰富的收获和无穷的乐趣。对于有些缺少自信心、遇事犹豫不决的青少年子女，耐心地阅读并品味小东写在下面的流畅的文字，不能从中获得一些启发和感悟吗？

小东从两三岁起，就在外祖父的关怀、指导下，接受中国古典文学的熏陶，记背了许多古代诗歌。稍大后，又阅读了大量的文学书籍，对文学产生了浓厚的兴趣，为此，她的语文成绩特别突出。可老师和家长都说她偏科，她也认为自己"偏科是错的"，所以一考试就头痛，并形成了对自己不放心，反复思虑、反复检查的强迫症状。结合心理测试结果，笔者诊断为轻度强迫症。这些症状影响了其潜能的发挥和学习成绩的提高。据其母亲讲述："她挺聪明，也很努力，可就是学习成绩上不去。"小东自己也很焦虑，主动要求来心理门诊。笔者决定实施森田疗法，通过批阅日记进行咨询、治疗。下面就是小东的

日记和笔者的批阅。

4月14日

今天是我接受心理治疗的第一天。心理医生为我做了心理测试，并且就我的症状进行分析，并告诉我，这是轻微的强迫症，只要调适一段时间就可以恢复正常。听了她的话以后，我对自己的心理问题能够得到解决开始有了信心。她还告诉我，我紧张的心理状态是精神交互作用的结果，解决的主要方法是"顺其自然"。

以前无论在学校或者其他地方，无论家长或者老师，只要提起偏科的问题，自己总是会说："千万不能偏科，偏科是错的，一定要改正……"我从小就只对文学比较偏爱，但是由于自己知道偏科是不对的，所以一考试就紧张。可是今天医生竟然告诉我说："偏好没有错误，不喜欢什么也没有错误。"这句话对我启发很大，我似乎也找到了自己紧张甚至厌恶考试的原因：我本来偏爱文学，但是我非逼迫自己放弃自己的爱好，这必然产生内心的矛盾。今天有收获。

4月15日

今天是周日。我按照心理医生的要求，仔细阅读了有关心理咨询书中的《森田疗法》一章的内容。我发现森田说的"不做完美主义者"这一条就是针对我的。我平时就是希望自己的一切都完美：要有最敏锐的洞察力，最灵敏的思维……这些表现都和森田分析的一样。（心理医生批阅：你追求完美，就会永远处于完美的苛求与不完美的现实之间的矛盾状态中。）

对于我来说，什么都不是很重要的，唯一重要的是父母对我的殷切希望，我怕辜负他们，很怕很怕……可是我却总不能考出十分理想的成绩，甚至有时考得很差，我真的很伤心，总是觉得对不起他们。他们太爱我了，这种爱对我是莫大的压力。（批阅：这是许多学生的心理压力。如果处理得好，家长的期望值与子女的智力、非智力因素相适宜，家长的高期望变成学生自己的期望值，家长又能不断地积极激励子女，子女经过努力，基本达到或接近家长的

期望，这会变成动力。反之，如果处理不好，家长的期望值大大超过子女的智力、非智力因素水平，家长又经常一味地批评、指责，子女的学习积极性会消失殆尽。或者子女即使再努力，也达不到家长的期望，这会变成孩子学习、生活的阻力。长此以往，在这样家庭中生活的孩子，可能会产生心理障碍。小东就是一例。）

4月17日

每次学校做卫生大扫除轮到我擦玻璃时，我总要反复地擦很多次，还是觉得不干净。直到同学硬把我拉下来，并告诉我："玻璃已经特别干净了，如果你再擦，就会把它擦漏了。"

今天又是我擦玻璃。我看了看自己擦过的玻璃，觉得还不够干净，还想再擦几遍。这时我就告诉自己：森田疗法中不是说要勇于自信吗？你这样反复地检查、反复地擦玻璃，就是对自己的不信任。你应该信任自己。想到这里，我毫不犹豫地跳下窗台。同学见我这次如此干脆利落，都奇怪地问我："今天怎么这么果断？"我冲他们笑了笑，说："秘密！"我真的好开心！（批阅：这不挺好吗？我也好开心。）

4月20日

今天该我课前发言，这是我最害怕的场合。今天，当我走上讲台的时候，我的心里又飘过一丝恐惧的感觉。我开始发言了，我尽量地告诉自己：自信一些，就像平常一样。于是，我不再注意同学和老师，也不再想自己是在发言，只是用心地读自己的发言稿。终于，我的声音不再颤抖，可是一会儿又在颤抖，就这样反反复复，直到我读完全稿。（批阅：初试森田疗法有效，但是情绪还不够稳定，这很正常，没关系的。）

4月26日

今天发生了一件有趣的事。

上计算机课，由于我去得晚了一些，到机房的时候已经开始上课了，所以，我没有听到老师课前的布置。我看到桌上有一张软盘，我猜想是练习用

的，便放进电脑里做起题来。我的题目做得快，不一会儿就做完了，我便看起书来。这时，老师走过来说："这是考试，你在做什么？"吓了我一跳，我好懊恼，心想：真该早点问问同学就好了。

快下课时，老师公布了今天的考试成绩。突然听见老师说："考试成绩最好的是小东同学，成绩是96分！"我简直不敢相信自己的耳朵，直到我看到同学都在看着我的时候，我才相信我真的考了第一名，而且是年级第一名！我简直太惊奇了。

事后我想，也许就是当时我不知道自己在考试，所以消除了紧张情绪，才能考得这样的出色。这就更证明了我以前的成绩不好，不是因为我没有实力，是自己的心理素质比较差，如果我以后每次都把考试当做练习不就可以了吗？（批阅：这种感受太对了！希望能坚持。）

4月27日

我觉得今天自己过得很成功。

今天早上，历史老师让我们大家利用课上的时间背诵一些题目。我最怕这种情况的了，就像心理医生李主任说的："完美主义者总是过分地追求完美，总是把时间浪费在细节问题上。"我总是背了好久，还在背着第一道题目，总觉得自己背得不够熟练，就这样反反复复地背一道题目，直到老师检查。而今天我没有那样做，我先记背了第一题，当我觉得自己已经基本掌握了时，继续背下面的题目。尽管我在背下面题目的时候心理有点儿嘀咕。

当老师提问我时，我很紧张，生怕前面背得不够流利。可是当我行云流水般地回答完了老师的提问时，我自己都觉得惊讶，我真的为自己高兴！（批阅：为自己克服了过分追求完美，摆脱不必要的重复检查，进而提高了学习效率而高兴！我也为你由衷地高兴！）

4月28日

今天又是该去心理门诊的时候。当心理医生看了我的作业——心理日记后非常高兴，她微笑着对我说："祝贺你，我真的替你感到高兴！"听了她的

话，我由衷地笑了。我的确也感到非常的高兴。在这以前的一个星期里，我体验到了一种全新的精神生活，全新的生活方式，很轻松，没有压力。我真的好高兴，而且，对我可以调整好自己的心态充满了信心！

她鼓励我把这种状态保持下去，还亲切地同我握手。我真的感觉她好亲切，而且好理解我，我的很多想法她都知道。我经常想，如果我的奶奶或者我的妈妈能像她这样了解我、理解我，该有多好呀！不过，我还是可以理解他们的，毕竟他们不是心理医生，他们的确很关心我，而且，也尽力去理解我了，我不该再去抱怨他们了。（批阅：能站在家长的角度来理解他们，做到Empathy——共情，这很好。说明你在走向成熟。为你的成熟高兴！）心里的话说出来，我又轻松多了，好像更开心了。我会把这种好的心态保持下去的，我也要创造一个全新的我！

4月30日

今天学校举行艺术节的主持人选拔大赛。我犹豫了好久，终于决定参加，预赛在下周举行。

中午我回家后便开始试探他们："爸妈，我们学校要举行主持人大赛，我想报名，你们觉得怎么样？"果然，爸爸先开口了："你没有那个天分！在这方面你不行！"

"为什么不行呢？"我不服气地问。

"你的嗓子不好，主持人要能歌善舞的。"他淡淡地说。我听了他的话真的好生气。其实，我小的时候是个满自信的女孩子，特别爱表现自己。可是后来，我的父母总是说："小东，你的嗓子不好，不要唱歌啊，别人会笑的；小东，你的节奏感不好，不要去唱歌呀，会出丑的。"长此以往，我就变得对自己一点自信也没有了。（批阅：许多孩子的自信心，就这样被父母扼杀了。）但是现在，我要自己把自信心找回来，这次比赛就是我新的开始！（批阅：做自己成长的主人，这很好。重在参与，在参与中找到自信！）

5月2日

今天在家里复习政治，可是怎么也看不进去，觉得心浮气躁的，越想看书，就越看不进去。我正在着急，忽然想到了心理医生说的精神交互作用。这时我想，我现在不就是这样吗？越压抑自己烦躁的情绪，这样的情绪就表现得越明显。于是，我开始调整自己的心态，我不再去注意自己的情绪，我只把注意力集中在学习上。尽管一开始还是很烦躁，依旧看不进去，但是我并没有着急，而是继续注意书中的内容。渐渐的，在不知不觉当中，我的心情平静下来了。（批阅："不再去注意自己的情绪，只把注意力集中在学习的内容上"，这就是顺其自然的心态。这种感受很正确！）

在结束了一天的复习之后，我回想自己刚刚开始复习的状态，真的很高兴，我也好感谢森田，他发明了这么有效的方法。

5月4日

今天，我家买了很多鲜花，我决定自己插一个花篮。可是以前我总是插不好花篮，我会把花枝剪得太短了，或者是花瓣摘得一片不剩。因为我总是觉得那片花瓣上有瑕疵，于是便不停地往下摘取花瓣，直到花枝上只剩下光秃秃的花蕊为止。这恐怕就是完美主义者的表现之一。（批阅：多有意思的事，为了"完美"，却扼杀了美！要牢牢地记住这个教训。）

今天我要插的是一篮玫瑰花。我开始打理花瓣的时候又是像以前一样，总觉得花瓣上的瑕疵太明显，想把花瓣取下来。可是我转念一想，花瓣的这边有瑕疵，可以把它插在里面，这样不就看不出来了，不是一样很好吗？

就这样，我成功地插了一个漂亮的花篮。妈妈还拿它送给亲戚呢！（批阅：利用自己求"完美"的积极面，做什么事情都要按照规则认真地做好的心态，在治疗自己的强迫行为方面，也是认认真真地按照医生的要求，恰当地理解森田精神的实质，并且身体力行，取得了非常好的效果。真的为你高兴！持之以恒，必定治愈自己反复检查的强迫行为。）

5月6日

今天一直在家里准备主持人大赛的演讲稿，可是总觉得写得不够好，写了改，改了写，改来改去还是不满意。我把稿子拿给同学看，他们看了以后都说："很通顺呀，没什么不好的。"哦！自己的"完美主义"的毛病又犯了。我决定，后天就用这份稿子去参加比赛！这次我没有犹豫。

5月7日

经过一个多月的准备，今天终于迎来了地理和历史的模拟会考。经过了一段时间的心理调适，最近的几次小考，我发挥得还不错，凭借着这份信心，我走进了考场。

开始答卷了，考场里静得可怕，我似乎听得到自己的心跳了。这个时候我稳定了一下自己的情绪，把所有的题目都浏览了一下，觉得这些题目都见过，没有什么可怕的，把注意力都集中起来，专心答题，安心检查，一直到交卷。我的状态真是好极了——是我众多次考试中状态最好的一次了，我为自己今天的好状态高兴。为这，放学后我"奖励"了自己一块好利来蛋糕！（批阅：看你的日记真是一种享受，享受你的快乐，享受你快乐地成长！还有什么能比为自己的来访者成长的快乐而感到更快乐的呢！）

5月8号

今天是我最紧张的一天，因为我下午即将去参加主持人的比赛。尽管事先已经准备了很久，但是面对众多的高手，我还是紧张得很，上课的时候手心都在不断地冒汗。转机出现了，中午休息的时候，同学拿来一本杂志，我随便翻到一篇文章叫做《高手不多》，讲的就是比赛心理学的，我看了之后增添了不少信心。

下午，我带着轻松的心情去参加比赛。在比赛之前我对自己说："比赛的结果并不重要，重要的是参与，而且'高手不多'嘛，信心最重要。"轮到我演讲。我刚刚走上讲台的时候，的确有些紧张，但是我并没有留意我的情绪，我把注意力集中在我演讲的内容以及与台下听众和评委的交流上。随着讲

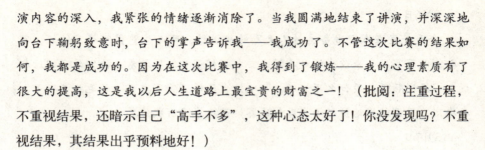

演内容的深入，我紧张的情绪逐渐消除了。当我圆满地结束了讲演，并深深地向台下鞠躬致意时，台下的掌声告诉我——我成功了。不管这次比赛的结果如何，我都是成功的。因为在这次比赛中，我得到了锻炼——我的心理素质有了很大的提高，这是我以后人生道路上最宝贵的财富之一！（批阅：注重过程，不重视结果，还暗示自己"高手不多"，这种心态太好了！你没发现吗？不重视结果，其结果出乎预料地好！）

5月9日

因为今天是通知模拟考试成绩的日子，成绩当然是话题中的焦点。同学问我："会考怎么样呀？"我轻轻地笑着说："还可以吧。"尽管我考试那天的状态很好，但是我还是没有多大的把握。终于，老师开始点名发成绩单了："李屏，宋双……"同学的名字一个个在耳边响起，我的心情越来越紧张了。"小东"，终于听到我的名字了，我快步走上前，从老师手里接过成绩单。回到座位上，我迫不及待地展开了那张写着我名字的成绩的纸片……

"哇，都是A！太棒了！"我忍不住叫出声来。同学向我投来美慕的目光，我心里更是畅快无比。有了这次成功的经验，相信在以后真正的会考时，我会发挥得更好！（批阅：持之以恒，成果不凡。祝贺你！）

5月15日

主持人大赛的结果今天终于出来了，我进入了决赛。这对我来说是喜中掺忧，因为下个月我就要正式会考了。我决定继续参加比赛，同样，学习不能落下。困难会很多，但我已经不是原来那个犹犹豫豫、没有自信的小姑娘了。（批阅：又一次胜利——主持人大赛你进入了决赛。我相信你的能力、你的自信，你能成功。）

5月17日

今天我去帮助老师登记分数。当我看到自己的计算机成绩的时候，我简直不敢相信自己的眼睛——我竟然得了满分！这简直是个太令人振奋的消息了，我想这与我这段时间运用森田疗法调适自己心态是分不开的，感谢森田疗

法，感谢教我采用森田精神指导我生活、学习的心理医生。（批阅：**最需要感谢的是你自己。是你自己几个月来坚持不懈地按照心理医生的要求，一步一个脚印地依照森田的精神去做，祛除了反复检查的强迫行为，增强了自信心，调整了心态，排除了发挥心理潜能的障碍，获得了多方面的好成绩，还有比这更高兴的事吗！**）

回到家里，我把这个消息告诉了妈妈，她似乎并不是太惊喜，但我看得出，其实她内心很高兴，只是不愿意让我看出来，怕我骄傲罢了。不过没有关系，知道妈妈开心就好了。

（批阅：过去因为强迫症压抑了自己，使潜能不能充分发挥，现在按照心理医生的嘱咐，采用森田精神调适自己："顺其自然" ——不控制、不压抑、不排斥自己的症状、情绪；"为所当然"——干自己该干的事情，去控制、掌握自己的行动。非常好！这样做的结果，使自己有了好的心理状态，摆脱了不必要的反复检查，提高了生活、学习效率，进一步使原来蕴藏在你自身内的潜能得到了充分的发挥，获得了多方面的长足的进步：会考成绩全优、主持人大赛进入决赛、计算机考试全年级第一。我真的为你高兴。望你继续努力，在自己成长的道路上走得更快、更稳！）

案例2：自信来源于行动

希望子女学习成绩名次靠前，来满足家长的虚荣心，这是给子女施压。

重视努力的过程，不过分追求结果，结果却出乎预料地好。

意志不能改变人的情绪、情感，但可以改变人的行为，通过改变行为来改变一个人的情绪、情感，陶冶人的性格。

《自信来源于行动》的主人公是一位有强烈的上进心、敏感多虑，心理适应方面出了问题的女孩。在心理医生的帮助下，她坚持书写心理日记。她用生动细腻又感人至深的笔触，描绘了自己不弃不离地运用森田疗法、理性情绪疗法中所提倡的理念去生活、学习，坚信并实践着"自信来源于行动"的信念，使自己的强迫思维得到缓解，逐渐能够正常地学习、生活，潜能得到发挥的过程。在短短的两月有余的时间里，获得了长足的进步——在激烈竞争的高三年级一个班里，学习成绩排名上升了10名左右，让老师、同学和家长都惊诧不已，刮目相看。

家长朋友请您耐心地阅读这个案例。这有助于您深入地了解当代青少年的心路历程、成长的痕迹，以便于您更好地理解自己的子女。

另外您是否能够从小美的母亲的想法："希望孩子学习成绩好、名次靠前，是为了自己的面子，若达不到要求，就不高兴。"看到自己的影子？这种情绪会给子女产生什么影响，您想知道吗？家长认为子女"只要努力学习就有好成绩；成绩不好，就是因为不够努力。"是这样简单的因果关系吗？

不仅如此，还希望您有机会介绍给您的与小美同龄的子女，相信他们也会从中得到感悟，获得收益的。

这是一位从一所普通初中考入重点中学，有些不适应的学生。

笔者在两个多月的时间中，用当事人中心疗法、森田疗法、理性情绪疗法给予小美心理咨询。

当事人中心疗法的理念认为：人是积极的、乐观的，是可以信任的。把小美看成是有自我实现的自我发展的潜能、自我成长的力量，有能力解决自己的心理问题的。笔者以满腔的热情、真诚的态度尊重小美，积极关注其新的感悟、优点和进步，将心比心地与其共情，与小美建立了和谐、融洽的人际关系。

运用森田疗法、理性情绪疗法治疗她的强迫思维——凡事反复思考，不想明白就什么都干不下去的问题。她调整了心态，逐渐做到"为所当为"：不过分重视结果，重视行动——努力的过程，获得了良好的效果；治疗了强迫症，矫正了强迫人格；提高了学习效率，学习成绩也有了大幅度的提高——在一个班里，成绩名次上升了10名。骄人的成果，能不让人高兴吗？

背景资料：小美，女，18岁，某重点中学高三学生，性格内向、要强。从一所普通的初中考入重点中学，在人才济济的重点高中，面对高手如林的学

友，小美自惭形秽，敏感多愁。

自述：面临即将到来的高考，最近一段时间总是被两种情绪所左右：放松的时候，感觉心浮气躁，不能平静，注意力易分散；紧张的时候，又感觉到头疼，失眠多梦，无法全身心地投入到学习的状态中。她情绪焦虑、忧郁，严重地影响了生活、学习。主动求助于心理医生，有改变现状的强烈愿望。

（第一次咨询）

上午，两位学生模样的女孩子走进了心理门诊。"是哪一位需要我的帮助？"

其中一位瘦瘦的女孩子坐在了侧面的椅子上。"我感觉最近有一些东西影响到了自己的正常学习和生活，想求得您的帮助。因为与父母的关系有些紧张，所以表姐陪我来。"她指指站在身旁的另一位女孩。

为了了解她的心理素质状况，我要求她先填写一份心理卫生测量表。在她填写量表时，我仔细观察了对面的这位女孩：瘦弱、清秀，但眉宇间透着一份坚毅，白皙、缺少光泽的脸上显示着疲惫，无助。从填写测量表专注的神态，看得出是个认真、严谨的人。

在填表前，求询女孩将一笔记本给笔者，说：给您看看我高一时的记录，可能对您了解我会有好处。

感谢小美的信任和期望。

翻开笔记本，上面写着：高一生活的回顾

最苦难的时候，没有时间去流泪。最危急的时候，没有时间去迟疑。也许，这就是我高一生活的体味。这是一种复杂却又单纯，伤感却又庆幸，无奈却又无怨的感觉。

这复杂的感觉，这永远说不清的感觉，带给我的是什么呢？

性格还算内向的我，喜欢参加一些有益的课外活动，加上自己对广播的爱好，于是，在升入高中的第一个年头，我走进了学校的无线电业余电台。初始测试，我被定为英文基础"有点儿"差的一类，即便是"有点儿"，在我的心里也留下了不浅的烙印。我可以承认我此时的渺小与无能为力，但是怎么能就此认输呢？于是，自己下决心，就是最基础的活儿，也要做到最好。

短时间的基础知识准备后，急匆匆地开始上台操作。小小的话筒如同一块热山芋，每每拿起它，我总是有些手足无措，总是不能让它较长时间地呆在手中。即使做了最充分的准备，此时脑子里也是一片空白，冷汗、心跳加速更是缠绕着我，于是通联便成为我天大的难事。但同伴们的大胆和良好的语言操作水平为她们带来了一个又一个成功的通联。于是，潜意识中，我被老师和自己再次视为"差生"。此时的心情如落千丈，我再次承认自己的低能。但是自尊心、好胜心鼓足了我的勇气，下决心，不放过每一次拥有话筒的机会，告诫自己："从跌倒的地方爬起来，那可能正是成功的开始。"于是不断地通联，不断反复地练习整套程序。

然而，老师的一句"这次比赛，要把较差生（那就是我）分到第一组"，再次把我打入阴曹地府。如同那驱动器运行时"咯咯"声音的感觉。就这样把我暗暗努力的成果，一片一片地割蚀。然而我没有时间流泪，没有时间迟疑，于是，心里努力，脑中努力，努力的结果就是最终得到了进入决赛的门票！

这上面，印着复杂却又单纯的思绪，印着伤感却又庆幸的情怀，印着无奈却又无怨的安慰。

曾经听过一位哲学家说："世间有三种人，第一种是极敏锐的，对任何一种突如其来的变化，马上会做出正确的反应，所以他们很少失败，因此也不会有遗憾；第二种人，是极其迟钝的，遇到任何一种现象或者变化，都是不知不觉，只顾埋头走自己的路。所以，尽管一生错过无数次的机缘，却都始终不会觉察自己的错误，因此，也更不会有追悔和遗憾。而我偏偏是属于两者中间的那一种人，没有上智的敏锐，没有下智的迟钝，所以，总是充满了一种追悔的心情。然而，高一，尽管追悔过，但是最终带给我的是永无遗憾的纪念。

高一，一生中只有一次高一。我很庆幸自己能做中间的那一种人。我不

羡慕上智，因为没有挫折的他们，不发生错误的他们，尽管不会流泪，却也失去了一种得到补救机会时候的快乐和安慰。

其实，我今天才明白。真的要到今天，我才能知道，很多很多事情只有在回头看的时候才能得到感悟。一年的岁月，弹指即去，昨天的压力，只会使我们站得更直，步履更稳，能够在未来承担更大的压力，产生更强的斗志，且从身体内部，心灵的深处，激发出源源不绝的力量，走向人生的凯旋门！

高一的时光已经过去，恒久的信念却在我心底留下！

小美

一位敏感多虑，要强好胜、不屈不挠的女孩形象跃然纸上，与知觉到的小美相得益彰。

填写完量表，便开始了今天的咨询谈话。

咨询师：是第一次看心理医生吗？

小美：是。

咨询师：你怎么称呼？

小美：您就叫我小美好了，大家都这么叫我。

咨询师：小美，有什么问题需要我的帮助？

小美：最近遇到了一些问题，平时和父母又不太交流，所以和表姐谈了。表姐是大学生，她让我来看心理医生。

咨询师：看得出，有些问题让你很困惑，请你说说吧！

小美：我是从一所普通初中考上市重点中学的，从高一到了这所市重点中学，我身上的包袱和担子很重很重。原来在初中，我是班上和学校的尖子生，可到了高中，我在班中的成绩属于中下等。而我对自己期望较高，但自己的实际行动却跟不上。高中以来我一直充满了挫败感，讨厌自己。从高一到现在我一直在努力调整自己。现在到了高三，我感觉目前自己的心态已经严重地影响了我的学习和生活。面临高考，我感觉自己已经无能为力了，所以我需要求助于您的帮助。

咨询师：其实在高一时，你的心理压力就很重，只是没有全部爆发出来。现在到了高三，功课紧，压力大了，现实要求自己全身心地投入学习，所以有些问题就暴露出来了。是吗？

小美：可能原来很多问题被我压抑下去了，但现在暴露出来了。在来您这里之前，我仔细地想了想，最近，也就是一个半月之中，主要是以下几个方面的问题影响到我了：

（1）脑子里老想问题，一个问题想不通，就什么也做不下去，总想想通了再干事情。学习时注意力集中不了，心浮气躁。

（2）一想到回家马上很紧张，特别是看到妈妈，不愿和妈妈讲话。自己体质欠佳，又不能向妈妈说，因为她不愿意听。

咨询师：你对自己的情况有强烈的自知，并且有从症状中摆脱出来的强烈愿望，这是解决自己心理问题的关键，所以，我对你的治疗非常有信心。我希望你也同样有信心。

小美：（小美脸上露出了一些期望的笑意）可是您说，我的主要问题是什么？我又该怎么办呢？

咨询师：从你的心理卫生测量表以及你对自己症状的叙述中，我感觉你一直以来形成了一种强迫性的思维模式，按森田疗法的观点，这是一种强迫性的神经质症。强迫性神经症可以说是好治的，但也有一定的困难。困难在于强迫性的神经质症患者，在头脑中已经形成了一套自己固定的思维模式，打破这种模式需要自己的努力和一定的时间的；但是具有神经质症的患者通常都有着认真、严谨的生活态度，只要配合心理医生，按照要求去做，打破原有的思维模式，建立一种全新的思维又是不难的。

小美：（点了点头）

咨询师：我准备用森田的"顺其自然"的人生哲学治疗你的神经质症。这种治疗要求你每天写心理日记，把你每天自己所想的、所感受到的，也就是

将情绪、情感记录下来，还要把自己如何运用顺其自然的态度处理和处理结果记录下来。该疗法取得疗效的关键是患者服从医生的指导，从而让自己不断地理解森田的精神实质，帮助自己建立起一种全新的思维模式和行为方式。

介绍小美看《青少年心理卫生与心理咨询》一书中的森田疗法的内容。

（第二次咨询）

一周后，小美再次来到心理门诊，把过去一周的日记交给笔者。笔者边阅，边批示。

2月2日

今天去看心理医生，出来后觉得有些兴奋、紧张，不知道为什么。可能是我从心理医生那里听到了一些从来没有听到过的新奇的东西——森田疗法。既然心理医生有那么大的把握，我就按照她的要求试着做吧。

中午吃饭后，本来打算回家好好念书，可又陷入那种紧张的状态，于是叫上姐姐去商场，买了一件第一眼就很喜欢的衣服。（批阅：这不是假期吗？念不进书，就出去走走。这就是顺其自然。挺好！）

现在已经是晚上11点了，刚跟好友通了一个小时的电话，她劝我很多，但我只有不到10%的东西听进去了，我该怎么办呢？（批阅：仍有些焦虑情绪，可以理解。慢慢来。）

2月3日

早上去家教的途中，很平静，头不痛，但总在胡思乱想。17：00，还是头痛，且心浮。好矛盾，想改掉懒散的毛病，却怕又陷入强迫的怪圈中，3、4天没念书了，急！

2月4日

简略读了读"森田疗法"，才发现自己已经陷得很深，平常自认为"坚强"的东西，原来有许多是强迫症的症状；知道此病不应长期休养。自己很高兴。（批阅：运用森田疗法治疗，一定要阅读有关森田疗法的书。通过学习，你有了这种认识：①自认为"坚强"的东西，总想控制自己的情绪，原来有

许多是强迫症的症状。联系自己的实际学习森田疗法的内容，与自己"对号入座"，认识到了自己的症状所在，这是解决问题的先决条件，这样做是对的。②此病不应"长期休养"，要有行动。也是对的。）

以前总喜欢寻找整时间学习，虽然自己知道抓紧零碎的时间是很关键的，但总是不能自觉利用。（批阅：有自知之明。）

2月5日

中考对我来说，应该是一个成功的经历。回想当初是生活在喜悦的感觉里的。而我现在一直惶恐不安的，怎么也找不到那种感觉。分析起来，那时学习的东西还太少，而现在，需要学习、补充的东西太多了。（批阅：这个认识是比较客观的。）

原来我学习是很有计划性的，规定哪段时间看什么自然就会去看，可现在到点也不愿干。这怎么办？为什么自己的行动总是跟不上自己的思想，两年多来一直充满了挫败感。我一直不太喜欢自己的这种状态。（批阅：经常内省自己是要求上进的特征。现在不是放假了吗，学校所以有假期，就是让学生适当的休息。在假期里该休息就休息，这就是顺其自然。此时没有必要为自己的有些"懒散"而自责。）

2月8日

今天又没有完成学习计划，有点儿失望，有点儿担心，但还是尽量试着按照"森田式的生活"去生活。

咨询师：看了你的日记，我很高兴，首先你非常配合治疗，能够按照我的要求去做，这很好。学习了森田疗法的内容，有什么感觉？

小美：我感觉森田讲的神经质症的很多症状都和我很相似，所以我很信任您的治疗，按照您的要求去做。我感觉好像越着急，就越糟糕，所以我现在努力让自己按照森田要求的那样去做。

咨询师：你能按照森田的生活态度去做，这很好。

现在和母亲的关系怎么样？（注：因为从第一次门诊中得知，小美与母亲之间的亲子关系有些紧张。亲子关系状况对学生，特别是对备考学生的情绪有较大的影响，故应该关注该问题。）

小美：基本上与母亲的交流像打仗一样。

咨询师：与母亲打完了能忘记吗？影不影响你学习的情绪？

小美：不会忘的。比如昨天下午因为我看电视时间长了些，妈妈就对我唠叨，我们闹得很不愉快，特别影响我的情绪，结果一晚上都干不了什么。她认为我学习好了，她特别有面子。我说我学习是为了自己，不是为了你，她就特别生气。

咨询师：我非常理解你的感受。许多家长希望孩子学习成绩好、名次靠前，这让家长很有面子，实际上是满足了家长的虚荣心。这给子女施加了很大的心理压力。

小美：（点头）我自己压力就已经挺大了，她还给我施压。所以她一说该学习了，我就烦。

咨询师：你觉得她不理解你？

来访患者：是。她自己也是要强的人，妈妈觉得我只要努力就会有好的成绩；我成绩不好，就觉得我不够努力。其实不是这样的。

咨询师：（点头）这是许多家长的思维方式：子女只要努力就有好成绩；成绩不好，就是因为子女学习还不够努力。实际不是这么简单的线性关系，影响学习成绩是多方面的因素，比如，可能因为心理问题或者心理障碍。

小美：（诚恳、信服的眼神，点头）

咨询师：你现在对学习有信心吗？

小美：原来有，但现在……（思考状，摇头）

咨询师：你想过信心从何而来？

小美：（摇头、无语）

咨询师：信心是从行动中来的。任何事情想得再清楚、明白，不落实到行动上，也是徒劳！你说是不是？你在信心与结果之间应该找到"行动"这一衔接点。从你的日记中看得出，你目前还没认清这一点，也是你得强迫症的原因之一。

小美：（思考状）您的这个说法我过去没有想过，容我再考虑考虑。

留作业：①认识新观念：信心是从行动中来的；②学习有关神经质症症状的内容，与自己进行对照；③学习，并且试着用森田式的生活态度学习、生活。

（第三次咨询）

小美再次来到心理门诊，把过去一周的日记交给笔者。

2月9日

读《森田式的生活态度》后产生的疑问：（批阅：认真思考问题，完成作业：学习有关森田生活态度的内容，与自己进行对照。很好！）

（1）书中："端正仪表。"我是穿自己喜欢的衣服呢？还是有一定的模式的？（批阅："顺其自然"，随便。）

（2）书中："勿长期休养。"我的头痛怎么办？（批阅："顺其自然"，该吃药就吃药，该锻炼锻炼。关键需要解决心理问题。）

（3）书中："正视现实。"暂时的逃避可以吗？（批阅：一般说，要"正视现实"，逃避不是办法，比如你要正视自己的心理问题。）

（4）书中："不做完美主义者。"我掌握不好度，都说"人的潜能是无限的"，我都不知道自己还有多大量。不做完美主义者，弄不好不就懒散、堕落了吗？

我觉得自己长大后，在许多事情上必须想清楚了才去做，这是好的处世原则吗？是不是有些事情只需去做即可呢？（批阅："许多事情必须想清楚了才去做"，这是许多具有强迫型人格者的处世原则。实际上，许多事情一时是不会完全想清楚的。没想清楚，先去做。如果因为想不明白，事情就干不下去了，就如同你似的去找心理医生。）

（5）书中："不急于求成。"那么怎样避免缓慢、低效率呢？觉得迷茫。让自己先干起来吧，不再多想！（批阅："让自己先干起来，不再多想！"好！这就是为所当为。"急于求成"与"避免缓慢、低效率"没有必然的联系。学习是复杂的脑力劳动，需要淡定的心态，一步一个脚印地努力，才能获得高效率。急于求成是希求马上取得成功，是一种浮躁的心态。欲速则不达，在急于求成的心态下学习、工作，会降低效率。）

2月11日

看森田疗法，症状对照：书中说，神经质症的患者，许多地方是在说我。（批阅：认真思考、完成作业：学习有关神经质症症状的内容，与自己进行对照。很好！）

（1）身体没有器质性病变。我是。

（2）神经质性格。我自己就好担心，多想。曾长时间觉得不如别人。

（3）执著心较强，内省力强。这也在说我。

（4）凡事持完美主义。自己在学习上，总是要求自己念书念到老师那个程度，一提到某个问题会向四面八方地迁移，可以站在很高的地方讲述。现在想想，我现时是做不到的，毕竟老师是老师，我是学生。想到此，对自己完美主义的要求便有所缓解。（批阅：过去希望自己做到像老师那样的水平，对自己的要求太"法西斯"了。认识到"毕竟老师是老师，我是学生"，好。这是不是减轻了对自己过高要求的心理压力了？）

2月12～13日

根据李老师的要求，要不断积极地自我暗示。这几天，一想起历史，心里就默念："历史有意思，我很喜欢它。"暂时效果不大。（批阅：积极的心理暗示，还要坚持做。）

晚上8点半，特别想看电视剧，但又怕耽误晚上的学习时间，于是管住自己坐在屋里，让自己看书。慢慢地心境平静下来了，没有刚才的冲动。（批阅：干自己该干的事情，"管住自己坐在屋里"学习，"慢慢地心境平静下来了，没有刚才的冲动"。这就是"为所当为"的原则。这一原则反映了森田的一个观点："顺其自然的态度并不是说对自己的一切活动都放任自流，无所作为，而是要求来访者一方面对自己的症状和不良情绪听之任之；另一方面要靠自己本来固有的上进心、努力去做应该做的事情。""意志不能改变人的情绪、情感，但意志可以改变人的行为，通过改变人的行为来改变一个人的情绪、情感，陶冶人的性格。"这是一例典型的事例，很好！认真体会，按照这样的行为生活、学习下去！）

2月14～16日

每天到晚上9:10，我还是抑制不住那份想看电视的欲望，心浮，作业效率不高，于是我想，现在是假期。我决定，白天抓紧时间，只做短暂的休息，挤出晚上的两个小时看电视。结果，为了晚上看电视，白天的学习效率特别高。（批阅：过去苛责自己，徒增加了许多心理烦恼，倒降低了学习效率。现在"为所当为"：该学习时学习，该看电视时看电视。为了挤出时间晚上看电视，白天的学习效率提高了。这多好！）

2月22日

假期结束，预先的学习计划只完成了一少部分，很多时间被情绪耽误了，于是有点儿着急。

我把完成的作业列了一个清单，然后告诉自己："已经不错了，保持良好的心理状态是最重要的，不要放弃。"（批阅：在有症状——焦虑、抑郁情绪的情况下，能够认识到"保持良好的心理状态是最重要的，不要放弃。"很好！）

还有不好的念头，但按照顺其自然的态度，想"有就有了"，情绪好多了。有一段时间觉得没有希望了，想放弃，现在打消了这种念头，觉得有奔头了。（批阅：对于不好的念头，想"有就有了"，不压抑、不排斥，这就是顺其自然。因为不排斥这种感觉而逐渐使自己的注意不再固着在症状上。对症状

顺其自然，采取接纳的方式打破精神交互作用而使症状得以减轻以至消除。所以，你现在的情绪好多了，不放弃进步，觉得有奔头了。很好！为你高兴。你已经比较娴熟地理解并运用顺其自然的观点了。祝贺你！）

咨询师：有两周没有看见你了，过得怎么样？（注：比较长的时间没有来，可能的原因是小美认为自己已经掌握了治疗方法，不用来了。过了一段时间，现在又来了，可能出现了反复，对自己又缺乏信心了。到底是什么原因？有待于进一步搜集资料并加以分析、判断。）

小美：还可以，您说我的病需要长期休养吗？我现在还有一些不能解决的矛盾，可以修养一段时间吗？

咨询师：就你的情况看，可以肯定地说，没必要绝对的休息。是不是又缺乏信心，着急了？你不要太着急，把握好顺其自然。有些具有强迫型人格的人，就是要凡事都想清楚才去做。其实，不是每件事都必须想清楚才去干的。

小美：（诚恳地听，点头）

咨询师：你很执着，心态调整好了，潜能发挥出来，学习一定会有进步的。你学习并分析了森田的精神实质，有什么收获吗？

小美：一度有放弃（继续用森田疗法）的念头，现在我想，不论有什么困难，都不要放弃努力。

咨询师：为什么？

小美：现在觉得没有必要什么事都想明白了，只要去做就行了。

咨询师：好极了！我真为你高兴！"冰冻三尺，非一日之寒"，人的固定的思维、行动方式是多年形成的，心理学称之为动力定型。动力定型的改变，是需要一段时间的，所以，需要人有一些坚持力。你的不放弃的态度非常好！

我感觉你非常坚强，正是你的坚强，使你能够坚持不懈地用森田的顺其自然、为所当为的生活态度去生活，改变了自己"凡是没有想通，就什么事情也干不下去"的行为模式，使自己的焦虑情绪大为减轻。

　　但是，在你的头脑里一直有一些不合理的信念，而这些不合理的信念影响了你的认知，这些不正确的认知，在影响你的情绪。这次给你留的作业，你要看看《青少年心理卫生与心理咨询》书中关于艾利斯的理性情绪疗法的内容，然后试着与自己头脑中的不合理信念辩论！（注：关于理性情绪疗法，请看本书的有关内容）

　　（第四次咨询）

　　一周过后，小美再次来到心理门诊，交来了一周的日记。

　　2月23日

　　学习了艾利斯的理性情绪疗法的内容，联系自己的心理实际，我有以下的不合理信念，对其认识：

　　（1）一个人绝对要获得周围环境认同，尤其是每一位生活中重要人物的喜爱和赞许。

　　我有这种信念，但我心里很清楚：得到每个人的喜爱是不可能的，也是徒劳的。

　　（2）一个人是否会有价值，完全在于他是否是个全能的人，即能在人生的每一个环节和每一个方面都能有所成就。

　　我了解"人无完人"，但我总希望改掉一些缺点而取得一些进步。

　　（3）不愉快的事情总是由自己不能控制和支配的外界环境因素所致。因此，人对自己的痛苦和困扰也无法控制和改变。

　　我确实很容易受别人影响。例如，本来认定自己穿一件衣服很好看，但由于有人说"不"，于是就没有先前那份自信了。

　　（批阅：①你已经在与不合理信念辩论了，这很好，继续下去，以便对自己的不合理信念认识得更充分；②对自己的不合理信念有的认识还不够。看看书中案例，学习别人是如何与不合理的信念辩论的，会对你有益。）

　　2月25日

　　英语四级考试的成绩终于下来了，我得了57分。看到分数的时候，我的

心里很矛盾，毕竟这比我想象的要好多了，因此有了一些自信。（批阅：一位中学生接近英语四级了，快达到大学毕业的标准了，当然要有自信。）但毕竟没有通过，于是又觉得很丢脸。（批阅：完美主义又在起作怪了。）

2月28日

昨天晚上的学习任务完成得不是很好，主要是在看历史书时又有一些回避的心理，于是有些失望。但是，我在睡觉前想了想晚上写的作业，除了历史外，其他还好，于是告诉自己："不是所有时间都耽误了，只是历史，认识到了，下次去做就好了。"（批阅：能够不求完美，一分为二，看到自己的主要成绩和优势，这很好！）

今天上历史课，发现自己的读书程度与老师要求的还是有差距，依照以往，我的脑子马上会僵住，然后会浑身没力气觉得没希望了。可今天，没有出现那样的情况，我告诉自己："抓住那段差距，努力就是了。"（批阅：这种心态就很好嘛！）

3月1日

总结这一个星期的情况，总的来讲心情平静。有一定的学习计划，也会出现没有完成计划的情况，遇到时，我会先找出自己做得比较好的地方，自我鼓励一下，然后再去面对没完成的任务，简单分析一下原因，鼓励自己下次做好。这样的状态，我觉得还不错。（批阅：这周"为所当为"得就很好，因为"为所当为"得好，情绪才好，我真为你高兴。长此以往这种较平静的情绪，会变成你个性中的重要部分的。继续努力，必有大成就！）

咨询师：小美，今天已经是第四次来了，看到你一点点的进步，我真的很替你高兴，坚持下去，你一定会有更好的效果的！

小美：（点点头）

咨询师：看了你的日记，我发现你有积极向上的意识，这种意识很强烈，正是森田精神中所说的神经质症的人具有生的欲望。见书中：神经质症患

者都有强烈的生的欲望。生的欲望其含义包括：①希望健康生存；②希望更好地生活，希望被别人尊重；③求知欲强、肯努力；④希望成为伟大的幸福的人；⑤希望向上发展等。这是积极的方面。但什么事都是过犹不及，会走向极端，所以会产生很多困惑。你有几个不合理信念找得很好，希望你再深入地找找看！

小美：（点点头）

咨询师：你最主要的是希望自己全能，所有的方面都好。这是不可能的。学生不可能对每个科目都喜欢，例如，有个学生觉得学校设的计算机课和政治课都是应试教育，所以有困惑。应该对这些课程的设置有全面的认识。你也一样，对历史这门学科应有理性的认识。历史是人类几千年的历程，是人类文化的积淀，深谙历史会使人高瞻远瞩。

小美：我明白了，我会尽力调整的。

咨询师：今天留的作业是深入思考，自己还有哪些不合理的信念，与之辩论。

（第五次咨询）

阅读小美两周的日记。

3月2日

1. 不合理信念：个人是否有价值，完全在于他是否是个全能的人，即是否能在人生的每一个环节和每一方面都能有所成就。

辩论：（1）固然说"人的潜能是无限的"，但人的生命是有限的，怎么能用"有限"去兑现"无限"呢？

（2）我很赞同"缺陷美"的说法，对与错、好与坏都是相对的，更何况有些东西是很难比较的。例如，内向的性格，就没有必要在乎喜欢外向型性格的人的评论，自己就是自己。

（3）全能不是美。我很清楚以我有限的精力，不可能完全触摸到多个、所有的领域或高度。

合理的信念：我觉得达到"无可挑剔"太恐怖了。我想只要自己"上进+尽力"就可以了。

2. 不合理信念：历史课没有用。

辩论：（1）我相信别人说的历史很重要，也能感受到学好历史所拥有的宏观能力。

（2）我的志向是企业管理，而且我想做个大气的人，所以需要学好历史，这首先就要去学。

（3）我不再考虑历史是否有意义了，有时候在思考、说服自己之前就行动——学习历史，也未必不是一件好事情。（批阅：此次的作业：与不合理的信念辩论，比上次的深入多了。你自己感觉出来了吗？）

3月4日

最近这几天，我发现自己在想到历史时还稍稍有点儿头痛，但在实际念书过程中却没有这种情绪。我把对历史老师的态度作为面对历史的第一步，我不怕他了，我是去学知识的，"挖空他"是我的目标。其实大家都一样，没什么了不起。（批阅：自信地面对历史课和历史老师，这很好。）

3月5日

开学前和爸妈谈了一次，说看电视自己掌握，我妈不再管我，关系缓和多了。（批阅：这种亲子沟通很好。为什么现在与母亲的关系比以前融洽多了？是不是你对妈妈的认识有所改变，进而情绪有好转了？）

我真正认识到盲目的自信是支撑不了我的。目前，我的自信与平静都来源于我的"行动"，所以，我会继续顺其自然，为所当为的。（批阅："自信来源于行动"，这是第一次门诊时，我告诉你的观念，目前已经变成了你自己的认识。好！）

3月8日

进步：

①已基本习惯"顺其自然，为所当为"地生活；②情绪已大有好转；

③经常用积极的自我暗示法，效果还好。

仍存在问题：

①有时还不够自信；②有时做事还有些急于求成；③容易受一些个性较强人的影响；④平静的心态还没有成为个性中的一部分；⑤信心与行动仍旧衔接得不够好。（批阅：你的优点或者说是强项体现出来了：做事情认真、思考细致。在心理方面，改变了原来对自己总体的消极认知，做到了一分为二，首先对自己积极关注：看自己的进步，再谈自己的问题、不足。好！为你心理的成长而高兴！）

3月10日

午睡睡过了头，没能按原计划看历史，有点儿着急。我告诉自己，搞疲劳战不好，注意后面时间的利用率。（批阅：这样的自我调适很好嘛。）

看书的时候还是有点儿头痛，但我没休息，告诉自己：注意精神集中念书。晚上学习完历史，第一次有一种满足感，我感到了一种从内心里涌出的信心，希望能够继续。（批阅：为完成了自己制定的计划而产生了满足感，我很为你高兴。）

3月11日

今天的英语整套练习做得不好，原有的信心一下子消失了许多，并且头又开始发胀。我的同桌做得不错，她显然有些兴奋，这就更使我难受。我对自己说：面对现实，学会了才是最重要的，这一次算不得什么，暴露了这一次的错误（批阅：不该说错误，是不足），下一次会好起来的。（批阅：针对自己在竞争时暂时处于劣势的自卑，所做的调适是好的。）

放学的时候，同路的好友对我说她觉得前途渺茫，她的成绩不错，平时也很少不开心。这使我很难受，我又陷入了那种不能进行思考的不良情绪中。现实撞击着我的大脑，我怀疑我建立的信心是否只是空想？（批阅：学习成绩非常优秀的同学对前途的渺茫，对自己产生了消极的暗示，进而对自己的信心产生了怀疑。这是你过去容易受暗示性的反复，没关系。建议：针对好友缺乏

信心，试着对她进行心理调试，你俩会双赢的。因为目前的你，已不是两个月前的你了。）

我不要去想，我告诉自己：任何人都没有资格对你的未来说不，继续你的信心，继续你的努力！（批阅：做自己成长的主人，不受他人消极暗示的影响，这样自我鼓励，好！）

3月15日

本周总结：自己在中考前的状态就非常好，我总是拿现在同高一时比，结果很失望，着急。我应该不过分专注于结果，而要重视过程；注意锻炼身体，使自己身体健康；继续调试心态，使自己心平气和。（批阅：这很好，特别是"不过分专注于结果，重视过程"。）

小美：李老师，在您的提示下，我现在从被帮助到开始帮助别人了。那个比我学习好的同学感到前途渺茫时，我告诉他，目标是应该有的，重要的是你应抓紧时间，做该做的事。如果把"期望"的东西变成"必须"的，这是一种非理性的信念，往往会给自己形成很大的压力，进而产生抑郁、焦虑的情绪，影响学习、工作效率。

咨询师：太好了，你运用心理咨询中获得的认识帮助别人，这对你的心理调试也是很有好处的。你是不是在帮助别人的时候，提高了自己——获得了双赢？

小美：（点头）下周我们又要会考了，我很紧张。

咨询师：为什么会紧张呢？

小美：觉得考不好很丢人。

咨询师：还是你的好强心使然。有上进心是好事，可是动机太强，就会产生高焦虑，结果反而不如预期的好。因此还是那句话：注重过程，将结果看轻点儿。最近一段时间你对自己的心态不是调节得不错了吗？

小美：我不知道自己的潜力有多大，但我认为自己绝对有潜力。

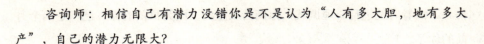

咨询师：相信自己有潜力没错你是不是认为"人有多大胆，地有多大产"，自己的潜力无限大？

小美：是的。

咨询师：这句话说得绝对了。还有很多自身以外的因素都制约着我们，如果过分强调主观因素，偶然失败了，你就会不断地自责，而不能自拔。

小美：是的，我休息一会儿就觉得，我要是能利用休息的时间学习该多好。

咨询师：学习的效果不一定与学习的时间长短成正比，关键在于效率。比如说，一些当干部的同学，虽然社会工作占用了一些时间，他们会抓紧有效的时间专心学习，反而促使他学习效率的提高。你说是不是？

小美：（点头）

咨询师：你来概括一下今天的体会。

小美：①不要只注重结果，关键是过程。②继续自我调适。

咨询师：另外还要注意，不要对自己"法西斯"。你过分强调自己的主观能动性，认为自己应该"无所不能"，做不到就会自责。要进一步调节自己。

（第六次咨询）

小美交来两周的日记。

3月18日

每次考试后都是我最难受的时候，这次也是一样。这两天每到上课前我都会难受、紧张，生怕老师讲有关考卷的事。我试着去想：结果不重要，重视每一天、每一次的学习过程。

今天，有些同学搞到了语文的客观题答案，我周围的同学很快就知道了自己的情况。可我迟迟不敢去对，但我又非常讨厌自己的胆怯，于是告诉自己：如果现在不知道，我大概会紧张到试卷发下来。而且早晚都会知道结果，那结果不会因为我一时的逃避而改变什么。面对它，没什么了不起，错了，弄

懂了就好，不要让这种不良情绪左右你自己。于是，我鼓起勇气要来了答案，结果是只错了两个，有些出乎意料。我想，我学到了一些东西。（批阅：学会勇敢地面对而不逃避现实。这是个不小的进步。按照这样的做法坚定地走下去，相信你的进步会越来越大，一定会的！）

3月25日

最近遇事就头晕的情况明显减少，习惯做自我心理调节，不再让自己陷入那种不良的情绪中了。但这些还没有完全融入我的个性中，有些"别扭"。我想过一段时间会好吧！（批阅：做自我心理调适之始，感觉"有些别扭、刻意"，不够自然，这很正常。时间长了，就会变成自己的了。）

最近，情绪仍不十分稳定，当然较之以前有很大的好转。所以，为了让自己每天都能保持良好的心情和精神状态，我还要继续努力。我在学习上，每天必须做至少一件让自己满意的事情。例如，不再给自己规定过度的任务，否则，完不成会导致失望；晚饭后很累、很困，但坚持学习，一会儿就进入学习状态了。（批阅：你做到了经常把这些做得让自己满意的事情说或写出来，心理学称之为强化，你的进步才会更大。多好！）

3月28日

历史老师是一个不太好对付的人，但我今天鼓起勇气问了一个对考试无足轻重的问题，得到了满意的答案，心情很舒畅。之前我是这样想的：不问其实也没关系，我好想知道答案；问吧，他呲儿我怎么办？呲儿就呲儿吧！学到知识就可以了。如果我连这一关都过不去，那我怎么改变自己的性格呢？（批阅：放弃患得患失的考虑，主动行动——求教于"不太好对付的"老师，这才是聪明的学生。很好！）结果老师很热情地解答了，我为自己而高兴。这使我认识到面对问题，解决问题，其实是一件很容易做到、很舒服的事情。

今天，历史老师给我们"打气"，说我们往往把高考想得过于难了，未来某一天当我们考完以后，会觉得试题不过如此。所以，他告诉我们现在无论如何要摆好心态，不要出现每次考试后情绪大幅度波动，然后加班加点的情况。他说，学习效率第一，应该注意劳逸结合。我很赞同老师的观点。（批阅：历史老师在有针对性地调整你们的应试心理。）

这次考试成绩排名提前了10名。我知道这完全得益于这两个多月的心理及身体的调节。

知道名次后有些兴奋，毕竟是进步了，但我告诉自己："不可以沾沾自喜，你的目标不仅在于此。"

咨询师：小美，看到你的进步，真的为你高兴。你认为自己在哪些重要方面发生了变化？

小美：我感觉自己的心态比以前好多了。

咨询师：那你知道自己心态比以前好多了的原因又是什么吗？

小美：我对您的建议认真想了，而且照着做了，所以有这么大的进步。

咨询师：（点头）还有呢？

小美：（无语）

咨询师：我认为除了你说的以外，在接受治疗中你的实事求是的态度也很重要。你原来的心态如何、你心理调适到哪种程度，都能够坦诚地表达出来和我交流，然后我们有针对性地一步步调适，才有今天的好成绩。

在短短的两个月的时间里，在一个四五十人的班上，重要考试提前了10名，而且是在激烈竞争的毕业班，这很不容易。真为你高兴！这么大的进步，老师对你的态度有什么变化吗？

小美：数学老师表扬我了，客观题我得了满分。好几位老师都在课堂上问，谁是小美？原来老师都不认识我，现在一下子都认识我了。

咨询师：真的为你高兴，而且觉得你还有潜力。因为你的数学好，文科课程的学习只要心态好了，还有上升的空间。

小美：我同意您的意见。平时我觉得问题挺大的，同学说这不是问题。例如，我自己感觉晚上学习效率不高，许多同学说他们也是这样的。

咨询师：就是吗！其实你有的问题，其他的同学也会有。谁也不会头脑永远清醒，心境永远良好，读书无杂念、学习不走神，工作不倦怠、见人不紧张。你希望尽善尽美，事实上是根本无法实现的。过去你过分追求完美，当达不到自己的标准时会如何？

小美：失望，没自信。

咨询师：没自信又会怎样？

小美：会影响情绪，反而形成恶性循环。

咨询师：对了，你有了这样清醒的认识，这对你以后的心态的调整会有益的。

小美：我还想把这次考试的体会告诉您。以前，每次考试我都是慌慌张张地看书，结果精神状态很不好，脑子里非常乱，身体也很累。这次考试，我想能看多少看多少，主要是调整身体、心理状态，结果考得出乎意料的好。

咨询师：太好了，现在的考试考的就是心态，谁的心态好，谁就成功。继续努力，我相信你还会有更大的进步！

（第七次咨询）

小美交来两周的日记。

4月4日

近几天的情绪还算稳定，临近星期日，也不会觉得不安了。认为别人可能在注意自己的感觉少了。当有这种感觉时，我就告诉自己：别人没有精力都来注意你！于是就好多了。

4月5日

今天我想，治好强迫症的标准是什么？是一种生活得轻松，仍有上进心的状态吗？还是一种面对问题，解决问题的能力？

总结现状：

（1）乐于运用自我心理调节，喜欢"为所当为"；

（2）遇到事情头晕的情况基本消失了，但遇事还有一些紧张感，我想这

是正常的；

(3) 情绪比较稳定；

(4) 自信度仍然不够；

(5) 还有些"完美主义"；

(6) 有时还有"急于求成"的毛病。

（批阅：你对自己分析得很清楚，也贴切，说明你的自我感悟能力不错。好心态的三个标准：①积极向上的生活目标，这你一直具备着；②情绪良好、平稳，这一点你过去缺少，现在自己已经在学习调整情绪；③有自信，你过去不足，现在大有进步，但仍需进一步增强。原来缺乏自信的原因是不是因为自己树立的目标过高，难以达到而失去了自信？）

4月7日

我觉得过多关注自己的缺点是一件很傻的事，所以，要正确认识自己的优缺点，从现在起要善待自己。

我的优点：

(1) 有生活目标，喜欢计划；

(2) 做事很认真；

(3) 勇于挑战自我，敢于面对缺点；

(4) 诚恳待人，重感情；

(5) 自尊心强，上进；

(6) 善良，爱替别人着想。

我的缺点：

(1) 信念不够坚定；

(2) 情绪很容易因外界影响而波动；

(3) 有时候脾气很急躁；

(4) 胆小，遇事爱紧张；

(5) 容易用别人的眼光看待自己。

我知道这些都是因为我不够自信造成的，我告诉自己，以后不管遇到什么，我都不要悲观，要自信，记住，没人有资格对你的未来说"不"。

4月13日

明天，大概是我的最后一次治疗了，想起来都有些想哭的冲动。几个月来，心理咨询室成了在我心底一个温暖的家，没有责备，没有讽刺，有的只是支持和理解！（批阅：也感谢你对我们心理学者工作的理解。）

我还感谢、也好感动心理咨询几位老师的帮助。我想就算我不能因此而为心理专业做些什么，至少我可以因为你们的珍惜而更加善待自己。（批阅：其实，你执著地坚持接受心理咨询，发挥了自己的主观能动性，比较准确地运用心理学的多项理论解决自己的心理问题，这是在为心理学作贡献。阅读你接受心理咨询的心路历程，对有同样经历的青少年朋友会有很大的助益，更是在为心理专业作贡献。）

我不想说什么承诺，我只想说我会尽我的全力对待高考，对待我以后的人生。

还有，我好喜欢这个"家"里的朋友，我会常与你们联系的！相信我。

小美

案例3：寻求生活的意义

脚踏实地地生活，就是生活的意义。

懂得为什么活着的人，在任何情况下都能够找到生活的意义。

——尼采

只有对生活付出了，你才会有收获，才能体会到人生的意义。

家长朋友：有父母不希望自己的子女朝气蓬勃、积极向上？不希望他们生活有目标，过得有意义，并且能够从中感受到快乐和幸福？但是现实中并不是所有的孩子都能感受到生活的意义和快乐。您的孩子是否不快乐，老是在说："活得太痛苦，活着没意思。"缺失了生活的目标和意义？若是如此，您不妨一阅下面的案例，并且请您的孩子也读一读。我们相信，这对您更好地了解和体谅您的子女，帮助他们走出迷茫和困扰，帮助他们树立生活的目标，懂得人生的意义，使他们的生活充实、丰富，真正感受到快乐和幸福！

　　在强迫症和失去生活目标、长期在痛苦中煎熬、差点儿绝望地走向生命终点的某学院的大学生尹杰，在心理咨询师的帮助下，艰难而又锲而不舍地尝试运用森田疗法、人本主义心理学家弗兰克对人生意义的探索来指导自己生活，解除痛苦、重塑人格。用自己数月接受心理咨询的心路历程体验出人生真谛："脚踏实地地生活，就是人生的意义，一步一个脚印地走就是人生。""只有对生活付出了，你才会有收获，才能体会到人生的意义。"不仅治愈了自己的强迫症——杀害亲人的强迫意向，强迫型人格障碍也得到初步矫正，还使自己的生活变得充实、丰富，并且从中感受到快乐和幸福。

　　尹杰：我现在特别地无助。高三的时候，我喜欢上了班上的一个女孩。但是当时学习压力特别大，不敢有什么非分的想法，只把它压抑在心底里。后来我来到了这座城市上大学，对这个女孩，我告诉自己，不要去想她。可是越这样压抑，我想得越厉害。还有一次，我和同学们去看了一场录像，内容是一个弟弟为了继承财产，杀死了亲哥哥。我就特别担心自己会杀死哥哥。我明知道自己不会那么做，却偏偏这样担心，而且特别地恐惧。这些事经常在头脑中盘旋。

　　咨询师：还有什么事困扰你？

　　尹杰：嗯，我有一次看了一本外国的小说，描写一对夫妻的生活，丈夫对妻子的爱，就像儿子爱母亲那样的圣洁。我就想自己以后可不能变成那样。心里特别担心、害怕，常想自己要是也把对妻子的爱变成儿子对母亲的爱那可怎么办呢？还有，我有半年都没怎么上课了，总怀疑自己有胃病，去各个医院检查，都诊断没病。可是我就是觉得自己有病，这些事情经常在自己的头脑中盘旋，怎么也消除不掉。

　　咨询师：你想用心理治疗解除自己痛苦的要求，作为心理医生，我很高兴。我会尽量帮助你的。你说的许多想法、念头，明知不必要，却在头脑中盘

旋，那是挺难受的。

尹杰：嗯，是挺难受的，有时都想到了死。

咨询师：这类症状叫做强迫症，是神经质症的一种。你刚才说的，都是自我援引的结果，什么事都爱往自己身上联想。自我援引是强迫型人格的特点之一。每个人都有自我保护意识：怕患病才讲究卫生，饭前便后洗手，器皿消毒等等，这都是好习惯；人们也会担心煤气阀门没关紧，认真检查，这对于保障安全是必要的、也是正常的。然而，当你认为这些必要的心理现象是异常的、病态的，就想方设法加以控制和压抑，反而加强了对它们的注意，结果使这些正常的心理现象被固定下来，变成了症状，导致了森田疗法所认定的神经质症的形成。比如，你喜欢上了一个女孩，这对作为青春期的少男少女来说，喜欢上了异性的同学或朋友这是很正常的，你从学习考虑，不去想她，这也很好。但是你觉得自己"不应该"喜欢上那个女孩，就拼命地压抑自己、责怪自己，这样反而使你自己更注意、更忘不了那个女孩了。

尹杰：对，您说得太对了，就是这样。那我该怎么办呢？

咨询师：森田疗法治疗这样的病症有很好的效果。森田疗法认为神经质症的发病机制是精神交互作用，就是患者在自己的性格基础上，因某种偶发事件，使注意力集中在众人皆有的一些心理、生理现象上，以为这种现象是异常的、病态的，想方设法加以控制、压抑，结果反而加强了对它的注意，形成了恶性循环，最后被束缚而形成了症状。因此，心理治疗的关键就必须打破这种精神交互作用。森田疗法的治疗原则，可以概括为一句话：顺其自然，为所当为。简单地说，就是当这些想法、念头出现时，不排斥，不压抑，而是带着它们该干什么就干什么。

尹杰：我也曾作过调节，一想到那个女孩，我就想，算了吧，都过去了。

咨询师：这就很好，这是你在尝试着自我调试。要抓住它，使它成为你自我调试的指导语，这对减轻症状很有好处。

尹杰：可是这样挺难受，不能都这么想，比如想杀哥哥，总不能说杀了就杀了吧?

咨询师:森田疗法是让你去接受"头脑中"的各种想法,比如想杀哥哥,你又没有具体的行动,对头脑中曾经有的这些想法不压抑,不排斥。不是不去想,而是想了就想了,带着想法干你应该干的事。

尹杰:我踢球和上网时就没有这种想法。

咨询师:这就是了。当你投入地干一件事时,也就是"为所当为"时,这些杂念也就消失了。

尹杰:对。我可能也是太轻闲了,原来高中学习生活紧张时就没事儿。现在就是因为生活没了目标才会这样的。

咨询师:说得对。这就是森田疗法的理念:顺其自然,为所当为。接受头脑中的各种想法,不压抑,不排斥,不是不让自己去想,而是想了就想了,带着想法干你应该干的事。你的生活有了目标,知道为什么活,有自己该干的事,就不会为乱七八糟的念头所困扰。怎么样,今天有收获吗?

尹杰:今天好像明白了一些。让我回去再体味体味,可能会明白得更多。

咨询师:森田的东西说起来很容易,做起来就不是那么轻而易举的事了,这种疗法需要每天记日记。你每天记下自己的想法、感受,记下自己如何顺其自然、为所当为的,然后我们每周批阅一下日记。这实际上是把一周一次的治疗延续到每一天,好吗?

尹杰:好的。

一周后,尹杰交来日记。

11月11日

很幸运,今天遇上了一位资深的心理医生。整个咨询过程,在她的亲切、具有亲和力的感召下,我一直很放松、很坦然,只是尽量地回忆,尽量地去表达自己内心的一些感受。医生说我得的是强迫症。这个我非常认同,因为我的一些症状和书上写的十分吻合。书简直就是为我写的。(批阅:这就是对本心的自觉。)

医生说要用森田疗法进行治疗，通过阅读有关森田疗法的书籍和医生的讲解，我了解了森田疗法是对我的症的，相信这种疗法一定会治好我的病。（批阅：信心是治疗的前提。）

11月12日

早晨八点钟左右就醒来了，我还是像往常一样躺在床上，头脑出现了可怕的强迫观念：杀人怎么办？由于昨天刚学了森田疗法，于是我对自己说，想就想吧，强迫自己不想解决不了问题，倒还不如让它去想吧。效果好像不是很好，不过无所谓，路还很长。（批阅：这就是顺其自然，对自己头脑中的念头不压抑，不排斥，不是不让自己去想，而是想了就想了，带着想法干你应该干的事。初试森田疗法，这种坦然的心态很好。）

上午与几个同学一起同别的队踢了一场足球比赛。我踢得很投入，虽然有时还会想起些什么，但一踢起来就什么都忘了。比赛最后是3：6输了，但心里很顺畅。（批阅："为所当为"，多干些有意义的事，那些不好的念头就忘了。）

走在路上，几个同学在我身边，我突然有了"我杀了你（对方）"的想法。我知道这是一种强迫观念，而不是自己内心真正的意图，也就没把它当回事儿，一会儿就没事了。（批阅：这也是顺其自然。对强迫意向不压抑、不排斥。）

现在我主要担心自己的病是否能治好，治好了会不会复发呢？（批阅：只要坚持，会好起来的。）

11月13日

这两天心情好多了，很少再想着那些可怕的念头，偶尔想起来，一会儿也就过去了。但现在却又有另外一件事放不下了。看了森田疗法的书，知道了强迫症与人的疑病素质有关。我便对自己的身体非常敏感起来，仿佛身体只要有一点儿不适，就会引发疑病素质，进而引发强迫症。心里想，原来强迫症就这么容易产生，那还能治好吗？治好后是否会重发呢？高中时得了强迫症，后

来好了一阵子，上了大学后就是由于有"不能再发生那样的事"的想法，从而又诱发了强迫症，越想越可怕。但又转念一想，这不正是精神交互作用吗？"不管它，该干什么就干什么去。"渐渐地好多了，但心里还是有些放不下。慢慢来吧，相信会好起来的。（批阅：你的悟性很好，联系自己的心理实际，理解发生在自己身上的精神交互作用现象，很贴切。打破精神交互作用的办法是什么？顺其自然，为所当为。）

11月14日

上午没课，去机房编个电路模拟程序吧，程序也没编成功，心里真是非常的沮丧。本来很好的心情一下子变得失落起来，感觉到生活真是没有意思，烦透了，心里在遭受痛苦；又想人活着有什么意思呢？于是，又想到了死这个可怕的念头。还是作点儿事吧，于是，晚上又去编程序，虽然还是不成功，但心情却好多了。"管它呢，该干吗就干吗，日子还得这嘛！"（批阅：这不挺好吗？）

11月15日

这几天情绪好多了，现在还在担心将来的一些小事情又会诱发强迫症，心里很是担忧。下午又与同学踢足球去了，几个"长嘴"的又开始攻击了："你会不会踢啊？""臭脚！""看来你真的有心理问题。"真烦，越想忘记他们的话，却越在意他们的话。我怎么总是很在意别人对我的评价？有时一连几天心里都是阴影。心里想"走自己的路，让别人去说吧"。（批阅：虽然不果，但是"做"了就比不"做"强。）

11月16日

一大早，6点10分左右，同寝室同学的闹表就响了，碰巧这个同学是我平时特别讨厌的人，话多、带刺儿。以前我与这位同学有过几次口角，我看到他心里就很不舒服。后来去跑操，年级主任讲话时，我就站在队后面与几个女同学开玩笑。有一男生骂我是"傻帽"，我很生气又不能发火，只能忍着，心情更坏了。生活真没意思，人生没点儿乐趣，于是想到了死。我努力使自己不要

在乎别人的话，不要想"死"，但事与愿违，真是可怕的一天！（批阅：遇到了挫折——他人的讽刺、辱骂，又"在意"了。没关系。）

11月17日

对于人生的意义，我一直搞不清楚，（批阅：在成长的过程中，思考人生意义问题，这很好。）因而也就没有什么远大的理想。我的路是按部就班地走过来的：小学想考好初中，初中想考个好高中，高中想考个好大学。但到了大学呢？由于家庭经济困难，我不可能继续深造，因而我就没有了目标，生活也就失去了动力，对未来总是感到茫然和无助。（批阅：这是在高考指挥棒下，许多中国学生所走过的路，不仅仅是你。但是，你思考了人生意义的问题，这很好嘛！）想努力学习，但是又怕所学的东西将来没有用，每天的生活都是在漫无目的中渡过的。我现在觉得我的心理问题是给"闲"出来的：生活没有目的，自然想些乌七八糟的东西。高中的时候，虽然很紧张，但生活很有乐趣，因为心中有考上大学的目标，为了目标而奋斗，什么痛苦都是可以忍受的。（批阅：这体会是很对的。森田疗法和弗兰克的意义疗法中都引用了尼采的一句话：懂得为什么活着的人，在任何情况下都能找到生活的目标。你的经历以及对自己内心世界的体会，是许多年轻人都有的，具有典型性！生活定向为快乐，刻意追求快乐，就永远得不到快乐；生活定向于有意义的目标，为实现目标而努力，使自己的人生价值得到体现，才能获得快乐。）

11月18日

我前段的治疗，病好了许多（指强迫症），现在主要靠的是自己。心理医生把应该说的都告诉了我，剩下的就要看自己的毅力和努力了。我感觉得了强迫症不是我现在的主要问题。现在的主要问题是改变我对生活、人生的态度。我现在对生活已经失去了信心和希望，总是感到特别的茫然。记得以前我总是雄心勃勃，可现在呢？在我的内心是非常地想摆脱这种无所事事的状态。我也试着给自己订一个目标，给自己打气，找一些事情做，但却没有什么进展，倒是越来越觉得死才是一种解脱。（批阅：生活失去了目标、兴趣，也就失去了动力，情绪就低落。你不仅仅从"疾病"的角度考虑自己的问题，也主动思考人生的意义，承担起自己成长的责任，很好嘛。）

但是我又想不论将来干什么，现在的首要问题就是学习，我想通过努力学习从困惑中解脱出来，的确有点儿效果，起码能让人暂时地燃起希望之火。虽然不久又可能会熄灭了，但总还有希望，只要有希望我就不会放弃。我要振作起来，看一些伟人的事迹与传记，以他们为楷模，勉励自己，重树信心。（批阅：这种永"不放弃"，"以伟人为楷模，勉励自己，重树信心"的态度，好！可贺、可喜！）

我一定要重新振作起来，不论感觉生活、人生有没有意义，首先我必须生存下去。人生的路还很长，不管将来干什么，我现在必须要学习。[批阅：对于自己曾经因为找不到生活的目标而有些悲观厌世，还几次想到了死的你来说，近期目标——"我必须生存下去"，就很好！]

今天整个上午没有课，我不能再跟以前一样赖在床上。[批阅：有了目标就要有行动，矫正自己的不良习惯（赖床）需要意志力！虽然赖不赖床是"小事"，但意志力的培养、锻炼是从"小事"做起的。]

我想应该趁早上好时光学一下英语，于是我就找了盘英语磁带听起来了。这一天我过得很充实，干了很多该干的事情，学了许多该学的东西。心情好受多了，不再像以前那样感到特别的空虚与茫然了。

今天起床时，我想起森田的"为所当为"，我想要叠被子（以前从不叠被子）。可我又记起了我家有一个开车的亲戚，每天起床不叠被子，突然有一天他叠了被子，当天他出车祸死了。于是我就想，我是否也会发生什么事。但我又想"管他呢，我就不信那个邪"，一天好好的，也没出什么事。中午起床后，突然又有了人生有没有意义的思考，人生怎样才能有意义呢？显然光靠想是想不出来的。生活的意义要在生活中体会，只有对生活付出了，你才会有收获，你才能体会其中的意义。（批阅："人生的意义是想不出的，生活的意义要在生活中体会"，"只有你对生活付出了，你才会有收获，你才能体会人生

的意义"。你感悟得多好啊！真为你高兴。)

　　为什么我现在觉得生活没意义呢？那是因为我没有对生活付出，当然体会不到其中的意义。我想到这里，觉得挺舒服的。(批阅：自己悟出的道理，用来解决自己的心理问题，这种态度就特别的好。有的求治者往往抱着"我这个人交给你心理医生了，就看你的了"的心态，这就误解了心理咨询和心理治疗的宗旨了。要想取得好的效果，求助者应该在心理咨询师的领引下，与相应的理念相对照，不断地剖析自己的内心世界，从中悟出真谛，进而身体力行，才能取得良好的效果。好！)

　　一天都在上大课，非常的忙，心里面感觉挺充实的，有一种实实在在的感觉，也没有那么多的时间去想强迫症什么的。我一直努力找一些事情做做，以便充实自己的生活。每天早上我总是要计划一天内要干的事，而且我尽最大的努力去完成它。过去我有一个缺点：干什么事总是拖拖拉拉，懒散而没有完成。我想我要改正这些缺点，进而培养自己坚毅、勇敢的性格。"想"的永远是"想"的，不付于行动永远成不了现实。(批阅：顺着这个路子走，能不迅速地成长吗？)

　　要彻底治好强迫症，要培养自己好的性格，不是一个简单的事情。这些缺点都是多少事情积累而成的，要想改变也需要一个长期的过程。"欲速则不达"是非常有道理的，慢慢地来，慢慢地去，这才是自然的规律。(批阅：祛病、改变不良的性格特点有个过程，这是自然规律。认识它，服从它，这也是顺其自然。)

　　11月19日

　　今天仍然觉得生活没有什么意义，自己也没有什么理想，这怎么办哪？我想还是找些事情来做吧，也许脚踏实地的生活就是人生的意义呢？于是，我就跑到机房去摆弄了大半天计算机，心情好多了。我想一步一个脚印地走就是人生吧！人一旦没有了理想，也就是有了劣等感，总觉得自己不如别人。"为什么个子没人高"、"为什么长得没人帅"，简直就是无聊之极。现在的首要

任务就是重拾信心，有了信心，自然就没有了劣等感，对生活也就有了希望。自信来自脚踏实地认真地学习，认真地生活。［批阅：你从治疗强迫症的过程中悟出："脚踏实地地生活就是人生的意义，一步一个脚印地走就是人生"的道理，认识到自己过去想的"为什么个子没人高"、"为什么长得没人帅"等问题感到"无聊之极"。认识到人生意义的真谛，抛弃了因物质自我（外貌）不理想而产生的自卑心理。为你领悟到人生的意义、找回自信而高兴，勉之。］

11月20日

近来感觉好多了，对于强迫症状不再有以前的那种畏惧，也不再像以前那样拼命地去排斥它，想把它从心里去除。现在，每当以前的一些强迫症状出现时，我便会对自己说："这其实也没什么，想就想吧。"强迫症状过一会儿会减轻。但是强迫观念还是很强，也许是害怕自己要杀了哥哥，这个强迫观念对我的刺激太大吧。每当我想家或想起家里什么人时，便会有杀人的强迫观念。不过，我知道这些都是强迫观念，不用害怕，也不再过多理会，一般很快就会消失。

森田疗法也确实有效果，我现在少了许多心理痛苦与烦恼，每当强迫症状来临的时候都能应付自如了，心里确实很高兴。（批阅：作为跟随你的心路历程共同跋涉、同感共情的心理咨询师的我来说，真为你能顽强地用森田的理念引领你对付强迫症状，进而达到"应付自如"的程度，为你的锲而不舍的精神由衷地高兴！有什么能比求助者从长期的痛苦中解脱出来，让心理咨询师更高兴的事呢！）

11月21日

强迫症状轻了许多，心里也舒服多了。现在我已经能够集中精神看书、学习了，也能集中精神去想未来的事业、人生的意义等问题。我觉得自己不能总是在人生十字路口徘徊、举棋不定，总是觉得什么都该干，什么都干不

了。我决定还是从事现在的专业，自己也比较喜欢这个专业了。当我这样想时，感觉心理坦然多了，不再那么迷茫了。[批阅：心理咨询有助于培养自己对专业的喜爱，说起来似乎有些匪夷所思，细想也没有什么难理解的。经过心理咨询，"强迫症状轻了，心里也舒服多了。现在能够集中精神看书、学习，也能集中精神去想未来的事业、人生的意义等问题"，能够确实做到"为所当为"——该干什么干什么。干（行动）得多了，自然会渐渐地对专业有了兴趣、爱好。为你的成长、进步而高兴。]

我现在觉得人生应该脚踏实地的工作，快快乐乐地生活。强迫症状不再是我害怕的东西，我会把这段经历当做人生旅途上的一个挫折，对自己性格的一次考验和锻炼。塞翁失马，焉知非福。（批阅：你认识到人生的意义："应该脚踏实地的工作，**快快乐乐地生活。**"为你找到生活的意义和快乐而快乐！）

11月22日

今天上午第一节没课，我便睡到很晚。以前每次醒来后，脑子里便开始了强迫症状的恐惧。但是今天醒来后，却没有突然出现强迫症的情况，心里面好像觉得突然少了些什么，于是便想起了强迫症。不过现在知道了这是强迫症状，我便对自己说："没什么，想就想吧。"一会儿便自动消失了。

当我带着这些强迫症状干别的事时，便又能专心地干事了，它已经影响不了什么了。

11月23日

今天上了一天的课，很忙，但心情不是很好。上课时，没什么事干，就会想些乱七八糟的东西（强迫观念）。同学一阵子"开导"，说这专业有什么不好，使本来就不太坚固的信心又开始动摇了。这也许是我性格上最大的缺陷。对生活、对未来有许多构想，但是有一点点的风吹草动，信心便会受到严重打击，于是便开始对生活、未来失望起来。（批阅：有自知之明，能认识到自己性格上的缺陷，是改变不良性格，重新塑造优良性格的前提。）

11月24日

　　近来心情好多了，也经常和同学们开玩笑，不再像以前那样心里面总是有一道阴影，就是在装着高兴时，心里却是在受煎熬。我想不管将来是从事于什么专业，首先一条就是现在必须努力学习，否则，一味地在十字路口处徘徊，徒浪费了许多宝贵的时间，等到将来，会因为没有学到知识而后悔。这样才会无怨无悔。（批阅：说得好。真为你的正确的认识、好的心情而高兴。）

11月25日～11月30日

　　这一段时间，虽然我仍然在努力地思考问题，拼命地说服自己，但是觉得很累很累，有时感觉像不是自己似的。于是，头脑中又出现什么高中的女孩、什么杀人的念头……乱七八糟的，太烦心了，就懒得记日记了。是不是又回到原点了，我原来做的努力全白费了？（批阅：在运用森田疗法治疗神经质症的过程中，这是经常遇见的问题——患者悟性较好，又能身体力行，开始阶段疗效会很显著。但是由于心理学中所说的动力定型的作用，多年形成的旧的思维、行为方式，很难在短时间内完全被新的思维、行为方式所代替，这是很正常的。正像你在11月18日的日记中写的"要彻底治好强迫症，要培养自己好的性格，不是一个简单的事情。这些缺点都是多少事积累而成的，要想改变也需要一个长期的过程，欲速则不达"是非常有道理的。"慢慢地来，慢慢地去，这才是自然的规律"。认识它，服从它，这也是顺其自然。）

12月1日

　　今天又去看了心理医生。说句实在话我是不太想去的，因为近来自己的状态没有多大的进步，但又转念一想，去和医生谈谈心里话也好，最后还是去了。在等待的过程中，一位跟我病症差不多的病友，她把她自己的一些好的经验介绍给我，特别是她那句话："你心里想着什么，你就想下去，不要强行阻止自己不要去想。"当时感觉没有什么，但后来经过心理医生的点拨，感觉这句话非常有道理，认为这就是森田的顺其自然，想了就想了，没什么可怕的。（批阅：因为相互之间有着相近症状，有着共同的体验，病友之间的相互启

发、帮助是非常有益的。你的这种做法值得推广，谢谢你。）

12月2日

昨天去看了心理医生，收获不小，特别是从另一个病友那儿学到了一个妙招：每当我心理出现了什么强迫观念，我不再像以前那样打断它，却又念念不忘。现在我就是顺着这个心理一直想下去，一直想到没什么好想的为止。然后，这个强迫观念很快便消失了，自己也不再对其"念念不忘"了。

12月3日

现在到了学期末了，又要开始紧张地复习备考。课程被老师给排得满满的。不过这样也好，一天的生活也更充实，可以少考虑烦恼的事儿。烦恼的事仍然一件接一件，不过我现在已经能很好地应付了，我不再像以前那样去排斥、压抑它们。我会带着这些烦恼的事儿，一边想着它们，一边学习。想多了，自然就没得想了，接下来就可以学习了。然后它们又会再来，我又再用此方法处理，确实不错。心里踏实、舒服多了。（批阅：虽然你的强迫观念挺"顽固"，可你的意志更"顽固"——更坚强，我真为你现在不焦不躁的心态和锲而不舍的精神而感动。）

12月4日

俗话说"江山易改，本性难移"。我对这句话有了很深刻的认识。刚刚好了些的心情现在又有反复，那些似乎已忘却的烦恼的事，突然又一股脑儿地回来了。在有了好转时我就想"千万不要再像以前那样"，结果事情却朝着反方向发展了。没办法，只有继续采用森田的方法了，顺其自然，为所当为。于是，心情又有了一定的好转。看来治好病，真不是一件容易的事。我想这一定要有一个长期的反复过程。我应该有这方面的心理准备。（批阅：认识治病的过程有反复，顺应之，这也是顺其自然。）

12月5日

发觉自己身上最大的问题就是自我援引和疑病素质。每当我看到一些比

较恐怖或者不大合乎道德之类的事情时，我便都会往自己身上揽，好像自己在做或将要做那些事情。于是，便会感到害怕、压抑，越压抑，就越严重，这也许就是强迫症的起因吧。（批阅：这种认识挺对。森田认为："如果把注意力集中于某一感觉上，就会使这种感觉处于一种过敏的状态，这种过敏的状态会使注意力更加集中，从而使注意力固定在这种感觉上。"这就是神经质症的发病机理——精神交互作用，即患者在自己性格基础上，因某种偶发事件使注意力集中到众人皆有的一些心理、生理现象上，认为这种现象是异常的、病态的，想方设法加以控制、压抑。结果，反而加强了对它的注意力，形成恶性循环，最后被束缚而形成了症状。）

另外还有疑病素质。每当我身上有一点点不舒服时，我便会认为自己有了病，而且会认为这种病非常地严重。总之就是往坏处想，越想越害怕，于是就越注意，仿佛就真的是非常严重，于是便非常地害怕。这些都是强迫症患者的特点，我需要解决这个问题，还是只有采用森田疗法吧。（批阅：在治疗的深入阶段，能够用森田疗法中的一些理论，自我开放，联系自己的实际，深入地分析自己神经质症形成的原因，达到对本心的自觉。这种自觉性有利于减少并消除症状。）

12月6日

又是上一天课，一整天都有事要干，感觉挺充实的。有些想法确实比较可怕，比如杀害亲人，但多想几次也就没有什么可怕的了。对以前的那些强迫观念我不再感到那么害怕了。怕什么呢？我只是想了许多东西，我又没干什么坏事，难道想也有错吗？想就想了，没什么好怕的。现在当强迫观念来临的时候我就让它留在脑海里，不去排斥、压抑它，渐渐的这些强迫观念就居于次要地位，以致消失了。这两天心情好多了。（批阅：比较熟练地顺其自然、为所当为。对于那些不能控制的，如自己的情绪、意向，不去控制它，不压抑、不排斥——顺其自然。对于一些可以控制的事物：自己的行动，用自己的意志去控制——为所当为。）

12月7日

都快期末了，本来下午没课的也被老师们补课安排得满满的。我自己也把一天安排得满满的，白天学习，晚上去上网。可是晚上准备上网时，却有几张软盘找不到了，那上面可存有我几天以来的劳动成果以及我今晚上网要用的东西。心里烦透了，一烦起来，于是又有了强迫观念，要杀人了。这样耗下去是不行的，还是该干点儿什么。于是我就去隔壁房屋看录像了。有了点儿事干，心里便好受多了，一直看到停电，相安无事。

12月8日

本来打算昨晚去上网的，正准备去上网时，隔壁屋的一同学说我的盘在他们屋，谢天谢地可总算找到了，心里特别高兴。结果从上午8点一直到中午1点，整整上了5个小时的网，解决了好多问题，心里特别的舒服。虽然，时有如杀人等的强迫观念冒出来，但我根本就不将其放在心上，只顾一心地去干自己想干的事情。心里突然升起一股豪迈的情感，那感觉真好！仿佛有好多年都没有这样的感觉了。（批阅：充实的生活把注意力集中在该干的事情上，会打破精神交互作用，使注意力集中在该干的事情上，强迫症的症状会减轻以至消失。"心里突然升起一股豪迈的情感。"和你的感觉一样——真好！）

12月9日

今天该我去计算机房值班，很早就起床了。忙碌了一个上午，只感觉到很累。又有一个上午没有学习，心里便感到非常的愧疚，我便在责备自己，觉着对不起家人，心里很难受。于是，强迫症状又出现了，心里感到很害怕。后又想这种情况已经发生无数次了，害怕、压抑、排斥，也解决不了问题。那就随着它去吧，还是学习要紧。于是，赶紧吃饭，然后去上自习，这样心里才安慰了一些。

12月10日

今天是实习的第一天，心里很高兴。装配收音机，这可是我的特长，于

是很兴奋地忙碌了一天。可是到了晚上却感到很失落，但不学又不行，心情虽然不好只好硬挺了。一边看书，一边想着小事。效率虽然不高，但也学到了一些东西，于是心情又好了一些。只有学习有一些收获时，才会忘记一些烦恼。

每当烦恼时就想起杀人那件事。于是又要用森田疗法，这不好的念头有了就有了，我又没真的动手杀人，想想，内心恐惧小多了。何时是尽头？但光明总是会有的，只不过道路比较崎岖吧，鼓励自己继续努力吧！

12月11日

今天非常的忙，经过一整天的艰苦工作，一个收音机的装配工作已经完成。今天的主要任务是调试，这确实是一件令人振奋的事情。我工作得非常投入，因为一台小型收音机即将在自己手下产生。一整天都在紧张与兴奋中度过的。

本来打算去上晚自习的，但是我最好的朋友做的收音机不成功，为了帮他，我决定放弃上晚自习。花了整个晚上，帮他把收音机做好，心里很高兴。（批阅：予人玫瑰，手留余香。多好！）但是，同时心里也很烦，因为我一个晚上没有学习。心里一烦，杀人的强迫观念又出现了，我只有抓紧一点点时间看了一会儿书，心里就好多了。

12月12日

昨天把自己和朋友的收音机做完了，本打算今天去上自习的。但是到了试验室后，有好几个同学找我帮他们做收音机。本打算拒绝他们的，但又不会拒绝，于是又只有勉强答应。又帮别人忙碌了一天，没上成自习，心里又很烦。（批阅：想想帮助了别人，自己的价值得到了体现，这也是令人高兴的事啊！当然如果自己有计划安排不开，也可以拒绝，学会不伤友谊的拒绝。）

于是晚上抓紧时间去上晚自习，也总算是完成了自己一点儿计划，不至于让心里太难受。能按自己的计划去做事，确实是件好事，但有些事却又必须去做，又必须打破自己的计划。（批阅：只要做的是有意义的事，无论是对自己，还是对他人，计划的改变也是有意义的。）

12月16日

今天又去看了心理医生，总的说来效果确实不错。我的心里不再像以前那样恐怖那些自认为不合伦理道德的东西。过去不论是从哪儿看到或听到的，我都会进行自我援引，那是我强迫症最严重的、最危险的时期，我曾经差点儿绝望走到生命的终点。当我的理智还有一息尚存之时，我毅然决定去看心理医生。也许老天还不舍得过早抛弃我，看了心理医生之后，一切都出现了转机，一切都开始朝好的一面发展了。（批阅：从自己的痛苦的经历："在差点儿绝望走到生命的终点"时，"毅然决定去看心理医生"；"看了心理医生之后，一切都出现了转机，一切都开始朝好的一面发展了"。为你的选择，为你的锲而不舍而庆幸。）

12月17日

今天的精神状况不是很好，还是求完美的个性在困扰着我。（批阅：求完美的个性是神经质症的性格特征，改变需要一个过程。）

我努力地在每一方面都做得最好，对得起自己的良心和爱自己的人，活得确实很累。强迫观念不时困扰着自己，不能自拔，最让人感到恐惧的是要"杀人"的强迫观念。以前是恐惧自己会伤害亲人，以后又恐惧伤害其他的人。虽然我只有杀人的念头，而没有行动，但是自己依然非常恐惧。（批阅：仍然是那句话：这是你的强迫观念，又没有行动，你没有错误，没有什么可怕的。）

12月18日

整个上午，心情非常不好，仍然是有害怕自己会"杀人"这个强迫观念出现，自我暗示："这仅仅是我的强迫意向，我又没有真的杀人，没有什么可怕的。"（批阅：你所作的自我心理暗示："这仅仅是我的强迫意向，我又没有真的杀人，没有什么可怕的。"就是在当时情况下的顺其自然。）

按一个病友的话去做，就是："想什么的时候不要排斥、压抑，继续往下想。"可怎么想下去呢？下面就是怎样杀人、怎样的血腥了。仿佛就有了那

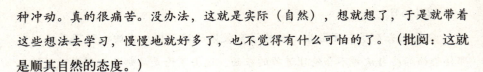

种冲动。真的很痛苦。没办法，这就是实际（自然），想就想了，于是就带着这些想法去学习，慢慢地就好多了，也不觉得有什么可怕的了。（批阅：这就是顺其自然的态度。）

12月19日

阴沉的一天，就像我的心情一样，强迫症状还依然存在。我也知道这是一个比较艰难、长期的过程，不可能三两天就收到明显的效果。

我感觉像我这样的人非常地敏感，什么事都容易往坏的方面想。（批阅：这是神经质症患者的特点，自我援引。）

就像今晚上自习时，我想在练习本上写一个人的名字，当时我就想会不会写上人名，再画个"×"就表示要杀掉呢？仿佛我就真的要杀他一般，于是又不敢写了。又一想，怕什么呢？于是又写了，而且还画了个"×"，万事OK，也没什么。（批阅：太好了。）

12月21日

上午的实习做了很多东西，一上午就把功放的电源部分给完成了。午睡没睡好，而下午实习时，心情非常地不好，不想讲话，还跟自己生闷气。心情一不好，又胡思乱想起来。但也同时想这没什么，随着它吧，该怎么干就怎么干。后来又去上网了，寻找了一些撰写毕业论文需要的材料，看了些ＢＢＳ上的帖子，心里缓和了一些。晚上又去上了一晚自习，然后就好多了。这对我的启发是：心情不好的时候，应该找些事干，来转移注意力，慢慢地就会好起来。（批阅：用为所当为，达到顺其自然。）

12月23日

今天一天真的很忙，忙得焦头烂额。上了一上午的自习，下午去踢球，晚上去机房值班，很充实的一天。这一天，也许是这几年来最开心的一天，因为没有了强迫症状之类的影响。真的，强迫症好多了。我能专心地做一些事情，虽然仍有强迫观念，但也能做到顺其自然了。就是说我已经能看得比较淡了。强迫症怎么得来的？说白了，就是自己跟自己过不去，想用主观的臆想去

代替和改变客观的东西，结果是事与愿违，越积越深，就自然地诱发了强迫症。怎么处理强迫观念？那就是想的时候就想，害怕就害怕，然后带着那些害怕的心理去做自己该做的事，这就叫顺其自然，为所当为。（批阅：这种体会特别好！）

12月24日

上午是我值班的时间，我当然是责无旁贷的。上午老师来找过我，要我帮她编个程序，我可不敢怠慢。中午稍微休息后，我下午就去上网，在网上下载一个需要的软件之后就去机房安装，但是不成功，心情不怎么好。一是浪费了时间，没上成自习；二是没有把程序装好。心情不好，于是"杀人"的强迫观念又出现了。（批阅：总想付出了劳动就马上要有收获——急于求成，过度重视结果，会使自己的心态不平静。）

不过不要紧，我以一种平静的心态去处理问题是最重要的。这就是顺其自然的方式。（批阅：这就对了。）

12月25日

今天又是一天的实习，整整忙了一个上午，总算把功放部分做完了，心里很高兴，一直到很晚的时候也不想走，强迫症也忘到了脑后。我觉得只要采用森田疗法，就有所改善，能够治好！当然这是一个长期的过程。（批阅：充实的生活使自己忘掉痛苦的事。好！）

12月28日

心情放松地过了好几天了，今天早上一起床就想起了强迫症状。记得已经有好久没有这样的感觉了，心里还是有些害怕。不过无所谓，"顺其自然"，相信一切都会好起来。然后就去"为所当为"干自己要干的事——继续上自习。我心里很坦然，自习效率很高。下午去试验室做实习总结，然后去踢足球。开始很高兴，但又担心起来，因为我认为自己浪费了时间，心里又有些嘀咕，但还是照常踢球，之后就没有什么了。我体会到出现强迫观念时，不要太在意，不要故意去排斥，也不要叫自己故意不去理它，顺其自然，带着这样的心理干自己该干的事。（批阅：多好！）

12月30日来心理门诊

自诉：这两周进步非常大。虽然有时还"胡思乱想"——有一些强迫观念，但是经过近两个月森田疗法的治疗，应用"顺其自然，为所当为"的理念去思想、去行动，"体会越来越深，用起来也越来越得心应手"。"真的，强迫症好多了，我能专心地做一些事情"。"因为没有了强迫症之类的影响"，有了"很充实的一天"，"这几年来最开心的一天"……

【案例分析】

家长朋友，这是一例将森田疗法的"顺其自然，为所当为"的原理与人本主义心理学家弗兰克对人生意义的探索的理念较好地结合，成功地治疗强迫观念——紧张、焦虑时，产生杀亲人的强迫意向，并且对其强迫人格进行初步矫正的案例。

这要求心理咨询师对森田疗法和对人生意义的探索有较深入地理解，并且要对来访者尹杰充分的信任，相信他具有奋发向上、无限成长的潜能，不断调动其个人的主观能动性，使他学会用一种"顺其自然、为所当为"的理念，指导自己的行动，并且在行动中寻找到人生的意义。

该疗法非常重视患者的悟性，在学习森田理论的过程中，帮助尹杰自己"悟"出有关森田疗法"顺其自然，为所当为"的理念，这在尹杰的所有的心理日记中，处处可见。又如："强迫症怎么来的？说白了，就是自己跟自己过不去，想用主观的臆想去代替和改变客观的东西，结果是事与愿违，越积越深，就自然地诱发了强迫症。"（12月23日）

在行动中寻找到人生的意义："光靠想是想不出人生的意义的。生活的意义要在生活中体会，只有你对生活付出了，那么你才会有收获，你才能体会其中的意义。"（11月18日）"脚踏实地地生活就是人生的意义，一步一个脚印地走就是人生！"（11月19日）"我现在觉得人生应该脚踏实地地工作，快快乐乐地生活。"（11月21日）尹杰的这些体会对他的生活非常重要，"强迫

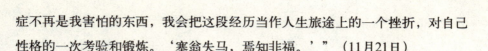

症不再是我害怕的东西，我会把这段经历当作人生旅途上的一个挫折，对自己性格的一次考验和锻炼。'塞翁失马，焉知非福。'"（11月21日）

学习森田理论、对人生意义的探索不仅要"悟"出道理，还要身体力行，要具体去"做"。"怎么处理强迫观念？那就是想的时候就想，害怕就害怕了，然后带着那些心理去做自己该做的事，这就叫顺其自然，为所当为。"（12月23日）

许多强迫症患者或强迫型人格障碍者，往往想得多（思想矛盾多），做得少。而尹杰在治疗中从小事做起，从自己的学习、工作做起，树立了生活目标，身体力行"顺其自然，为所当为"的理念。"把一天安排得很充实、丰富"。不仅治好了病，学习、工作有收获，还生活得愉快了，有了幸福感。这样的事例在尹杰的日记中比比皆是。

有相近似经历，患有强迫症或者强迫人格的青年朋友，从尹杰的治疗过程中，不能"悟"出些什么，对自己有所帮助吗？

（李百珍）

做／孩／子／的／心／理／医／生

实战实用术6——家庭治疗

　　家长朋友，为了增强家庭心理健康教育的效果，我们有必要学习、了解心理咨询与心理治疗。在本书前面的部分，家长已经学习了多种心理咨询和治疗的理论与具有可操作性的技术。此处我们还有必要向家长介绍与家庭教育关系十分密切的家庭治疗。那么，什么是家庭治疗？家庭治疗是怎么产生的，又是如何发展的？怎样组织与实施家庭治疗以及家庭治疗的案例等内容，我们将在本书的最后部分逐一向您加以介绍。我们想这些内容对于期望做一位成功的家长，更好地了解自己子女的成长和发展状况；认清自己的角色，认识自己面对的子女问题，进而帮助子女健康成长是十分有益的。

◎什么是家庭治疗

　　家长朋友都知道，家庭不仅是由一群具有特定物理和心理空间的个体所组成，同时也是一个具有独特性的社会系统。由于家庭是社会的一个功能单位，它与每个家庭成员的关系最为密切。家庭中每个成员的个性、价值观以及对社会的适应模式等等，均是在家庭的熏陶下形成的。家庭成员之间的密切交往，必然会互相产生正性与负性的影响。但是，如果家庭功能不良，诸如家庭领导不力、家庭界限不清、外人插手、家庭成员之间互相摩擦、家庭关系扭曲、单亲家庭、重组家庭、寄养家庭、家庭松散、互不关心、中老年人的困难以及家庭交流模式不同等等，都可能使所有家庭成员在不同程度上卷入家庭纠纷，从而导致各种病态情感和行为障碍的出现。

　　家庭治疗（family therapy）是心理治疗的一种形式，治疗对象不只是患者（或有心理问题者）本人，而且是通过促进家庭成员内部谅解，增进情感交流和相互关心的做法，使每个家庭成员了解家庭中病态的情感结构，以纠正其共有的心理病态，改善家庭功能，产生治疗性的影响，达到和睦相处，正常发展的目的。

　　有关家庭治疗的学派纷呈，理论和术语各异，治疗模式也有差别。例如，行为学派的家庭治疗家把需要解决的问题明确下来，进行行为矫正。精神动力学派的家庭治疗家以探讨家庭中潜在的心理冲突和投射机制为主，启发内省力，促进人格成熟，以和谐家庭关系。在这两端之间，还有功能派、构造派、策略派、鲍温派、经验派、交流派等，其治疗模式也各不相同。然而，所有这些学派又都有共同之点，那就是把整个家庭作为治疗对象，并采取积极干预的策略，一方面力图打破原有的僵局，另一方面重建健康的交流和行为模式。

　　概括起来，家庭治疗就是把家长、孩子及其他家庭成员当做一个自然单位，旨在改进这一家庭单位的整体功能的治疗过程。也就是通过改变家庭成员之间的交互作用，进一步促进个体的变化。

　　家庭治疗的前提或者说根据是什么？家庭治疗的前提（或者说根据）是家庭对儿童的发展具有最重要的影响。家庭的结构、家庭的气氛塑造着儿童的态度、信念、价值观、自我意识和相应的行为。那么，家庭作为一个系统，对其成员的适应不良的行为，也具有重新塑造的作用，也有改变作用。

　　家庭作为一个系统有其特殊的规律，例如家庭有一定的结构，它抵制强烈的变化，当这个结构发生变化了，作为家庭成员的每一个人也会发生变化；家庭成员相互作用对于维持家庭系统的平衡十分重要；家庭有其规范成员的规则等等。家庭成员生活在家庭中，相互影响，相互适应。家庭成员适应着家庭的系统及其紧张，并可为这个系统制造紧张。家庭系统的变化影响其成员的行为和对自己的看法。

　　家庭治疗主要职责之一是改变家长，帮助家长更好地了解子女的成长和发展；帮助家长认清自己的角色，认识自己面对的子女问题的复杂性。

◎家庭治疗的发展

　　家庭治疗运动在1950年开始蓬勃兴起，与此相配合的家庭治疗的观点也得到了大力的提倡。第二次世界大战以后，很多研究学者及后来跟进的实务研究者，将注意力转向家庭，重视家庭在创造和维持一个或更多家庭成员的心理困扰中所扮演的角色。在战争之后，家庭突然出现了一连串的问题，诸如社会的、人际关系的、文化的、环境等方面的问题。为了解决这些问题，社会大众

转向心理学家寻求解决之道。心理治疗的心理问题的界限也延伸到家庭问题，诸如婚姻失和、分居与离婚等种种感情失调。心理治疗者已经开始检视家庭关系，以及家庭成员之间需要修正的互动，以促成个人成长。最后，越来越多的临床治疗者开始了解到改变家庭结构以及互动模式常常是必要的，这样才能以适当的行为替代有问题的、功能失常的或不适应的行为。最近几十年中，各种不同的行为科学与专业训练学科的代表，均涉足于家庭领域，发展了大量理论来审视及了解家庭的运作功能。

家庭治疗由麦尔首创。他认为一个人一生中每个阶段的心理发展，与其家庭影响有着密切的关系，并试行家庭治疗，以纠正这些心理病态。早期的家庭治疗（1940—1945）多受精神分析心理治疗的影响，只对家庭成员中的患者进行个别心理治疗。但在此时期内，麦德（Madd）和巴伯（Buber）等人则受集体心理治疗的影响，重视对家庭成员的集体治疗。1948年，我国台湾省精神病学家林宗义根据中国和西方的传统文化家庭模式，综合日本的职业治疗，建立了家庭治疗中心。20世纪70年代，美国马斯汀（Mustin，R．T．H．）在家庭治疗中，还提及家庭妇女参加妇女解放运动的意义。自1962年《家庭过程》杂志发行后，家庭治疗就成为一个独立的领域，发展了自己的理论体系和实践方法，使其成为不可被取代的心理治疗类型之一。家庭治疗的组织也随之迅速发展，美国婚姻家庭治疗协会从1970年的913个，增加到1979年的7567个，并成立了300多个家庭研究所。

◎家庭治疗的组织与实施

在进行家庭治疗时，必须坚持三个基本原则：①针对整个家庭成员，进行集体治疗，纠正共有的心理病态；②"确诊的病人" 所存在的问题只不过

是症状而已，其家庭本身才是真正的患者；③家庭治疗医生的任务在于使每个家庭成员了解家庭病态情感结构，改善和整合家庭功能。

一、家庭治疗的组织

1. 参加的对象。

凡与家庭功能紊乱有关的成员均参加，甚至可包括一些有关的社会成员，如朋友、医师、监护人等。要克服参加人员的顾虑和阻力，如怕家丑外扬、互相抱怨、家庭被社会歧视等。

2. 接谈技巧。

首先使家庭治疗的气氛和谐，每个成员都能自由地、心平气和地发表意见。注意各成员之间的关系，如谁与谁坐得最近，各人选择座位的方式，每个人发言的频度，其他成员的反应和表情。而家庭治疗者担任指导、启发、协调的角色。要让家庭成员之间在思想和情感上直接交流，鼓励互相尊重，避免争吵、抱怨，个人多作自我批评，宣讲家和万事兴的道理。

3. 分析问题。

对家庭的结构和性质先有一个分析和类化。家庭的结构形式，可以引导出家庭存在的问题。例如，家庭可分为：不和谐家庭、破碎家庭（有人死亡或离异）、杂合家庭（一方或双方带有儿女，再婚组成家庭）、不幸家庭（有慢性病人、残疾人或受政治迫害的家庭）。下一步则要找出存在的问题，目前的烦恼和困境产生的根源有哪些。

4. 协商讨论问题。

以集体心理咨询和集体心理治疗的形式进行。家庭治疗者和家庭成员一起共同分析、讨论，找出问题的症结，研究如何摆脱困难，解决家庭成员之间的关系。强调每个成员都应该承担义务和责任，都应该互相交流信息，相互了

解和理解，并能够相互尊重和容忍，不能只强调自己的家庭角色，而一味指责他人。家庭治疗还应该包括家庭生活艺术、家庭管理、心理卫生知识介绍，照顾老人和病人的护理知识，以及如何争取社会的支持等等。

二、家庭治疗的实施

1. 学校系统与家庭系统接触阶段。

治疗者的任务是沟通两个系统，即学校系统与家庭系统。向家长介绍子女的问题、行为表现及这些问题与表现同家庭的关系，家庭要对此负哪些责任。治疗者要和家长就治疗目标、诊断与评价达成一致性的意见，并了解家庭成员的各自情况。治疗者还要介绍学校方面对孩子应负什么责任，做哪些工作等。

2. 发现家庭系统存在的问题。

治疗者接触每一位家庭成员了解其交往方式、家庭的规则、家庭成员不和谐之处；同时，根据了解的情况重新评价学生与学校系统的关系，改变原有的相互作用模式。

3. 鼓励家庭认识存在的问题，解决问题。

每个家庭成员认识到自己对存在的问题的责任，发表自己的看法。要让每一事实上的家庭成员都参与其中，而不仅仅个别成员参与。

4. 建立新的规则和新的行为方式。

随着家庭原有的交互作用方式、成员的角色和模糊的规则被否定，需要建立新的规则和新的行为方式，而这一过程是个很长的过程，家庭会发生"真空"。治疗者的任务是鼓励家庭成员忍受不适，看到新方式带来的积极后果，注意积极的反馈。

5. 家庭治疗效果的评价。

最后还要对家庭治疗效果进行评价。在此阶段，治疗者需要思考：干预

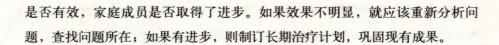

是否有效，家庭成员是否取得了进步。如果效果不明显，就应该重新分析问题，查找问题所在；如果有进步，则制订长期治疗计划，巩固现有成果。

◎家庭治疗的案例

厌学、任性、说谎、胆怯、暴力倾向、成绩下降、迷恋上网……孩子身上出现的种种"问题行为"，令许多家长伤透脑筋。教育专家、心理咨询专家指出，针对未成年人身上出现的问题，绝不能"头疼医头，脚疼医脚"。孩子身上出现异常症状，根源往往在家庭。因此，解决孩子身上出现的种种"问题行为"，既要注重教育孩子，也要"教育"父母，进行系统性的"家庭治疗"。

一、孩子出"问题"，病根在家长

国际家庭心理治疗学会会员、山东师范大学教育科学院心理学教授权朝鲁，从20世纪90年代开始从事"家庭系统治疗"的研究和临床实践，也是我国最早涉足这一新兴心理咨询领域的心理学专家。2004年大年初五，他接访了这样一个家庭：济南市天桥区一个三口之家找上门来，那个高一的男孩张云（化名）由于严重的心理行为障碍，几乎是由他的爸爸扛到权教授的家中的，并且一进门就歪在沙发上，不愿意搭理任何人。

张云的父母介绍，孩子有非常严重的异常行为，表现在：说不上学就不上学，说不吃饭就不吃了；晚上得由爸爸为他关灯，夜里上厕所也得有人陪，好几年了父母都没睡上个囫囵觉；发起脾气来，闹得父母什么事情都干不成，有一次，竟然逼着爸爸将"惩罚"二字写上1500遍……

在深入交谈了解后发现，张云的父母关系非常紧张，三天两头吵架打闹。而对张云，从小父母就溺爱，张云的很多习惯都是幼年养成的；甚至于孩子都读高中了，父母还在运用对待幼儿的教育手段。

权朝鲁教授根据自己多年来从事心理咨询的实践和研究认为，孩子之所以出现发展障碍和"问题行为"，除了遗传和学校、社会因素外，最主要的还是家庭环境，父母的教育出现问题是孩子出现问题最根本的原因。造成孩子"问题行为"的家庭因素主要有：父母关系不和严重影响孩子的心理健康，造成父母权威丧失、孩子缺乏温暖和安全感；对待孩子简单粗暴，严重伤害孩子的自尊心；父母缺乏与孩子的沟通，造成孩子孤僻、忧郁；过分溺爱，导致孩子以自我为中心；父母不良的行为习惯潜移默化地"传染"给孩子；父母"望子成龙"施高压，让孩子不堪重负；父母及祖父母对待孩子的态度和方法不一致，导致孩子无所适从；父母缺乏正确的教育观念，如有的家长为了自己的孩子能当上班干部，给班主任送礼等等。

二、挽救孩子，先"治疗"家长

教育专家的结论也得到了法律界人士的认同。山东省寿光市人民法院研究室主任卢东晓分析认为，家庭教育失当，是未成年人犯罪的根本原因。从近几年的司法统计中可以看出，在违法犯罪的未成年人中，60%以上来自于单亲家庭或是曾出现过重大变故的家庭。在这些家庭中，父母、长辈对子女或晚辈的教育或过分严厉，或过度宽容，甚至纵容。在较为严厉的家庭环境中生长的孩子逆反心理较强，而在过度宽容环境下长大的孩子则很容易放荡不羁。总之，孩子"越轨"，家长难辞其咎。

三、家庭治疗强迫症案例选

聪聪，22岁，患有强迫症。症状是反复地思考某些问题，要求自己必须做到尽善尽美，一切必须在自己的掌握之中。经过多次治疗无效，继而接受家庭治疗。

聪聪从小由母亲带大，父亲工作很忙，很少与聪聪沟通；即使管他，也是说教。聪聪不满父亲的严厉和说教。聪聪患了强迫症。

在开始治疗时，聪聪的母亲述说父亲不了解孩子、不体谅孩子，对孩子过分严厉。母亲总要保护孩子。聪聪的父亲侃侃而谈，不停地向聪聪说教，完全不顾及孩子是否在听。在家他很专制，什么都是他说了算，没有给孩子成长的空间。

母亲对父亲失望，便把精力均投入到孩子身上，形成了牢固的母子联盟；对丈夫的说教也显露出不满的情绪，变成孩子背后的支持力量。

当丈夫主动与妻子沟通时，妻子似乎已经不习惯与丈夫面对面地交流，总是亲切地关注聪聪的一举一动，不太理会丈夫的意见，认为丈夫不管孩子、不理解孩子。

聪聪既埋怨母亲对他关注太多，没有给他成长的自由空间，可又脱离不开母亲在生活方面的照顾。但他已经意识到这一点，只是还不知该如何摆脱对母亲的过度依赖。

在治疗过程中，治疗师与聪聪探讨了如何与父亲沟通，讨论向家长提出自己的要求：哪些方面让父母管，又在哪些方面不用父母管的问题。并把聪聪患强迫症症状的原因解释成为，是为了帮助母亲获得父亲的关注才生病的。他的强迫行为是在母亲面前表现得比较重，在他人面前表现得比较轻。

针对父亲只关心聪聪的学习，对孩子要求严厉，说教多，而对其成长则

给予的自主权不足，聪聪感到被父亲控制。治疗师把聪聪的强迫行为重新框视为孩子想引起父亲的关注，满足自己独立的需求。这样就解除孩子对行为问题的责任，赋予行为新的意义，以改变他们的沟通模式。

逐渐地，治疗师开始要求家庭成员积极地改变自己的行为，例如，当父亲认识到不与孩子的母亲讲话，就会影响到孩子时，他就要主动与孩子的母亲讲话，共同商讨孩子的问题。这样就改变了家庭中的关系结构，协助聪聪认识到他需要切割对母亲的依赖关系，母子之间应该有一定的心理距离。

对于聪聪，治疗师则鼓励他要像一个22岁的"男子汉"，做到独立地与父母面对面地进行沟通，学习通过谈判和协商来达到他们所希望的改变。这种人际结构表示需要切割他们之间的心理距离，也就是要划定某些界限。

在对家庭的关系进行一系列的探讨后，治疗师首先挑战了孩子的强迫症状的意义，从探讨孩子的强迫症状在母亲面前重，而在外人面前轻的原因，把孩子的症状重新框视为给寂寞的母亲演戏。当发现这个说法家庭较难接受时，又把孩子的问题框视为帮助母亲引起父亲的关注，以满足母亲的需要上。

治疗师指导聪聪与父亲比身高，暗示他已经长大成人，要用一个22岁成人的方式去观察、认识问题。

开始时，聪聪是坐在母亲的身旁的。咨询时，治疗师要求聪聪离开原来的座位，换位坐在父亲的对面，鼓励他与父亲面对面地沟通、对话，表达自己的愿望。然后，再让母亲坐在父亲的身边，与父亲讨论如何对待孩子的要求。通过这样的调整，从空间上重整了家庭的人际结构。父亲的悟性很好，当时就顺着治疗思路，主动征求妻子如何处理孩子问题的意见，主动拉近了与妻子的距离。

当时妻子并不理会丈夫行为的改变，还像原来那样，认为丈夫不理解孩子的心理。此时，治疗师着重放大了母亲独自持家得不到丈夫帮助的痛苦，帮助她学会不再孤军奋战，学会寻求支持。

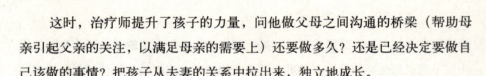

这时，治疗师提升了孩子的力量，问他做父母之间沟通的桥梁（帮助母亲引起父亲的关注，以满足母亲的需要上）还要做多久？还是已经决定要做自己该做的事情？把孩子从夫妻的关系中拉出来，独立地成长。

最后，治疗师给聪聪父母留了作业：利用孩子住院不在身边的机会，共同做些他们原来喜欢做的事情，进一步商探在孩子出院后，如何帮助孩子面对挫折和困难。

在治疗中，着重揭示了"男主外，女主内"的观点，将父母对家庭的贡献等同起来，认识到对家庭的贡献，不论"主外"、"主内"，不分高低、大小。这种处理使家庭所有成员都较容易接受，同时，又使父亲认识到自己过去对妻子的工作的忽视和对孩子教育的僵化、刻板，自由度不足的缺憾。

此次家庭治疗，给该家庭所有成员很大的冲击，父母对孩子有了比较深入的了解，懂得了应该如何放手给予孩子以独立成长的机会、空间，夫妻之间也学会了如何共同协商解决孩子的问题。夫妻感到彼此增进了理解，也感受到不论"主外"、还是"主内"，对方的工作均不易，都在为家庭作贡献。还认识到教育孩子是夫妻共同的责任。

通过此次家庭治疗，孩子也在学习独立地处理问题，自己解决强迫症的问题，不再依赖母亲了。

随访至今，聪聪的强迫症的症状也大有好转，已经能够独立地在外地学习。

（郝志红　李百珍）

主要参考文献

［1］王登峰，谢东编著. 心理治疗的理论与技术. 北京：时代文化出版公司，1993.

［2］林孟平. 小组辅导与治疗. 香港：商务印书馆，1993.

［3］江光荣. 心理咨询与治疗. 合肥：安徽人民出版社，1995.

［4.］张亚林. 行为疗法. 贵阳：贵州教育出版社，1999.

［5］徐俊冕、季建林. 认知心理治疗. 贵阳：贵州教育出版社，1999.

［6］Rita Sommers-Flanagan 等，心理咨询面谈技术. 陈祉妍，等译. 北京：中国轻工业出版社，2001.

［7］钱铭怡. 心理治疗. 长春：吉林教育出版社，2002.

［8］Gerald Corey 心理咨询与治疗的理念与实践（第七版）. 石林，等译. 北京：中国轻工业出版社，2004.

［9］樊富珉. 团体心理咨询. 北京：高等教育出版社，2005.

［10］李百珍. 青少年心理卫生与心理咨询（修订版）. 北京：北京师范大学出版社，2005.

［11］石红. 心理剧与心理情景剧实务手册. 北京：北京师范大学出版社，2006.